工商管理培训系列教程

丛书主编◎周景勤

管理经济学

Managerial Economics

—第三版—

王建民◎编著

北京大学出版社
PEKING UNIVERSITY PRESS

图书在版编目(CIP)数据

管理经济学/王建民编著.—3版.—北京:北京大学出版社, 2012.1
(工商管理培训系列教程)
ISBN 978-7-301-19804-9

Ⅰ. ①管… Ⅱ. ①王… Ⅲ. ①管理经济学-高等学校-教材 Ⅳ. ①F270

中国版本图书馆CIP数据核字(2011)第240758号

书　　名:管理经济学(第三版)
著作责任者:王建民　编著
策 划 编 辑:叶　楠
责 任 编 辑:郝小楠　李　杰
标 准 书 号:ISBN 978-7-301-19804-9/F·2974
出 版 发 行:北京大学出版社
地　　址:北京市海淀区成府路205号　100871
网　　址:http://www.pup.cn
电　　话:邮购部62752015　发行部62750672　编辑部62752926　出版部62754962
电 子 邮 箱:em@pup.cn
印　刷　者:河北滦县鑫华书刊印刷厂
经　销　者:新华书店
730毫米×980毫米　16开本　15印张　275千字
2002年2月第1版　2004年7月第2版
2012年1月第3版　2012年1月第1次印刷
印　　数:0001—4000册
定　　价:29.00元

第三版前言

自“九五”期间国家开展企业高层管理人员工商管理培训以来，笔者一直承担着“管理经济学”的教学任务，曾先后为数万家企业高层管理人员授课。在教学过程中，有幸结识了许多大大小小的、知名的或不知名的、国有的或民营的企业老板、老总们。在与这些老板、老总们的交流中，笔者发现他们身上既有成功的智慧、胆略与眼光，也有无奈的惆怅、困惑与迷茫。无论是成功还是失败，他们似乎都隐隐约约地感到自己身上好像缺少点什么.作为培训教师，我们也在琢磨，他们究竟缺少什么呢？从实践经验看，他们似乎什么都不缺少，都是久经“沙场”的老将。但仔细思考不难发现，这些老板、老总们在未进入市场经济之前，大多是学理、学工或学文的“本色演员”，而不是“术业有专攻”的经济管理科班出身的“专业演员”。当环境急剧变化，令他们目不暇接，甚至感到步履艰难的时候，他们才深深地感到，系统化的工商管理知识才是自己最缺的一课。我最近看到一本采访企业家的书，记者在书中不无感慨地写到：“他们当中不乏精明能干之人，不乏聪颖过人之人，不乏理想壮怀之人，可是，他们都有一个共同的弱点，即管理上的欠缺，思维上的欠缺。当他们自觉不自觉地把自己思维上、理念上的欠缺带到企业中去，在管理经济的支点上会有意或无意地放大这些缺陷，这正是中国企业始终做不大或无法长久或成长缓慢的最根本的一个原因。”这真是一语破的！

近年来，许多高等院校也在工商管理类专业或 MBA 教育中纷纷开设了“管理经济学”课程，并取代了纯理论的微观经济学。但综观现有的《管理经济学》教材或著作，要么侧重于经济学理论研究，内容高深复杂；要么侧重于数学公式推导，缺乏经济学意义上的解释。而真正通俗易懂、既具有一定理论知识又侧重于实际应用的《管理经济学》教材为数不多。为此，作者根据多年在企业高层管理人员培训、MBA 教育及高等职业教育等不同层次讲授“管理经济学”的实际经验，遵循“必需”、“够用”、“管用”、“好用”的原则，编写了这本《管理经济学》教材。

本书第一版、第二版出版后，受到了广大读者和同行的肯定，笔者作为多年从事“管理经济学”教学的老师感到十分欣慰，在此谨向关注此教材的读者和同行们表示诚恳的谢意。在本次改版中,根据广大教师和企业界人士反馈的宝贵意见,第三版在内容和形式上作了大幅度的修改,一方面吸收了最新的管理研究成果,更新了教材内容;另一方面对教材的风格和形式进行了相应调整,增加了许多互动性的内容,提高了教材的可读性和趣味性。考虑到老板、老总们强于实践、弱于理论,强于理解、弱于记忆的特点,本书在编写风格上,力求避开传统的教材编写方式,不求系统,但求实用;不求精确,但求规范。全书从对象出发,从问题出发,从实际出发,用比较通俗的语言、鲜活的案例、整合的理念,向老板、老总们打开一扇管理经济的窗口,旨在为老板、老总们提供一道有滋有味的"知识快餐"。

本书作为企业中高层管理人员工商管理培训或 MBA 教材,适合于广大职业经理人、经济工作者、经济管理教学人员阅读参考;同时也可作为工商管理、市场营销、人力资源管理等专业的教材或教学参考书。

本书在编写过程中,吸收和借鉴了国内外许多管理学论著和资料,参考和引用了国内外有关教材、专著、案例和文献资料,在此谨向各位作者表示衷心的感谢。全书由王建民主编,第一章、第二章、第四章、第五章、第七章、第八章由王建民修订,第三章、第六章由王翘楚编写。本书得到了汪星明教授、李宝山教授、李启明教授的大力帮助与支持,吴志成副教授、朱红云副教授、黄志远老师、刘艳老师等为本书编写和修订做了大量资料收集和整理工作,北京大学出版社叶楠编辑也为本书出版和修订付出了很多辛劳与努力,在此一并表示感谢!

由于作者水平有限,书中难免存在错误或遗漏之处,恳请广大读者批评指正。

编者

2011 年 5 月

目 录

目录

第一讲 管理经济学概述

问题讨论与交流

什么是经济管理？什么是管理经济？二者之间有什么区别和联系？

有这样一家企业，从总经理到中基层管理人员，采取层层盯管的方式进行管理，每天工作时间都在12个小时以上，工作认真负责，请问这种管理方式有什么优点和缺点？

管理经济学是一门新课,它是在西方微观经济学的基础上逐渐发展起来的一门新兴学科。在我国传统的企业管理专业中,多数没有开设管理经济学这门课程,只是近几年在工商管理培训或MBA教育中才把管理经济学这门课程列入进来,并要求作为一门必修课进行学习。所以不少人对这门课程不太熟悉,甚至有的人把它当做经济管理学。需要说明的是,管理经济学不是经济管理学,两者之间既有联系又有区别。如果作一个简单的比喻,就是经济管理学只是教会你如何做饭,而管理经济学则教会你怎样成为一个出色的厨师。由此可见,管理经济学是经济管理学的上一个台阶,是在我们掌握经济管理学有关知识的基础上,提高管理有效性的一个重要途径。

一、对经济与管理的基本认识

(一)经济的核心

1. 不可回避的矛盾:欲望无限与资源稀缺

自人类诞生以来,便面临着许多矛盾和问题,人们一直在探索解决这些矛盾和问题的途径和方法。其中有一个重要的问题是任何人都无法回避的,这就是人要生存。不管其国籍、性别、年龄,人对生存的欲望都是十分强烈的。既然人要生存,就需要有各种各样的资料以满足人们生存的需要,而获取这些生存资料的最简单办法就是从自然界直接索取,如原始社会里,人们想吃肉直接去狩猎,想吃鱼直接去捕捞,想吃野果直接去采摘,不需要去饲养和种植。直到今天,虽然人们的生存资料来源已变得十分广泛,但人类依赖自然资源生存的方式依然没有改变。然而,在人们从自然界获取生存资料的过程中,人们发现:自身的欲望是没有止境的,既想吃饱更想吃好,既想穿暖更想穿好;而能够满足人们生存需求的自然资源又是有限的,因此,如何用有限的自然资源来满足人类自身的无限欲望,就成为人们不容回避的矛盾和问题。那么,怎样去解决这个问题呢?一方面,自然资源是有限的,它不可能无限度地增加,无限度地增加自然资源不符合客观规律;另一方面,欲望与需求是无限的,它又不可能无限度地减少或降低,无限度地减少或降低人的欲望与需求不符合人类生存与发展的根本目的。既然有限的资源不可能无限度地增加,无限的欲望又不可能无限度地减少或降低,这就决定了人们必须在欲望无限性与资源稀缺性之间架起相互联系的桥梁。经过长期的实践探索,人们终于找到了解决欲望无限性与资源稀缺性矛盾的基本途径,这就是依靠人类自身实现资源的有效利用与节约。只有这样,才能用有限的自然资源最大限度地满足人类的无限欲望和需求。

2. 经济的使命:合理配置资源

在从自然界获取生存资料的过程中,人们发现个体的力量十分弱小,获取生存资料的能力有限,只有形成一定的群体,才能增强人们从自然界获取生存资料的能力,于是人们在长期生产实践中,便自发地形成了组织,如原始社会里出现的狩猎的组织、捕渔的组织等。但组织产生之后,也存在一个问题,即组织与组织之间为了争夺有限的自然资源常常发生冲突,为了协调组织之间的利益关系,这时又产生了一个更大的组织,这个更大的组织就是国家。因此,解决欲望无限性与资源稀缺性的矛盾,实现资源的有效利用与节约,就成为个人、组织、国家共同面对的课题。要实现资源的有效利用与节约,就需要合理地配置资源,即将有限的资源用在最有效的地方,以最大限度地满足人的需要。由此决定了合理配置资源的主要任务是:① 研究在人和企业共存的系统里,如何在满足人的需求和企业的发展目标的条件下,实现对资源的有效利用与节约,即微观经济问题;② 研究在人和国家共存的系统里,如何在一个国家的范围内满足人的需求,实现资源的有效利用与节约,即宏观经济问题。但不管是微观经济还是宏观经济,都是研究资源的合理配置问题,其目的都是要达到资源的有效利用与节约。

3. 资源配置方式:计划与市场

经济学的核心问题是揭示欲望无限和资源稀缺的矛盾,探索资源合理配置的规律、途径和方法,从而实现资源的合理配置和最优利用。要实现资源的合理配置,就需要选择相应的资源配置方式,常用的资源配置方式是计划和市场,这两种资源配置方式各有优点和不足。用行政计划的方式配置资源,由此构建起来的经济体制就是计划经济,其最大优点是较多地体现公平,不足是缺乏效率;用市场机制的方式配置资源,由此构建起来的经济体制就是市场经济,其最大优点是较多地体现效率,不足是有失公平。因此,计划和市场仅仅是资源配置的方式和手段,它们与社会制度无关。

(二) 管理的本质

1. 管理的自然属性和社会属性

管理的自然属性,是指管理具有与生产力、社会化大生产相联系的属性。这种属性表明,管理是由于有许多人进行协作劳动而产生的,是由生产社会化引起的,是有效地组织共同劳动所必需的,因此管理活动的主要任务就在于处理人与自然的关系,合理组织生产力。管理的自然属性只受社会化程度、生产力水平和人的一般属性的制约,而不以社会制度、生产关系性质和人的阶级属性为转移。也就是说,管理的自然属性在任何社会制度下都是一样的,管理是进行社会化生产所必需的、共有的,这是管理的共性。例如在企业管理中,有关合理组织生产力的一些形式和方法，所有社会化大生产都可以应用，与社会制度和意识形态无关。

管理的社会属性，是指管理具有与生产关系、社会制度相联系的属性。这种属性表明，管理都是在一定的生产关系条件下进行的，必然要受到一定生产关系、政治制度和意识形态的影响与制约。这就要求管理活动不仅要组织和发展生产力，而且还要调整生产关系，处理人与人的关系。管理的社会属性是由生产关系、社会制度所决定的。不同的社会制度，不同的历史阶段，不同的社会文化，都会使管理呈现出一定的差别，从而使管理具有特殊性和个性。也就是说，管理必然体现着生产资料所有者指挥劳动、监督劳动的意志，谁占有生产资料，谁就掌握管理权，并按照自己的利益和意志进行管理。

认识管理的自然属性和社会属性，对于我们正确地认识管理的地位和作用，全面认识对管理人员的素质要求，正确地对待国外的管理经验等都具有重要意义和作用。

2. 管理的科学性与艺术性

科学是反映客观规律的系统化的知识体系。这种知识体系是人们对客观事物的本质特征、必然联系及其运动规律的正确揭示和描述，它建立在科学实践和严密逻辑论证的基础上。所谓管理的科学性，是指管理是一门科学，是由一系列概念、原理、原则和方法构成的科学体系，有它内在的规律可供遵循。也就是说，管理发展到今天，已经形成了比较系统的理论体系，揭示了一系列具有普遍应用价值的管理规律，总结出了许多管理原则。这些规律和原则是由大量的学者和实业家长期在总结管理工作的客观规律的基础上形成的，是理论与实践高度凝结的产物，不会因为地域、文化乃至社会制度的差异而不同，也不以人们的主观意志为转移。这就要求在管理过程中，必须遵循管理的规律，运用科学的管理理论和方法来指导实践，只有这样，才能使管理活动更为有效。正如著名管理学家孔茨所说的那样："医生如果不掌握科学，几乎跟巫医一样。高级管理人员如果不具备管理科学知识也只能是碰运气，凭直觉，或者照老经验办事。"这样的管理，是很容易失败的。

管理的艺术性，是指灵活运用管理知识和技能的技巧和诀窍。由于管理对象的复杂性和管理环境的多变性，决定了管理活动不可能采用固定不变的模式，必须在管理实践中发挥积极性、主动性和创造性，要根据环境的变化以变应变。对管理理论和方法采取教条式的理解和应用，是无法搞好管理的。最有效的管理就是随机制宜的管理。所以，管理的艺术性强调，管理活动除了要掌握一定的理论和方法外，还要有灵活运用这些知识和技能的技巧和诀窍。

管理首先是科学的，其次才是艺术的。管理的科学性和艺术性是管理活动不可分割的两个方面，管理的科学性是管理艺术性的基础，管理艺术性是管理科学性的升华。在管理过程中,不能只注重管理的科学性而忽视其艺术性,也不能只注重管理的艺术性而忽视其科学性,应该实现科学性和艺术性的有机统一。离开管理的科学性,艺术性就会变成简单的感觉和经验,很难实现有效的管理;离开管理的艺术性,科学性就会变成僵化的教条,也难以发挥其作用。所以说,管理的专业训练虽然不可能培养出"成品"的管理人员,但要成为合格的管理者又必须接受管理的专业训练。只有那些既注重学习管理理论,同时又注重学习管理实践的人,才能成为一个合格的管理者。

3. 管理的资本属性

人们对管理属性的理解,最具有代表性的是将其作为一种资源或生产力要素,如美国著名管理专家彼得·德鲁克就指出:"有效的管理可能是发达国家的主要资源,也是发展中国家的主要资源。"事实上,管理不仅是一种资源,而且是一种具有资本属性的特殊资源,或者从广义上说,管理本身就是一种资本。

(1) 管理能否成为资本。资本有狭义和广义之分,狭义的资本主要是指物质形态的生产要素,广义的资本则包含了一切能够产生价值的有形和无形资源。而管理作为一种广义上的资本同样具有资本的特性和功能。

首先,管理本身具有价值。管理的价值主要来源于企业和员工对管理活动的投入,这种投入既包括有形的物质资源,如组织设计和运转费用、沟通协调费用、教育培训费用、管理方法和手段的实施费用等,也包括无形的知识和文化要素,如规章制度、文化氛围、人际关系、思想观念、创新精神、知识、时间等。这些投入共同形成了管理自身的价值,其价值的高低不仅反映在企业的管理基础和管理水平上,而且也能够通过企业的效率和效益反映出来。

其次,管理能够创造价值。管理作为一种能动性的资本形态,能够使生产要素从投入到产出的转换产生价值加速和放大效应,这种价值加速和放大效应主要是通过管理所特有的资源整合功能来实现的,离开管理资本对其他生产要素的有机整合,先进的设备、技术和人才将难以发挥其应有的作用。所以说,先进的技术不能弥补落后的管理,而先进的管理可以弥补落后的技术。但管理资本在实现价值增殖的过程中,与物质资本所不同的是,物质资本依靠的是物质能量转化,而管理资本依靠的则是知本和智本的整合和运动。管理资本虽然不像生产、销售、研究开发、投资那样直接形成价值增殖环节,但它却是决定各种经营要素组合效率和水平的核心环节,因而也是最关键的价值生产环节。

最后,管理资本存在着磨损。管理资本像物质资本一样也存在有形磨损和无形磨损。有形磨损主要表现为人力资本生命的衰老,而无形磨损主要表现为管理理论、管理组织和管理方式方法的不断更替。但在管理资本的磨损中,起主导作用的是无形磨损,也就是说,管理文化、管理组织和管理方式方法等管理资本要素虽然不会随着使用时间的延长而减少,但却会随着环境的变化而增减,并且随着科学技术的进步,这种增减现象越来越呈现出不断加速的趋势。

(2)管理资本的构成。管理资本不是一种独立存在的资本形式,而是一种根植于管理系统之中,由企业投资于各种正式和非正式的关系所形成的资本形式。所以,管理资本也可以看做是一种关系资本。也正是这种关系资本决定了企业的效率、效益。

由于管理活动都是由人在一定的组织和文化环境中进行的,其有效性主要取决于人、组织和文化的相互配合与协调,因此人力资本、组织资本、文化资本无疑是构成管理资本的重要组成部分。

第一,人力资本。人力资本是指企业为了提高人的知识和技能而在人的健康、教育和培训方面进行投资所形成的资本形式。人的知识和技能不是与生俱来的,而是通过后天的教育和训练形成的,是消耗稀缺资源进行投资的结果。人力资本的核心是人的知识和技能,获得这种知识和技能既需要有形的货币投入,如教育、培训费用等;也需要无形的非货币投入,如健康的心理、宽松的文化氛围、闲暇及娱乐时间等。人力资本是管理资本的核心,它不仅影响着各项活动的最终效果,同时也对其他资本积累的数量与质量产生重要影响。在各种资本形态中人力资本居于主导和支配地位。

第二,组织资本。组织资本是指企业通过对组织设计与变革进行投资所形成的资本形式。其核心是组织的责权结构,也即组织结构,它是企业为实现特定目标而进行分工协作,在职务范围、责任、权力等方面所形成的结构体系,主要包括职能结构、层次结构、部门结构和责权结构。组织资本不仅影响物质资本和人力资本的结合方式,而且也对企业的知识存量与知识流量产生重要影响,因为组织不仅决定了企业内部生产要素的配置状况,而且也是企业建立各种沟通网络的基础。

第三,文化资本。文化资本是指企业持续投资于培育企业文化而形成的一种资本形式。具体地说,文化资本包括那些用于规章制度和道德规范的建立、企业精神的培育和良好形象的塑造、价值观念和管理风格的形成、组织气氛和凝聚力的维护等方面的投资。文化资本的形成既是货币投资的结果,如各种培训、教育和文化活动等,又是非货币投资的结果,如日常观念的形成,领导者风格、精力和关注程度等。文化资本不仅直接影响着人力资本发挥作用的难易程度、气氛和凝聚力水平,而且影响着组织资本的运行效率。

(3)管理资本的特性。管理资本作为一种关系资本,既具有资本的属性,又与一般资本有着明显的区别。归纳起来,管理资本主要有如下特性:

第一,管理资本的收益递增性。对于一般实物资本来说,普遍存在着投资的边际收益递减规律。但对于管理资本来说,则存在着投资的边际收益递增,即随着管理资本投入的持续增加,收益不但不会减少,反而会不断增加。之所以如此,是因为管理资本的本质是一种基于知识的资本,它主要是由知识、智力、信息、文化、结构等无形资源构成的,其中知识和智力是构成管理资本的主体,由于知识和智力能够在使用过程中通过共享增长实现产出的溢出效应,即投入的知识和智力不仅不会被消耗,而且还能够通过扩散效应使知识和智力本身得到累加和放大,这样管理资本就自然克服了物质资本投入增长的局限性,呈现出收益递增的特征。

第二,管理资本的专用性。它主要表现为管理资本的参与者,没有任何一方对管理资本拥有绝对的所有权与控制权,任何管理资本投资都最终归属于组织本身。这与物质资本和人力资本投资有较大的区别。管理资本的专用性,一方面表现为它具有不可转让性,即不能进入市场交易,即使在企业被购买的情况下,管理资本也难以测算;另一方面,管理资本投资的回报必须依赖于企业的总体绩效,难以划分出哪一项是管理资本投资的收益。因而,从长期发展来看,管理资本投资回报率的高低只能是企业集体成就和个人成就的折中反映。管理资本的专用性还说明,管理资本的投资存在退出壁垒,即企业一旦投入则无法将其收回,这样对企业来说管理资本就构成了一种特有的抵押,这种抵押由于能够被企业独自占有,因此它往往是形成企业核心能力的主要要素。

第三,管理资本要素间的相互依赖性。人力资本、组织资本和文化资本是紧密联系、互为因果、不可分割的,它们之间的作用是一种非线性的相互作用。因而,对管理资本的投资必须是一种连锁性的投资,即投资于人力资本必须连带性地投资于组织和文化资本,投资于组织资本也必须同时投资于人力和文化资本,而投资于文化资本又要连带性地投资于人力和组织资本。否则,将会由于投资瓶颈的存在而对管理资本的整体增殖能力产生不利影响和制约,进而使对管理资本的单方面投资失去意义。管理资本投资的这种连锁性特点集中反映了管理资本要素的相互依赖性。

第四,管理资本的难度量性。管理资本相对于货币资本或实物资本而言,具有很强的不可测量性,主要表现为:一是计量困难。管理资本是无形资本,它是知识、技巧、能力的综合,主要存在于管理系统中,人们只能概略地判断管理水平的状况,但是却无法准确计量管理资本的大小。现在比较流行的做法是,对管理水平进行纵向或横向的对比分析,这样虽然能够在某种程度上反映管理资本的状况,但这种比较本身并不是准确的计量,只是比较相对大小,仅反映了相对量。二是价值化困难。管理资本难以折算成货币资本。如果管理资本不能折算成现实的经济价值,那么,就无法正确估计管理资本对企业产出的真实贡献。三是难以进行市场交易。由于管理资本的经济价值难以计量,因此管理资本就难以在市场中进行交易,这样就会导致管理资本投资中的“搭便车”行为,即一家企业投资,多家企业共享投资成果,由此就会影响企业在管理资本上投资的积极性。

王选教授曾说:“中国的企业与国外相比技术差距不小,但更大和更致命的差距在管理方面。”①这也正说明中国企业在管理资本方面的投入不足。

4. 管理的职业属性

伴随着组织规模的扩大和分工协作的发展,管理逐渐从作业活动中独立出来,变成了一个专门的职业。凡是以管理作为职业的人都可以被称为“职业经理人”或“职业管理者”。理解管理的职业属性,就是要求人们既要把管理当成一个职业,具备管理的知识和技能,同时又要了解管理工作与作业工作的联系和区别。

(1) 管理工作与作业工作的区别。一个组织的活动从活动性质上可以分为两大类:一类是作业活动,在企业中主要是生产经营活动;另一类是管理活动,如计划、组织、领导、控制等。这两类活动的主要区别表现在:一是工作对象不同。在作业工作中,工作对象是物,而在管理工作中,作为工作对象的却是人。二是工作中要处理的关系不同。在作业工作中,要处理的主要是人与物的关系,是人力资源与物力资源之间的匹配关系;在管理工作中,要处理的主要是人与人之间的关系。三是目的不同。完成作业工作是组织的最终目的,而完成管理工作只不过是保证作业工作顺利完成的一个手段。四是完成工作所需的技能是不同的。完成作业工作所需的主要是专业技能,一般来说,作业人员的专业技能越高,就越称职;而完成管理工作所需要的技能除了专业技能之外,最为重要的还有人际技能和组织技能,人际技能越高,管理人员的管理工作才会越有效。

要注意的是,管理工作与作业工作之间的界线不是绝对的。因为有许多工作,从不同的角度看会将其归入不同的活动中。如一个企业的会计核算人员,从企业的整个活动来看,他所从事的工作显然属于管理工作,因为它是为企业的生产经营这一作业工作服务的。但是在企业的财务会计部门,这种活动显然又属于作业活动,因为在企业这个大系统中,财务会计部门最主要的工作就是做好财务管理和会计核算工作。因此我们说,管理工作与作业工作之间的区分是相对的。

(2) 管理工作服务于作业工作。管理活动是从作业活动中分立出来的一种独立职能。为作业活动服务是管理工作的内在规定。管理活动与作业活动对于一个组织来说都是必不可少的。但是,管理工作必须为作业工作服务。在一个组织中,管理工作是独立进行、有别于作业工作又为作业工作提供服务的活动,但是管理人员与作业人员并不一定是截然分开的。有一些管理者可以同时是作业人员,他们在承担管理任务的同时也可能完成一定的作业任务。如医院院长可能有时也做些外科手术,学校校长可能有时也搞教学工作,企业销售经理也可

---

① 王选:《中国企业最缺少的是现代化的管理》,载《光明日报》,1999 年 2 月 3 日。

能参与业务谈判和签订销售合同,等等。在某些时候,管理者参与做些作业工作并非坏事,这样往往有利于促进领导者与下属人员之间的沟通和理解。但是,如果一位管理者把他的绝大部分时间和精力都用于从事作业工作而不是管理工作,那么,他要么忘记了自己的管理者身份,要么还不了解管理工作与作业工作的区别,这样,他也就不可能成为一个称职的管理者。因此,对于管理者而言,最重要的是要做好管理工作,而不是作业工作。无论是时间还是精力的安排上都要注意不能本末倒置。

管理人员的工作,从本质上说,是通过他人并使他人同自己一起实现组织的目标。在通常情况下,管理人员并不亲自从事具体工作,而是委托他人去干,自己花大量的时间和精力进行计划安排、组织领导和检查控制其他人的工作。管理人员之所以在身份和地位上不同于其他人,就是因为其"份内"工作性质与这些人的作业工作迥然不同,而且,管理人员还要对这些人的工作好坏负最终责任。正是在促成他人努力工作并对他人工作负责这一点上,管理人员与作业人员构成了组织中相对独立的两大部分成员。

二、管理经济学的内涵

现代企业面临的市场环境日益复杂,面对的市场竞争也日益激烈,企业要在这样复杂的环境和激烈的竞争中得以生存和发展,必须借助于一定的理论和方法,了解市场环境的变化趋势,准确估计各种因素对企业经营绩效的影响,以作出最优的或满意的生产经营决策,实现企业的目标。但是,传统的西方微观经济学从一般经济现象入手研究经济的运行,侧重于均衡的理论分析,很少致力于解决企业的实际问题。1951 年美国经济学家吉尔·帝恩(Joel Dean)发表了第一本管理经济学专著,掀开了运用经济学基本理论与方法,指导企业在经营管理中进行理性思考、理性创新的新篇章。可以说,管理经济学是微观经济学中经理们最感兴趣的和对他们来说最重要的那一部分的应用。管理经济学是指导企业管理实践的科学,因此,又被称为企业经济学或经营经济学。[①]

(一)什么是管理经济学

管理经济学是一门研究如何把西方微观经济学的基本原理和分析方法应用于企业管理决策实践的学科。这也就说明了管理经济学并不侧重于对经济理论本身的探讨,而是侧重于经济理论在管理决策实践中的应用,力求在经济理论与管理决策实践之间架起一座相互联系的桥梁。

---

① 李宝山:《管理经济学》,大连:东北财经大学出版社 2002 年版,第 2 页。

要理解管理经济学的学科定位，需要把握以下几点：

首先，管理经济学是一门交叉学科。它是将微观经济学与决策学科相结合而形成的一门学科，所以管理经济学的基础是微观经济学和决策学科。

其次，管理经济学是一门应用性学科。其重点不是对经济理论的探讨，而是应用微观经济学的基本原理和分析方法解决管理决策实践中的问题，致力于提高企业经营管理人员的管理决策水平。因此，它与微观经济学既有联系又有区别。

再次，管理经济学是工商管理人员培养中的一门综合性的基础课程。说其是基础课，是因为企业经营管理人员通过学习管理经济学，就能够更容易地掌握工商管理的业务性课程；说其是综合课，是因为管理经济学可以被看做工商管理业务性课程的综合。

由此可见，管理经济学是利用经济学理论来改进管理决策实践的一门学科，它着重通过对企业模型的分析，让决策者更好地理解企业所处的市场环境和宏观经济环境，以增强企业决策的科学性。从这个意义上说，管理经济学是联结经济理论与管理决策实践的桥梁，它既是理论经济学向应用经济学的延伸，也是从事工商管理活动的理论基础。

根据上述分析，可以把管理经济学的学科定位用下图表现出来。

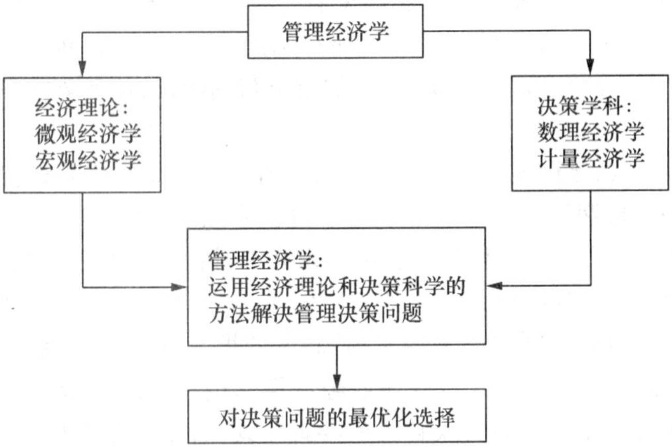

（二）管理经济学的主要目的

管理经济学是为了使企业管理人员建立在市场经济条件下，决策制定过程中经济思维的概念框架，提高用经济方法管理经济的能力，而不是提供解决现实问题的一整套实践方法。其基本目的是通过理性思考进而实现理性创新。

管理是一种实践性很强的活动，管理水平的提高离不开实践经验的积累。但是，人们在实践中不难发现：自己过去成功的经验可能会导致今天的失败，别人成功的经验在自己的企业中可能无法取得成功。之所以如此,就在于没有对自己和别人的经验进行理性思考。所谓理性思考,就是用科学的理论与方法来思考管理决策实践中存在的问题。理性思考有助于我们找出管理决策活动中存在的基本规律,进而实现管理决策由经验向科学的转变。只有这样,才能把自己过去的成功经验转化为今天的财富,把别人成功的经验转化为自己的财富。

理性思考的主要目的在于寻找管理活动的基本规律,并自觉地利用其为管理决策服务。但是,规律的应用只有与企业自身的具体管理实践结合起来才具有实际意义,这就要求我们在管理实践中,必须进行理性创新,即结合企业自身的管理实践对管理活动的规律进行创造性的运用。只有这样,才能使管理人员摆脱整天陷于日常业务,头痛医头,脚痛医脚,忙而低效的工作方式,克服"别人干什么我干什么"、"领导让干什么我干什么"的定式思维的影响,进而实现管理活动由不自觉地运用规律向自觉地遵循运用规律的方向转变。

(三)学习管理经济学的要求

1. 建立经济分析的思维框架

在发展市场经济的过程中,我国企业不仅面临着计划经济体制遗留下的老问题,而且面临着步入市场经济的新问题,新老问题交织在一起,使不少企业管理人员一筹莫展。从企业改革的实践来看,一些企业发展不快,经济效益低下,一个重要原因就是企业经营管理者没能在思路、观念、知识、办法上跟上时代的步伐。管理决策思路、观念、知识、办法的改革与创新,已被形势的发展推到了第一线。

面对一系列新老问题,管理者常习惯于局限思考,即将视野仅仅局限在某个问题的范围内,长期以来,人们养成了以片段、专注于事件的方式来处理周围问题的习惯,这就使得人们无法以较长远的眼光来看待事件背后的变化,也无法了解产生这些形态的原因,更无法察觉事物缓慢、渐进的变化过程。所以,管理人员必须学会从"面向问题"到"面向全局"转变的思考方式,即从系统整体的角度思考和分析问题,建立依据经济规律或经济概念进行管理决策的思维框架。只有这样,管理人员才能不断转换自己的心智模式,看出事物缓慢、渐进的变化过程及其内在联系,从而实现管理活动的自我超越和管理系统的动态优化。

2. 建立函数分析的思维框架

管理经济学是经济学原理及分析方法在企业决策过程中的应用。然而,管理决策是相当复杂的,以至于没有一个系统的简化方法,更无法将其弄得十分清楚明白。因此,经济学家常采用假设的方法,对经济关系进行简化,通过建立数学模型来处理复杂的问题。

模型一般应具有三个特征:① 对现实经济系统实质的抽象描述;② 由一些

与所分析问题有关的主要因素构成;③ 能清晰地表明这些有关因素之间的相互关系。模型大体上可分为概念模型、图形模型、数学模型三类。

管理经济学所涉及的模型,主要是反映市场经济运行基本规律的数学模型。运用数学模型的目的在于对复杂的管理决策问题进行高度的抽象和概括,即将复杂问题简单化,以便于从简单当中把握重点、找出规律、理出头绪。虽然这些模型伴随的数据还没有得到,或者获得数据对一个企业来说代价过于昂贵,但这并不妨碍模型的应用,管理决策仍可以从中获得教益和启发,因为管理决策的首要任务是通过确定思维框架,抓住问题实质,提出相应对策,力求纲举目张。可以说,数学模型是依据经济学原理进行管理决策定位最基本的方法。

作为企业管理人员,要从管理角度学习研究数学模型,即把数学模型作为培养从整体上分析、从实质上研究、从关系上考虑的理性思维能力的工具,作为认识市场经济运行基本规律、开启管理决策新思路的钥匙,把学习经济概念、掌握分析方法、树立新的管理观念有机地结合起来。但是,在利用数学模型分析问题时,应注意避免企图用模型来“复制”现实的现象,因为数学模型是用数学语言对现实经济活动的抽象和简化,模型高于现实,但不是现实,它仅仅是现实复杂现象的高度概括和提炼。

3. 侧重于开阔思路,转变观念

思路决定出路,有了思路,便找到了经济发展的出路。而思路是由思维模式决定的,因此,要开阔思路,就必须不断反思我们所持有的思维模式,只有努力探寻并克服根植于我们头脑中的固有思维模式,逐步养成多向思维、发散思维、逆向思维、联想思维等多种思维习惯,才能真正地实现思想解放,也才能使我们对问题的认识变得更加深刻,不仅能够认识到问题的一面,而且能够认识到问题的全部,从而更加有思想。不仅如此,思路开阔的直接结果还包括引起观念的极大转变,如果我们的视野、思路狭窄,即使一再提倡要转变观念,这种提倡也只不过是一句口号,只有思路开阔后的转变观念,才能使我们理解并把握观念转变的具体内涵,从而找到转变观念的具体方法和途径。从企业管理的角度看,需要转变的观念有市场观念、竞争观念、时间观念、效益观念、人才观念、资源观念、顾客观念,等等。

三、管理经济学的分析方法

管理经济学最常用的分析方法有:边际分析法、最优化分析法和博弈分析法。

(一)边际分析法

边际分析法是管理经济学中最常用的分析方法,它是从西方微观经济学中借鉴过来的。这种方法贯穿于管理经济学的始终,并构成了管理经济学的一大特色。

1. 边际分析法的概念

所谓边际分析法,就是利用边际值作为决策参考依据的一种方法。要理解边际分析法,关键是掌握边际值的概念。所谓边际值,就是单位要素变化对总体影响的程度或大小。用数学的语言表述,边际值就是自变量变化一个单位时,引起的因变量变化的程度或大小,即因变量的变化率。由此可见,边际值研究的不是总体,而是总体变化的部分。

尽管边际值的概念比较抽象,但我们对边际值的概念并不陌生,在日常生活中,我们经常应用边际值的概念,如"一手遮天"、"一只老鼠坏一锅汤"、"一失足而成千古恨"等。在经营活动中,通常所说的"赚头"也是边际值的思想。

2. 管理中常用的边际值

既然要利用边际值作为决策的参考依据,就需要了解管理中到底有哪些边际值。同总值、平均值等一样,管理中用到的边际值很多,其中比较常用的边际值有以下几个:

(1) 边际产量(MP)

边际产量表示增加单位要素(如劳动力 L、资本 K)的投入量,使总产量(TP)变化了多少。用公式表示为:

$$\text{边际产量(MP)} = \frac{\text{总产量变化量}(\Delta \mathrm{TP})}{\text{某投入要素变化量}(\Delta X)}$$

用边际产量能够帮助企业判断投入与产出所处的状态,即产出是否达到了最大,如果没有达到最大,是由投入过多引起的还是由投入过少引起的,以此指导企业采取相应的对策。

边际产量在管理决策中最直接的应用,就是如果投入要素的增长带来的边际产量是正值,即增加投入增加产出,表明企业的产出还没有达到最大,增加要素投入还能够继续增加产出,企业应该继续增加要素投入量;如果边际产量是负值,即增加投入减少产出,表明企业的产出也没有达到最大,减少要素投入还能够继续增加产出,企业应该减少要素投入量;边际产量为零时,总产量达到最大,此时的要素投入量达到最优。

(2) 边际收入(MR)

边际收入表示增加单位商品的生产与销售,使总收入(TR)变化了多少。用公式表示为:

$$\text{边际收入(MR)} = \frac{\text{总收入变化量}(\Delta TR)}{\text{产量变化量}(\Delta Q)}$$

用边际收入能够帮助企业判断产出与收入所处的状态，即收入是否达到了最大，如果没有达到最大，是由产量过大引起的还是由产量过小引起的，以此指导企业采取增加收入的相应对策。

边际收入在管理决策中最直接的应用，就是如果产量的增长带来的边际收入是正值，即增产增收，表明企业的收入还没有达到最大，扩大产量还能够继续增加收入，企业应该继续增加产量；如果边际收入是负值，即增产减收，表明企业的收入也没有达到最大，减少产量还能够继续增加收入，企业应该减少产量；边际收入为零时，总收入达到最大，此时的产量达到最优，即除了该产量水平外，再找不到其他产量水平能够实现这样大的销售收入。

（3）边际成本（MC）

边际成本表示增加单位商品的生产与销售，使总成本（TC）变化了多少。用公式表示为：

$$\text{边际成本(MC)} = \frac{\text{总成本变化量}(\Delta TC)}{\text{产量变化量}(\Delta Q)}$$

用边际成本能够帮助企业判断产出与成本所处的状态，即成本是否达到了最低，如果没有达到最低，是由产量过大引起的还是由产量过小引起的，以此指导企业采取降低成本的相应对策。

边际成本在管理决策中最直接的应用，就是如果产量的增长带来的边际成本是正值，即增加产量增加成本，表明企业的成本还没有达到最低，减少产量还能够继续降低成本，企业应该减少产量；如果边际成本是负值，即增加产量降低成本，表明企业的成本也没有达到最低，增加产量还能够继续降低成本，企业应该增加产量；边际成本为零时，总成本达到最低，此时的产量达到最优，即除了该产量水平外，再找不到其他产量水平能够实现这样低的成本水平。

（4）边际利润（$M\pi$）

边际利润表示增加单位商品的生产与销售，使总利润（$T\pi$）变化了多少。用公式表示为：

$$\text{边际利润}(M\pi) = \frac{\text{总利润变化量}(\Delta T\pi)}{\text{产量变化量}(\Delta Q)} = \text{边际收入} - \text{边际成本}$$

用边际利润能够帮助企业判断产出与利润所处的状态，即利润是否达到了最大，如果没有达到最大，是由产量过大引起的还是由产量过小引起的，以此指导企业采取增加利润的相应对策。

边际利润在管理决策中最直接的应用，就是如果产量的增长带来的边际利润是正值，即增产增利，表明企业的利润还没有达到最大，扩大产量还能够继续增加利润,企业应该继续增加产量;如果边际利润是负值,即增产减利,表明企业的利润也没有达到最大,减少产量还能够继续增加利润,企业应该减少产量;边际利润为零时,总利润达到最大,此时的产量达到最优,即除了该产量水平外,再找不到其他产量水平能够实现这样大的利润。

3. 利用边际值进行管理决策优化

管理决策问题常常也是最优化的问题。例如,企业的产量多大,才能实现利润最大;投入要素之间如何组合,才能使成本最低;等等。为了回答这类问题,最常用、最方便的方法就是边际分析法。这里有两类规则。

(1) 无约束条件下最优业务量的确定

所谓"无约束"是指要素投入量、产品产量、价格和广告费的支出等都是不受限制的。在这种情况下,最优化的规则是:

边际利润 >0,即边际收入 > 边际成本时,就应当扩大业务量;

边际利润 <0,即边际收入 < 边际成本时,就应当减少业务量;

边际利润 =0,即边际收入 = 边际成本时,业务量为最优,此时利润最大。

这是因为当边际利润为正值时,增加业务量能增加企业的总利润;当边际利润为负值时,减少业务量能增加企业的总利润;当边际利润为零时,无论是增加还是减少业务量都会使企业总利润减少,故此时企业总利润达到最大。

例如,某农场主在小麦地里施肥,假定肥料每千克价格为 3 元,小麦每千克价格为 15 元。所用的肥料数量、预期收获量数据如表 1-1 所示。问:每亩施肥多少能使农场主获利最大?

表 1-1 每亩施肥量的边际值

每亩施肥量(千克)	预期每亩产量(千克)	边际产量(千克)	边际收入(元)	边际成本(元)	边际利润(元)
0	20	—	—	—	—
10	30	10	150	30	120
20	38	8	120	30	90
30	43	5	75	30	45
40	46	3	45	30	15
50	48	2	30	30	0
60	49	1	15	30	-15
70	49	0	0	30	-30

根据最优化规则,当边际收入等于边际成本时,施肥量为最优。这里的边际收入等于边际收获量乘以小麦价格;这里的边际成本等于肥料价格。据此,可计算出各种施肥数量条件下,边际收入、边际成本和边际利润的数据(见表 1-1)。

从表 1-1 可以看出,当每亩施肥量为 50 千克时,边际收入 = 边际成本,边际利润为零,此时施肥量最优,利润最大。

$$总利润 = 总收入 - 总成本 = 15 \times 48 - 38 \times 5 = 570(元)$$

（2）有约束条件下最优业务量的确定

所谓“有约束”是指被分配的业务量是有限的、既定的。这类情况的最优化规则是:

当各种使用方向上每增加单位业务量所带来的边际效益都相等时,业务量的分配能使总利润最大;

当各种使用方向上每增加单位业务量所引起的边际成本都相等时,业务量的分配能使总成本最低。

这是因为如果在各种使用方向上,业务量的边际效益(边际成本)互不相等,人们就有可能在不增加总业务量的前提下,通过减少边际效益低(边际成本高)的使用方向上的业务量、增加边际效益高(边际成本低)的使用方向上的业务量的办法,来增加总利润(减少总成本)。可见,只有当业务量的分配能使各种使用方向上的边际效益(边际成本)均等时,业务量的分配才是最优的。

例如,某企业的广告费预算为 110 万元,打算分别用于电视、电台和报纸广告。经调查,这三种媒介的广告效果预计如表 1-2 所示。

表 1-2　广告效果

做广告次数	能使销售额增加(万元)		
	电视	电台	报纸
第一次	4	1.5	2
第二次	3	1.3	1.5
第三次	2.2	1	1.2
第四次	1.8	0.9	1
第五次	1.4	0.6	0.8

假设每做一次广告,电视、电台和报纸的费用分别为 30 万元、10 万元和 20 万元。问:应如何在不同媒介中分配广告预算,才能使总的广告效果最优。

解:因广告费资源有限,故当各种媒介上的每元广告费的边际效果相等时,广告费的分配为最优。

三种媒介第一次广告,每元广告费的边际效果可计算如下:

$$电视:4/30 = 0.133$$

$$电台:1.5/10 = 0.15$$

$$报纸:2/20 = 0.10$$

可见,尽管做一次电视广告的效果比电台、报纸大($4 > 1.5$,$4 > 2$),但因电视的广告费贵,它每元广告费的边际效果在第一次广告中并不是最大的。广告费的分配应根据每元广告费边际效果大小的顺序来进行,如表 1-3 所示。

表 1-3　广告费按边际效果排序

选择的广告	每元的边际效果	边际效果排序	累计广告费(万元)
电台(第一次)	1.5/10 = 0.15	1	10
电视(第一次)	4/30 = 0.133	2	40
电台(第二次)	1.3/10 = 0.130	3	50
电视(第二次)	3/30 = 0.100	4	80
电台(第三次)	1/10 = 0.100	4	90
报纸(第一次)	2/20 = 0.100	4	110

可见,选择电台做三次广告,电视做二次广告,报纸做一次广告,就可以使有限的广告费(110 万元)取得最大的广告效果。此时,各种媒介的每元边际效果均等于 0.100。

4. 边际分析法的意义

边际分析法的关键在于计算边际值,严格来讲,只要找到企业的需求函数、生产函数和成本函数,边际值是完全能够计算出来的。但是,对管理者来说,学习边际分析法的主要目的不是计算边际值,而是掌握边际分析法的基本思路,这也正是学习边际分析法的重要意义。

(1) 边际分析法体现了动态优化的决策思想。以前我们总是从总量或增量的角度分析问题,但不知道系统什么时候是最好的,现在,运用边际分析法,通过渐进性的动态过程控制,就能够把握系统处于最好时的状态。所以说边际分析法体现了动态优化的决策思想,它所关注的并不是最后出现的结果,而是结果形成的过程,通过对过程的动态优化,最终达到满意的结果。正像一个人一样,不仅应该关注身体肥胖之后的减肥或瘦弱之后的增加营养,更应该关注身体肥胖或瘦弱之前的饮食结构调整。只有通过平时的饮食结构调整,才能使身体达到不胖不瘦的程度,这样,既不需要减肥也不需要增加营养,就能够使身体保持良好的状态。

(2) 边际分析法不仅侧重于问题的解决,更侧重于问题的预防。人们常常关注于问题的解决,甚至认为管理者的主要职责就在于解决管理过程中出现的各种矛盾和问题。解决问题固然重要,但相对于解决问题而言,预防问题更为重要。只要我们对问题稍加思考,便不难找到答案。其实许多问题都是我们自己制造出来的,正像管理学家彼得·圣吉所说的:“今日的问题来自昨日的解。”试想一下,如果企业不是盲目地扩大生产规模,就不会产生限产压库的问题;如果企业不是盲目地招收职工,就不会产生减员分流的问题;如此等等。可以说,企业存在的问题大多是企业自己制造出来的,因此,提高管理水平的关键,不仅在于提高管理者分析解决问题的能力,更重要的在于提高管理者预防问题的能力,这也正是边际分析法的意义之所在。边际分析法的基本思想,就在于通过管理过程的动态优化，将问题消除在萌芽之中，最终防止问题的产生，达到企业预定的目的。

（3）边际分析法反映的是不断向管理极限迈进的管理思想。决策者在决策过程中，不能仅仅满足于作出正确的决策，还要积极改进决策方法和思路，争取作出最优的决策。作出正确的决策只能改进企业的现状，只有作出最优的决策才能促进企业的超常规发展。虽然追求最优的决策方案似乎有些理想，但决策者决不能因此放弃对最优决策的追求，而边际分析方法反映的正是这种不断向管理极限迈进的决策思想，它旨在通过管理决策过程的动态优化，使管理决策逐步达到最优的状态。

➡阅读资料

犯罪行为的边际分析①

通常，人们都将罪犯看做是心理不正常的人。然而，事实表明，至少从一定程度上讲，罪犯的行为是可以通过经济学的理论框架加以解释的。这种框架意味着，罪犯会考虑实施一项犯罪活动的边际成本和边际收益，一旦边际收益超过边际成本，他/她就会犯罪。按照这一观点，提高破案的效率和对罪犯的惩罚力度将会减少犯罪。在一项开创性的研究中，美国学者伊利奇研究了在各州之间，重大犯罪的发案率是否随着期望惩罚的严重程度而变化。他发现，惩罚的可能性每增加1%，抢劫罪的发案率相应地会减少1.3%，发案率同样会随着惩罚力度的增加而递减。因为伊利奇的研究，学者们开始就这个问题展开全面的研究。研究的结果证实，一般而言，经济理论模型在预测犯罪活动方面是很有效的。

（二）最优化分析法

管理经济学的重要内容是企业的经营决策，而决策就是要在所有可行的方案中寻求一个最优的方案。企业在追求其目标的过程中总是努力追求最大化的利润或最小化的成本。因此，最优化的分析方法无疑是管理经济学的重要方法。

现在以某企业的产量决策为例，说明最优化分析法在管理经济学中的应用。

假设某企业的总成本与产量的关系为：

$$\mathrm{TC} = 80 + 4Q$$

① 〔美〕布里克利、史密斯、施泽曼：《管理经济学与组织架构》，张志强、王春香译，北京：华夏出版社2001年版，第16页。

总收益与产量的函数关系为：

$$TR = 24Q - Q^2$$

那么利润函数应该为：

$$\pi = TR - TC = -Q^2 + 20Q - 80$$

企业可以利用最优化方法求得利润最大化时的产量水平。由高等数学中的微分理论可知，函数的极值位于一阶导数为零的点上。令该企业的利润函数 $\pi(Q)$ 的一阶导数为零：

$$\frac{d\pi}{dQ} = -2Q + 20 = 0$$

解得 $Q = 10$，这时相应的利润为：

$$\pi(10) = -10^2 + 20 \times 10 - 80 = 20$$

可以看到，当该企业生产 10 个单位的产品时，企业的利润达到最大值。

我们可以在表 1-4 中分别列出产量为 0—14 时的总收益、总成本和利润，可以发现，当企业的产量为 10 时，企业的总收益为 140，总成本为 120，最大利润为 20。

表 1-4　不同产量下的总收益、总成本和利润

Q	TR	TC	π
0	0	80	-80
1	23	84	-61
2	44	88	-44
3	63	92	-29
4	80	96	-16
5	95	100	-5
6	108	104	4
7	119	108	11
8	128	112	16
9	135	116	19
10	140	120	20
11	143	124	19
12	144	128	16
13	143	132	11
14	140	136	4

本例是单一约束条件的最优化问题，对于有多个约束条件的最优化问题，常用线性规划的方法求解，如：

某家具厂生产桌子和椅子两种家具。桌子售价 50 元/个，椅子售价 30 元/个，生产桌子和椅子需要木工和油漆工两个工种。生产一个桌子需要木工 4 小时,油漆工 2 小时。生产一个椅子需要木工 3 小时,油漆工 1 小时。该厂每月可用木工工时为 120 小时,油漆工工时为 50 小时,该厂如何组织生产才能使每月的销售收入最大?

将一个实际问题转化为线性规划模型有以下几个步骤:

首先,确定决策变量。决策变量是模型要决定的未知量,也是模型最重要的参数。对简单的模型,如本例,决策变量是显而易见的,即家具厂要确定桌子和椅子的生产数量。因此可假设 X_1 为生产桌子的数量,X_2 为生产椅子的数量。

其次,确定目标函数。目标函数决定线性规划问题的优化方向,是线性规划模型的重要组成部分。很明显,家具厂的目标是使销售收入最大,更具体一点,是使两种产品售价与产量乘积的总和最大,因此目标函数可写为:

$$\text{Max}Z = 50X_1 + 30X_2$$

最后,确定约束方程。如果家具厂可以随意选择生产桌子和椅子的数量,它的销售收入可以随意大。而这实际是不可能的,因为任何生产都会受到种种客观条件的限制。一个正确的模型应通过约束方程来反映这些客观条件。本例中的限制条件是每月可用的木工和油漆工的工时分别不能超过 120 小时和 50 小时。这两个条件可由以下方程表示:

$$4X_1 + 3X_2 \leqslant 120$$

$$2X_1 + X_2 \leqslant 50$$

另外,决策变量本身一般应有非负约束,即 X_1 和 X_2 大于零。

将以上几部分结合起来就得到反映家具厂经营活动的完整的线性规划模型:

$$\text{Max}Z = 50X_1 + 30X_2$$

$$\text{s.t.}\begin{cases}4X_1 + 3X_2 \leqslant 120\\ 2X_1 + X_2 \leqslant 50\\ X_1, X_2 \geqslant 0\end{cases}$$

经计算机求解得 $X_1 = 15$, $X_2 = 20$,即家具厂每月生产 15 个桌子和 20 个椅子时销售收入最大,销售收入为 1 350 元。

(三)博弈分析法

"博弈"一词的英文单词是 Game,意为对策、游戏。顾名思义,博弈论就是在游戏中产生的理论。事实上,博弈论的早期思想也确实源于游戏。在诸如下棋、打牌、划拳等游戏中,人们要解决的问题是在面对对手时如何才能获胜,这实际上是当事人面对一定的来自他方的信息量选择最佳行动计划和最优策略的问题。例如,在人们非常熟悉的"石头、剪刀、布"的游戏中,我们的问题是:对方如何行动？而我又将如何应对才是最佳？这实际上就涉及了博弈论的核心问题。

在我国，博弈的思想源远流长，虽然没有形成一套完整的理论体系，但博弈的思想和实践活动却可以追溯到2 000多年前。著名的《孙子兵法》以及《三十六计》都可以称做是活生生的军事博弈论教科书。现在，《孙子兵法》和《三十六计》所揭示的各种情形下的谋略与策略，已在企业实践中被广泛地学习和采用。

博弈论作为一种理论最早是由美国数学家约翰·冯·诺伊曼在1937年提出的。冯·诺伊曼和经济学家奥斯卡·摩根斯坦1944年合著的《对策论与经济行为》一书被公认为是博弈论诞生的标志。

今天，在经济学中博弈论作为一种重要的分析方法已渗透到几乎所有的领域。博弈论被称做是“现代西方经济学的一次大的革命”，它已经成为主流经济学的一部分，对经济学理论与方法正产生越来越重要的影响。正因为如此，1994年诺贝尔经济学奖授予了纳什、泽尔腾和海萨尼三位博弈理论家和经济学家。接着维克瑞莫里斯因在微观经济学中对各种信息不完全、信息不对称情况下个人行为和制度安排的研究作出重大贡献又荣获了1996年诺贝尔经济学奖。

下面用两个简单的模型来说明博弈分析法在经营决策中的应用。

第一个模型是战略选址决策问题。西单是北京街头商店最为云集的地方之一，短短的一条路上中友百货、西单购物中心、赛特商城等大型商店林立，更兼有众多国际名牌的专卖店夹杂其中。也许有人认为这种布局纯属资源浪费，如果将其分散分布于北京各条街上，无疑会给市民购物带来许多便利。它们为什么愿意挤在一起？这究竟是合理的市场竞争的结果还是资源浪费呢？现以中友百货和赛特商城的设址为例进行分析：

****

0 （中友百货）	1/4	d	1/2	c	3/4	1 （赛特商城）

以＊代表消费者，假设消费者是均匀分布的。而且，消费者愿意到离自己最近的地方购物。将街道表示成长度为1的线段[0,1]。在价格和服务质量基本一致的情况下(事实上，中友和赛特的价格基本上一样贵，服务员也一样美丽有礼)，如果本着“不发生资源浪费且对顾客提供方便”的原则，那么在1/4与3/4点处两家选址是最合理不过的，因为它们将拥有几乎一样多的顾客，赚到一样多的利润。但商家是理性的经济人，在可能的情况下，他们总希望能最大化自己的利润。因此赛特商城可能就有这样的想法：如果我将店址从3/4点处左移至c点，那么，c点与1/4点之间的中点不再是1/2，而是d点，d点位于1/2的左边，这等于说赛特从中友处抢走[d,1/2]段的顾客。中友百货作为同样成熟的博弈方自然也会作此选择，将店址从1/4处向右移以争取更多的顾客。双方重复博

弈的结果将使各自的店址位于 1/2 处，而且没有一个愿意主动偏离均衡状态而使自己的利益受损，即出现均衡的结果。

以此可以解释西单商业街商店的拥挤，可以解释电视台为什么竞相将强档节目置于黄金时间播出以争夺观众，同样可以解释我们常说的“货卖堆山”的道理。①

第二个模型是经济学中的“智猪博弈”。这个例子讲的是：猪圈里有两头猪，一头大猪，一头小猪。猪圈的一边有一个踏板，每踩一下踏板，在远离踏板的猪圈的另一边的投食口就会落下少量的食物。如果有一只猪去踩踏板，另一只猪就有机会抢先吃到另一边落下的食物。当小猪踩动踏板时，大猪会在小猪跑到食槽之前刚好吃光所有的食物；若是大猪踩动了踏板，则还有机会在小猪吃完落下的食物之前跑到食槽，争吃到另一半残羹。

那么，两只猪各会采取什么策略？答案是：小猪将选择“搭便车”策略，也就是舒舒服服地等在食槽边；而大猪则为一点残羹不知疲倦地奔忙于踏板和食槽之间。

原因何在？因为小猪踩踏板将一无所获，不踩踏板反而能吃上食物。对小猪而言，无论大猪是否踩动踏板，不踩踏板总是好的选择。反观大猪，已明知小猪是不会去踩动踏板的，自己亲自去踩踏板总比不踩强吧，所以只好亲力亲为了。

“小猪躺着大猪跑”的现象是由于故事中的游戏规则所导致的。规则的核心指标是：每次落下的食物数量和踏板与投食口之间的距离。如果改变一下核心指标，猪圈里还会出现同样的“小猪躺着大猪跑”的景象吗？

改变方案一：减量方案。投食仅原来的一半分量。结果是小猪大猪都不去踩踏板了。小猪去踩，大猪将会把食物吃完；大猪去踩，小猪也将会把食物吃完。谁去踩踏板，就意味着为对方贡献食物，所以谁也不会有踩踏板的动力了。如果目的是想让猪们去多踩踏板，这个游戏规则的设计显然是失败的。

改变方案二：增量方案。投食为原来的一倍分量。结果是小猪、大猪都会去踩踏板。谁想吃，谁就会去踩踏板。反正对方不会一次把食物吃完。小猪和大猪相当于生活在物质相对丰富的“共产主义”社会，所以竞争意识却不会很强。对于游戏规则的设计者来说，这个规则的成本相当高（每次提供双份的食物），而且因为竞争不激烈，想让猪们去多踩踏板的效果并不好。

改变方案三：减量加移位方案。投食仅原来的一半分量，但同时将投食口移到踏板附近。结果呢，小猪和大猪都在拼命地抢着踩踏板。等待者不得食，而多劳者多得。每次的收获刚好消费完。对于游戏设计者，这是一个最好的方案。

---

① 郭利华、贾利军：《经济学茶座》，呼和浩特：内蒙古人民出版社 2003 年版，第 165—166 页。

成本不高,但收获最大。

原版的"智猪博弈"故事给了竞争中的弱者(小猪)以等待为最佳策略的启发。但是对于社会而言,因为小猪未能参与竞争,小猪搭便车时的社会资源配置并不是最佳状态。为使资源最有效配置,规则的设计者是不愿看见有人搭便车的,政府如此,公司的老板也是如此。而能否完全杜绝"搭便车"现象,就要看游戏规则的核心指标设置是否合适了。

比如,公司的激励制度设计,奖励力度太大,又是持股,又是期权,公司职员个个都成了百万富翁,成本高不说,员工的积极性并不一定很高。这相当于"智猪博弈"增量方案所描述的情形。但是如果奖励力度不大,而且见者有份(不劳动的"小猪"也有),一度十分努力的大猪也不会有动力了,就像"智猪博弈"减量方案一所描述的情形。最好的激励机制设计就像改变方案三,减量加移位的办法,奖励并非人人有份,而是直接针对个人(如业务按比例提成),既节约了成本(对公司而言),又消除了"搭便车"现象,能实现有效的激励。

四、对企业的再认识

为了获得利润,企业把生产要素组织起来,以生产物品和提供服务来满足个人消费者和其他企业的需要。企业的概念在管理经济学的理论和实践中起着中心作用。

(一) 企业的性质

讨论企业的性质主要是要回答这样两个问题:一是在市场经济条件下企业产生的根源;二是作为市场主体的企业,必须具备哪些基本特征。

企业是以营利为目的,把各种生产要素组织起来,经过转换,为消费者或其他企业提供产品或劳务的经济实体。但从历史上看,企业并不是从来就有的。在最原始的市场上,交易活动的当事人大都是个体生产者,只是到了现代,生产者绝大多数已经不是个体而是企业了。市场经济是依靠价格体系指挥和协调着生产者和消费者的行为,而在企业内部,生产者的行为则是由一个统一的领导层依靠行政命令来指挥和协调的。显然,这是两种不同的组织生产的方式,前者是"看不见的手",后者则是"看得见的手"。这就产生了一个问题,既然市场机制能够把千百万人的经济活动有效地联系起来,那么,为什么市场经济发展到今天,两种不同的组织生产(配置资源)的方式需要并存呢? 对于这个问题,产权经济学家科斯用交易费用理论作了下列解释。

所谓交易费用是指一切不直接发生在物质生产过程中的成本耗费。例如,在市场交易中,需要收集产品的有关信息(如价格、质量、供求关系等),这就要支出信息费用;为了使双方对交易条件满意,需要进行谈判和讨价还价,这就要支出谈判费用;为了保证契约实施,需要对契约的实施进行监控,这也要支出费用;等等。当市场的交易费用太高,而通过形成一个组织,并允许某个权威(企业家)来支配资源,就能节省交易成本时,企业就产生了。

但是,在企业内部也会产生交易费用,如监控职工的业绩、组织内部零部件的供应等的成本耗费,这种成本耗费也是一种交易费用,称为内部交易费用。

在存在企业的条件下,企业家只需要在企业外部与其他企业签订少量合约,就可以把协作生产的一切必要资源置于他们的控制之下,由他们来组织生产;如果没有企业,在数量众多的独立的个体生产者之间就要签订大量合约,会造成大量的交易费用。同时,企业的存在使长期合约代替了短期合约。例如,企业主与工人之间可以签订长期合约,而不必每次都为签订新合约而讨价还价。这样,既可以节省签订和执行合约所需的费用,又能避免或减少交易中的不确定性,从而减少交易风险。

既然在企业内部把生产要素组织起来能降低生产成本,那么,为什么不把企业的规模无限扩大,比如,建立一个诸如像通用汽车公司那样的大企业,甚至生产整个国民经济所需要的产品和服务呢?这里至少有两个原因。第一个原因是:随着企业规模越来越大,在企业内部组织交易活动的成本也会随之上升。所以,当企业的规模增加到某一点,企业内部的交易成本与市场上的交易成本相等时,企业规模的扩大就会停止。例如,世界上所有汽车制造商都从专门生产橡胶制品的公司那里购买轮胎。可以肯定,福特和通用汽车公司一定都考虑过是否要自己设厂生产轮胎。可以想象,经营一种自己所不熟悉的产品和管理甚至更大、更复杂的企业所要花费的成本,一定会高于继续从别的公司购买轮胎的成本。

另一个例子是法律服务。通常,律师代理业务并不是生产过程不可分割的部分,它只是有时候需要。如果许多公司都聘请专职律师,而实际上他们并不经常需要,就会使成本提高。所以,企业与其聘请专职律师,不如跟某些律师签约,在需要的时候再找他们。这样安排,对多数企业来说,成本就较低。当然,有些大企业,由于经常需要法律服务,就可以有自己专门从事法律事务的职员。[1]

限制企业规模的第二个因素是:企业家的组织才能总是有限的。如果企业的规模超过了经理人员管理企业的能力,企业内部的资源就不可能得到有效配置。

由此可见,当企业内部交易费用的增加恰好等于市场交易费用的节约时,企

① 〔美〕克雷格·彼得森、克里斯·刘易斯:《管理经济学(第三版)》,吴德庆译校,北京:中国人民大学出版社2003年版,第7页。

业的规模达到最优,这时的规模也就是在市场中企业的合理边界所在。

在市场经济中,企业是最重要的市场活动主体。作为市场的主体,它必须具备以下几个基本特征。

第一,企业必须独立地自主经营。因为只有这样,它才可能对市场的信号灵敏地作出反应,根据市场的变化迅速作出恰当的经营决策。

第二,企业必须是自负盈亏的。只有自负盈亏的企业才能成为独立的利益主体,才能在物质利益的驱动下积极主动地按照市场的变化及时调整自己的生产和经营。

第三,企业的产权必须明晰。只有这样,企业财产的有效利用才会真正受到产权所有者的关注和保护,使自主经营和自负盈亏真正落到实处。

(二) 企业的目标

1. 企业的短期目标

企业的短期目标是兼顾各个利益集团的利益。因为企业是社会的一个细胞,企业的生存和发展,离不开与企业相联系的各个集团,这些集团都有各自的利益,企业只有兼顾各个集团的利益,才能调动各方面的积极性,促使企业兴旺发达。

(1) 投资者。企业不能没有投资者,投资者在企业投资是希望得到合理的回报,因此,企业必须有足够的利润,来满足投资者的要求,不然投资者就可能把资金抽走,改投其他地方。

(2) 顾客。顾客既是企业利润的源泉,又是企业生存发展的土壤。企业的成败,关键取决于能否拥有顾客,顾客多,生意就兴隆;没有顾客,企业就要倒闭。为此,就要求企业必须时刻关注顾客的需求,以顾客需求为导向,切实维护顾客的利益,只有如此,才能赢得顾客的信赖。

(3) 债权人。债权人是指向企业出借资金的人。有些债权人向企业赊销了原材料或供应品,另一些债权人则借钱给企业。对这些人,企业必须到期偿还债务,并支付一定的利息。如果做不到这一点,企业的信用就会受到影响,不利于企业的经营,严重的甚至会导致企业破产。

(4) 职工。职工是生产经营活动的主体。职工希望有优厚的报酬、满意的福利和良好的工作条件,如果企业不能满足这些要求,有才能的职工就有可能离开这里到待遇更高的企业去工作。如果企业留不住有才能的职工,就会在竞争中处于劣势。

(5) 政府。企业必须遵守政府的法令,并照章纳税。政府用来管制企业的法令有很多,例如有关产品质量的法令、反不正当竞争的法令、防止污染的法令、有关劳动方面的法令等。如果企业不能遵守这些法令和照章纳税,就会受到政府的制裁,甚至被勒令停业。

(6)社会公众。企业应该与社会公众保持良好的关系,力求在社会上树立良好的形象和声誉,这也是企业发展的必要条件。为此,对企业的要求是:按公平、合理的价格出售产品;保持环境的清洁;参与本地或全国性的社团及慈善组织的一些活动等。

2. 企业的长期目标

企业的长期目标是实现"企业价值"的最大化。在这里,企业价值是指企业未来预期利润收入的现值之和。其计算公式为:

$$\text{企业价值} = \frac{\pi_1}{1+i} + \frac{\pi_2}{(1+i)^2} + \cdots + \frac{\pi_n}{(1+i)^n} = \sum_{t=1}^{n} \frac{\pi_t}{(1+i)^t}$$

式中,π_t 是第 t 年的预期利润;i 是资金利息率;t 表示第几年。

由于利润等于总销售收入(TR)减去总成本(TC),因此上述方程又可表示为:

$$\text{企业价值} = \sum_{t=1}^{n} \frac{\mathrm{TR}_t - \mathrm{TC}_t}{(1+i)^t}$$

式中,TR_t 是企业在第 t 年的总销售收入;TC_t 为企业在第 t 年的总成本。

把企业价值最大化作为企业目标,与传统经济学认为的企业目标就是利润最大化相比,主要有以下三大优点。

(1)有利于瞻前顾后管理理念的确定。企业不仅要生存,更要发展。如果企业的目标是利润最大化,管理人员就只根据眼前的利益大小行事。如果目标是企业价值最大,管理人员就要考虑眼前的行为会给将来的利润带来什么影响,促使管理人员在决策时要有长远考虑。

(2)有利于强化"时间就是金钱"的观念。根据利润最大化目标,管理者在决策时,往往只选择投资总收益最大的方案,而不考虑收益在时间上的差异。但企业价值最大化目标,则要求管理者在决策者时必须考虑收益的时间性。

(3)有利于强化管理决策的风险意识。利润最大化目标是不考虑风险因素的,企业价值最大化目标则要考虑经营(或投资)的风险性。因为经营风险越大,资金成本(利息率)就越高,企业价值就会越小,这就促使决策者在选择方案时,必须在收益和风险之间进行权衡。

(三)企业组织

企业只要是进行生产经营活动,就必须在企业内部分工的基础上进行合作,为了实现合作而进行的协调工作就是企业的管理。当企业形成管理者和生产者之间一个稳定的协作关系时,企业也就变成了一个执行特定功能的组织制度。

随着企业规模的不断发展,企业组织制度经历了从古典企业组织制度向现代企业制度的演变。与早期的小规模企业相适应,古典企业的组织制度是比较简单的,表现在:(1) 工厂规模较小,一般只具有一种经济职能,经营单一的产品系列,只在一个地区经营,是一种“单一单位的企业”。(2) 企业的管理者通常兼有企业所有者的身份,资本的所有权和经营权是统一的。(3) 古典企业管理级别一般只有两层,企业所有者是最高管理和决策层级,监工或下头是最低的管理层级。前者直接指挥后者,没有中间的管理层级。这种组织制度应当是一种最简单的管理形式。这种管理组织制度适应了企业规模不大时对管理制度的要求。

但是,随着企业规模的扩大,管理层面临更多的对外经营交往和内部管理活动,仅仅通过在原有的管理制度框架内增加管理人数已经不能满足企业发展的需要,甚至可能导致管理上的混乱,因此,必须发展一种更为复杂和科学的层级管理制度,以应付规模日益扩张和经济活动日益复杂的企业管理要求。

美国企业史与企业制度的权威艾尔弗雷德·钱德勒认为,现代工业公司若想实现规模经济,除了在生产、经销上进行投资之外,更必须在管理制度上进行投资。因为对生产设施、销售和批发网络的投资都需要大量的资本,这在古典企业制度中是无法实现的,只有当出现了现代公司制度,用有限责任取代无限责任,用股份制度代替业主制和合伙制度,才能吸引和集聚大量的风险资本,实现技术上的规模经济要求。现代公司制企业有着与古典企业完全不同的组织制度特点:(1) 企业组织规模较大,具备多种经济功能,经营多个系列的产品,在不同的地区经营;(2) 企业的中、高级经理没有资本所有者的身份,是专门的“支薪管理人员”;(3) 现代企业实行“管理层级制度”,中、高层管理人员形成了复杂的决策分工体系。①

公司制企业在市场经济的几百年发展中,已形成一套完整的组织制度和领导制度。最明显的特色是形成了由所有者、董事会和高级执行人员即高级经理三者组成的一种组织结构,即所谓的公司法人治理结构或称公司治理结构,来统治和管理公司。在这种结构中,上述三者之间形成一定的制衡关系。公司法人治理结构明确划分相互间的权力、责任、利益,形成相互制约、制衡的关系,以利于公司高效、灵活地运作,既保证作为经营专家的高层经理人员放手经营,又不致失去出资者(股东)对经理人员的最终控制。

公司治理结构由股东大会、董事会和由高层人员组成的执行机构三个部分组成:

(1) 股东大会。股东是指持公司股权的投资者。股东有在册和非在册之

---

① 资料来源:“公司规模与组织制度”,http://www.365u.com.cn/WenZhang/Detail/Article_113727.html。

分。所谓在册股东,是指在公司股东名册上登记其姓名、地址和其他简况的股东。所谓非在册股东,是指没有在公司股东名册上登记其姓名、地址和其他简况的股东。享有在平时获得定息的优先权和在清盘时获得补偿优先权的优先股持有人通常不算在册股东。普通股持有人依法过户就成为在册股东。股东可以是自然人,也可以是法人。普通股持有人依法凭所持股票行使其权利,享受法定的经济利益。股东的权利包括:对剩余收入的索取权,即确定分红的权利;在审议董事会关于修改公司章程、出卖部分或全部财产的建议和财务报告时的投票权;对董事的选举权和在董事玩忽职守、未能尽到受托责任时的起诉权;对公司经营活动的知情权和监察权。与此同时,股东也要承担缴足股金的义务。

(2) 董事会。对于拥有众多股东的公司来说,不可能靠所有的股东的经常集会来执掌所有权,他们需要物色少量能够代表自己利益的、有能力的、值得依赖的人员,组成一个小型的机构,将公司的法人财产交给他们托管,这个机构就是董事会,董事会由董事组成。有些国家的公司法规定,法人也可以担任公司董事,但必须指定一名有行为能力的自然人作为代表人执行作为董事的职能。董事会是公司最高决策和领导机构,是公司的法定代表。董事会由股东大会选出,代表全体股东的利益,负责制定或审定公司的战略性决策并检查其执行情况。董事会的主要职责是:制定公司的经营目标、重大方针和管理原则;挑选、委托和监督经理人员,并掌握经理人员的报酬与奖惩;协调公司与股东、管理部门与股东之间的关系;提出盈利分配方案供股东大会审议。

(3) 执行机构。公司执行机构由高层执行官员(包括总经理、副总经理等)组成。这些高层执行官员即高层经理人员受聘于董事会,在董事会授权范围内拥有对公司事务的管理权和代理权,负责处理公司的日常经营事务。执行机构的负责人称为首席执行官员,通常由总经理担任,有时也由董事长担任。一般地说,首席执行官员的主要职责是:执行董事会的决议;主持公司的日常业务活动;经董事会授权,对外签订合同或处理业务;任免经理人员;定期向董事会报告业务情况,并提交年度报告。

(四) 企业利润

对利润的概念我们并不陌生,一般认为利润就是收入减去成本。但对于成本,不同的人有不同的理解。

1. 会计利润和经济利润

企业利润可以分为会计利润和经济利润。所谓会计利润,是指在企业的会计账目上反映出来的企业已经实现的经营成果。所谓经济利润,是指在企业的会计账目上没有反映出来的企业有可能取得的利润潜力。会计利润反映企业的过去,经济利润反映企业的未来,而决策是面向未来的。所以,在管理决策中,决策者应该考虑的是经济利润而不是会计利润。

会计利润与经济利润可用公式表述如下:

(1) 会计利润 = 销售收入 - 会计成本

会计利润,是企业已经取得的销售收入减去会计账目上已经发生的各种费用的差。这种利润是企业已经取得的经营成果,不管对其怎样计算,只要计算方法正确,其结果不会有任何改变。

(2) 经济利润 = 销售收入 - 机会成本

经济利润,是企业在获得相同销售收入的条件下,减去企业有可能付出的代价即机会成本。这种利润与资源的配置状况有关,资源配置的方式和水平不同,其经济利润可能有很大差异。

只有经济利润才是决策的基础,会计利润是不能用于决策的。决策者的重要职责就在于通过资源的合理配置,将企业内部蕴藏的利润潜力源源不断地挖掘出来,并将其转化为账面利润。

2. 机会成本

理解经济利润的关键在于把握机会成本的概念。所谓机会成本,简单地说就是获得某种收入的机会时所付出的代价。即人们通常所说的有得必有失。经济活动中之所以有得必有失,是由资源的稀缺性决定的,尽管资源的用途十分广泛,但在一定的条件下,资源的用途又是唯一的,即某一资源用于某一用途获得了收入,就放弃了这种资源用在别的用途上获得收入的机会。如果一项资源既能用于甲用途,又能用于其他用途,那么资源用于甲用途的机会成本,就是资源用于次好的、被放弃的其他用途本来可以得到的净收入。决策者的重要任务之一就是对资源的用途进行科学选择,即合理配置资源,也就是将有限的资源使用在最有价值的地方,或者说要将有限的资源使用在企业为此所付代价最小的地方。为此,就要求决策者必须充分挖掘企业各种资源的潜力,做到人尽其才、物尽其用、财尽其效。

几种特殊情况下,机会成本的计算方法。

(1) 业主用自己的资金办企业的机会成本,等于如果把这笔资金借给别人所可能得到的利息。

(2) 业主自己兼任经理(自己管理企业)的机会成本,等于如果他在别处从事其他工作可能得到的薪水收入。

(3) 机器如果原来是闲置的,现在用来生产某种产品的机会成本是零。

(4) 机器如果原来生产产品 A,可得一笔利润收入,现在改用来生产产品 B 的机会成本,就是它生产产品 A 可能得到的利润收入。

(5) 过去买进的物料,现在市价变了,其机会成本就应当按市价来计算,即这批物料如不用于生产,而用于出售可能得到的收入。

（6）使用按目前市场价购进的物料、按目前市场工资水平雇用的职工以及按目前市场利息率贷入的资金的机会成本与其会计成本是一致的。

（7）机器设备折旧的机会成本是该机器设备期初与期末可变卖价值之差。

下面举例说明机会成本的计算和应用。

例1　甲用自己的钱1 000元办工厂（如果这笔钱借出去，每年可得利息100元）。乙则从银行借钱1 000元开办同样的工厂，每年支付利息100元。试求甲、乙的会计成本和机会成本。

解：甲：会计成本 =0，机会成本 =100 元；

乙：会计成本 =100 元，机会成本 = 100 元。

如果从会计观点看，甲的会计成本低于乙，甲的方案似乎比乙的好；但从经济观点看，两个方案的机会成本相等，说明两个方案是一样的。

例2　甲自己当经理管理工厂，不拿工资，但如果他在其他单位工作，每月可得工资1 200元。乙聘请别人当经理来管理工厂，每月付工资1 200元，试求甲和乙管理工厂的会计成本和机会成本。

解：甲：会计成本 =0，机会成本 =1 200 元；

乙：会计成本 =1 200 元，机会成本 =1 200 元。

从会计观点看，甲的管理费用低，其方案似乎较优；但从经济观点看，两个方案机会成本相同，说明两个方案不分优劣。

例3　企业甲每年耗用钢材100吨，用的是库存材料，当时价格1 000元/吨。企业乙每年也耗用钢材100吨，用的是现购材料，市价为1 200元/吨。试求企业甲和企业乙的会计成本和机会成本。

解：企业甲：会计成本 =100 × 1 000 =100 000（元）

机会成本 =100 × 1 200 =120 000（元）

企业乙：会计成本 =100 × 1 200 =120 000（元）

机会成本 =100 × 1 200 =120 000（元）

从会计观点看，企业甲的成本较低；但从经济观点看，两个企业的机会成本是相同的，说明两种做法在决策上不分优劣。

➡练习题

1. 什么是管理经济学？怎样理解管理经济学的学科性质？
2. 什么是边际分析法？在管理决策中使用边际分析法有什么意义？
3. 联系实际，谈谈你对决策条件和决策准则的理解。
4. 企业实施多种经营应注意哪些问题？
5. 什么是“企业价值”？将企业的目标定位于“企业价值”最大化的意义何在？

6. 试述机会成本的概念在资源优化配置过程中的重要作用。

7. 企业作为市场的主体,它必须具备哪些基本特征?

➡实训题

1. 举例说明会使近几年利润减少却能增加企业价值的管理决策。请解释之。

2. 在有些大企业里,分公司经理必须每月(有些情况下,次数更多)报告盈利情况。有些经理称,月月报喜的压力往往使他们为了增加短期利润而牺牲长期利润。请问一名经理有可能采取什么样的行动来增加短期利润,但导致未来全部利润现值的减少?

3. 王太太是一名整天很忙的家庭主妇,同时也是手艺很高的女裁缝。几年前,她以每米 5 元的价格购买了一块布料。现在由于涨价,把这块布料在市场上出售的价格为每米 15 元。王太太打算用这块布料做衣服,卖给她的朋友和邻居。她估计每件衣服需用 4 米布料和 4 个工时,她估计每个工时的价值为 10 元。如果每件衣服能卖 90 元,问:王太太通过制作和销售衣服能否赚得经济利润?

案例分析

餐馆老板的决策①

张某是北京某知名餐馆的主管。该餐馆一直经营粤菜,生意不错,但近段时间,营业额出现滑坡迹象,回头客率有了较大幅度的下降。张某与一批朋友聊天中,道出了其中隐情。

"我们的餐馆是一家经营粤菜的老店,前来光顾的人基本上都是冲着这一点来的。但是不久前,老板却聘来了一位做川菜的厨师,添加了不少川味菜。这样,弄得餐馆就有些不伦不类了。有不少老顾客点菜时,往往会感到很惊讶,问我们怎么添了那么多川菜。粤菜与川菜分属于不同的菜系,而且风格迥异,把它们混在一起,就会让顾客产生误解,是不是餐馆里的粤菜师傅不干了,才换上了川菜师傅呢?有了这种误解,顾客对餐馆的信任度便降低了。近来我就发现,一些老主顾到这里来的次数越来越少了。"

---

① 陈觉:《餐饮管理经典案例及点评》,沈阳:辽宁科学技术出版社 2003 年版,第 52—54 页。

“对这个问题,你为什么不向老板报告呢?看到问题而不报告,你可是失职呀!”朋友们以略带责备的口吻对她说。

“哎,你先别给我扣大帽子。我可是从正规的餐饮学校毕业的,也是一个有职业道德的人。其实,在我发现餐馆里发生的问题后,便马上向老板作了汇报。”

“老板是怎么说的?”

“他根本就不听。他说我有些小题大做,并告诉我说,我们接受新事物都是有个过程的。我们毕竟刚引进川菜,慢慢地,顾客就会认可了。”

“他为什么听不进你的话呢?在别的问题上也是这样吗?”

“他一向都听不进别人的话。不仅我的话,而且其他员工的话也一样听不进;不仅这一件事,而且在其他事情上也是如此。”

“你问老板为什么听不进别人的话,说到底,就是因为他素质差,总是自以为是,而且把面子看得十分重,一向认为自己决定的事就是完全正确的。再加上他开餐馆已经有四五年了,靠这个赚了不少钱。以前的成功,更加助长了他的自信。但他不知道,他之所以在前几年能赚钱,就是靠了粤菜大流行这一股风,而且这块地方竞争者少,方圆数千米内都没有同类同档次的餐馆。”

“这么说,他的成功基本上是靠运气,而不是高超的经营管理技巧。”朋友们说。“可以这么说。”她肯定地回答。

接着,她又补充说:“在添加川菜这件事情上,他听不进别人的话的原因还有一个,那就是给他出这个主意的是他的亲弟弟。据说,他弟弟认识几位做川菜的厨子,是在别人的怂恿下才想出来这样做的。”

“简直有些滑稽可笑,这样开餐馆,岂不是过于荒唐了!”朋友们不无感慨地说。

“事情就是这样荒唐,局外人往往不了解内情,不知道其实很多餐馆的老板都是这样荒唐的。他们做决策,下决定,几乎都是自以为是不是也是,从来不听别人的意见,也不容许别人提出反对意见,这种情况,像我这样的人才会给你们说出来,其他人都不愿意说,因为认为说了也没用,白费口舌。”

“我觉得你们是在调查研究中国餐饮业的现状,所以告诉了你们,希望能借助你们的笔触,刺激一下这些餐馆的老板们,促使他们清醒过来,也好让中国的餐饮业能有一个大发展。”

问题讨论:

1. 如果你是老板,在做出引进川菜的决策之前,应该做哪些工作?
2. 面对营业额下滑,你应该采取怎样的行动?
3. 如何提高管理者的科学决策水平?

第二讲 市场定位决策

问题讨论与交流

伴随着买方市场的出现,顾客的身份也自然而然地从“奴仆”变成了“上帝”,“顾客就是上帝”已经成为企业经营管理的不变法则。那么,企业怎样才能把顾客当成真正的“上帝”,企业自身能否也成为顾客的“上帝”?

企业必须赚钱,不赚钱的企业不能称为企业。那么企业到底想赚谁的钱?用什么手段去赚钱?

企业经济组织的性质决定了企业必须赚钱,不赚钱的企业不是真正的企业。企业要想达到赚钱的目的,就必须明确赚钱的对象和赚钱的手段。但赚钱的对象是众多的,企业不可能赚所有顾客的钱,只能在众多顾客中作出选择;同样,赚钱的手段也是众多的,企业不可能采用所有的赚钱手段,只能在众多的赚钱手段中作出选择,这种顾客选择和产品选择的过程实质上就是企业的市场定位。

一、市场定位的次序

(一) 市场定位的基本内涵

简单地说,市场定位,就是指企业寻找并确定自己在市场上所处位置的过程。市场是企业生存与发展的主要场所,如果企业在市场中找不到自己的位置,或者不能有效地确立自己的位置,就有被市场淘汰的危险。因此市场定位的正确与否,就成为企业经营管理决策的重要一环。

市场定位是勾画企业形象和提供价值的行为。一个企业可有多种定位,它可谋求“低价定位”、“优质定位”、“优质服务定位”、“先进技术定位”等。但不管企业采用哪种定位,其目的都是为了塑造本企业的形象,培养自己的核心竞争优势。要达到这一目的,就要求企业在市场定位过程中必须注意以下几点:一是要明确自身的优势,寻找“易胜之地”。任何一个企业都不是完美无缺的,都存在优势和劣势,企业只有认真地分析自己的优势和劣势,并与竞争对手进行对比,才能找准自己参与市场竞争的着眼点,找到市场竞争的“易胜之地”。二是要塑造和显示自身的竞争优势。企业必须采取具体步骤来凸显自己的竞争优势,切不可以为竞争优势会自动在市场上显示出来。三是要正确把握市场定位的度。市场定位是企业自身实力和优势的综合反映,它要求定位既不能过高,也不能过低。定位过高会超越企业实力所能达到的范围,定位过低则影响企业的形象声誉。只有做到定位恰当,明确而又具体,才能将企业的实力和优势充分地体现出来。

(二) 市场定位的关键

市场定位是一项复杂的系统工程,它既有科学性又有艺术性,并且包含着十分丰富的内容,如顾客定位、产品定位、价格定位、文化定位、成本定位、质量定位、技术定位、服务定位、竞争定位、营销定位等,在这些定位内容中,起关键和主导作用的是顾客定位、产品定位和价格定位。通过顾客定位确立企业赚钱的对象,通过产品定位确立企业赚钱的手段,通过价格定位将顾客的需求变成现实,将企业的生产经营活动成果转变成利润。如果企业不知道谁是“上帝”,“上帝”它在哪里,就无法了解“上帝”的真实需求,更无法满足“上帝”的需求,最终只能被“上帝”抛弃。企业失去了顾客就失去了存在的基础,其他定位也就失去存在的意义。因此,把握定位的关键,搞好顾客定位、产品定位和价格定位,对于企业作出正确的为谁生产、生产什么的决策是十分重要的。

(三)市场定位的次序

顾客定位、产品定位、价格定位三者之间既有联系又有区别,顾客定位是基础,产品定位和价格定位是赢得顾客的手段;顾客定位的目的在于明确谁是“上帝”,产品定位的目的在于明确“上帝”需要什么,价格定位的目的在于明确“上帝”的支付能力。但是,这三者之间又不是并行的,而是存在一定的次序,不同的次序代表着企业与顾客之间不同的关系。

1. 顾客主导型的市场定位

企业首先进行顾客定位,然后再根据顾客的需要进行产品定位和价格定位,这就是人们常说的以市场需求为导向。如果企业采取这种定位次序,就决定了企业与顾客之间的关系必然是:企业是被动的,顾客是主动的,企业必须把顾客当成上帝。在这种情况下,企业的一切生产经营活动都必须紧紧围绕顾客的需要来进行,顾客愿买什么,企业就生产经营什么,顾客能够支付什么样的价格,企业就确定什么样的价格。顾客成为企业的主宰。但是,采取这种定位次序也是有风险的,风险主要来源于顾客需求的复杂多变,如果企业不能及时发现并适应顾客需求的不断变化,很有可能被顾客抛弃,从而失去顾客。这就要求企业必须密切关注顾客需求的变化,一切围绕顾客转,急为顾客所急,需为顾客所需。只有这样,企业才能拥有顾客,并赢得顾客的信赖。

2. 企业主导型的市场定位

企业首先进行产品定位和价格定位,然后再根据产品的特点寻找相应的顾客,进行顾客定位。如果企业采取这种定位次序,就决定了企业与顾客之间的关系必然是:企业是主动的,顾客则是被动的,企业成了市场的“上帝”。这种定位次序又有两种方式:(1) 生产决定消费,即企业生产什么,消费者消费什么,企业制定什么价格,消费者支付什么价格,一切以企业为中心。这种定位方式在商品短缺时代常常采用。但商品一旦过剩,这种定位方式便失去了存在的基础。(2) 生产创造消费,即企业在市场调查研究的基础上,通过创造性的劳动,将顾客的潜在需求和模糊需求转变成现实的产品和服务。这种定位方式侧重的不是顾客现实需求的满足,而是对顾客潜在和模糊需求的挖掘,因此这是一种更高层次的市场定位方式。采取这种定位方式,要求企业必须具有敏锐的市场洞察力和较强的创新能力,只有这样,才能把握市场需求的主动权,更好地引导顾客需求的方向。

二、顾客定位

顾客成千上万,企业不可能为所有的顾客服务,只能为某一特定的顾客群服务。那么,企业在众多的顾客中选择自己特定顾客群的过程就是顾客定位。由此可见,顾客定位的实质就是对企业服务对象的选择。企业只有明确了谁是自己的服务对象,才能真正了解顾客的真实需求,进而为顾客提供满意的产品和服务,而做到正确顾客定位的关键在于对顾客进行细分。

(一)消费者细分

所谓消费者细分,就是企业根据消费者的多样性和购买行为的差异性,将全部顾客划分为若干具有某种相似特征的顾客群的过程。进行消费者细分的主要目的是为了选择目标顾客群,明确企业的服务对象。

由于消费者细分是以消费者需求的差异性为基础,因而形成需求差异性的因素,就可以作为消费者细分的标志。造成消费者需求差异性的因素一般可概括为:地理因素、人口因素、心理因素和行为因素,所以对消费者就可以根据这四类因素进行细分。具体细分方法见表 2-1 至表 2-4。

表 2-1　将消费者按地理因素所进行的细分

地理因素	顾客群
国界	国内、国际
地域	华北、东北、华东、中南、西南、西北等
行政区域	各省、直辖市、自治区、市、区、县等
城乡	城市、郊区、农村、边远地区等
地形	山地、高原、平原、盆地、丘陵、江河、湖、海岸等
气候	热带、亚热带、温带、中温带、寒温带、寒带等
交通运输	铁路、公路、海运、河运、空运等

表 2-2　将消费者按人口因素所进行的细分

人口因素	顾客群
年龄	婴儿、幼儿、学龄前儿童、少年、青年、壮年、中年、老年
性别	男、女
收入	低收入、中等收入、中上等收入、上等收入
文化程度	文盲、半文盲、小学、初中、高中、大学、大学以上
民族	汉族、各少数民族
社会阶层	工人、农民、知识分子、国家公务员、工商业者、个体户等
宗教	佛教、伊斯兰教、道教、天主教、基督教等
家庭规模	1—2 人家庭、3—4 人家庭
生活阶段	未婚单身,新婚无子女,年轻夫妇有 6 岁以下儿童,年轻夫妇有 6 岁以上孩子,年龄较大夫妇有未独立子女、老年夫妇子女独立,鳏寡单身

表 2-3　将消费者按心理因素所进行的细分

心理因素	顾客群
生活态度	喜爱时髦、艰苦朴素、爱好新奇、倾向保守等
个人性格	坚强、软弱、独立、依赖、活跃、孤僻、自由、保守、激进等
购买动机	生存需要、安全需要、发展需要、享受需要、社会需要、精神需要

表 2-4　将消费者按行为因素所进行的细分

行为因素	顾客群
使用频率	大量使用、中量使用、少量使用、极少使用
品牌偏好	强烈偏好、有选择性、不重视品牌
购买状态	无知状态、认知状态、有兴趣愿意尝试、试用者、经常购买者
使用者情况	非使用者、曾使用者、潜在使用者、初次使用者、经济使用者
购买关注	重视产品质量对价格不敏感,对价格敏感对产品质量要求一般,注重销售服务,对服务要求一般,易受广告宣传影响,对广告反响不大等

(二)消费者购买行为

市场定位的基础是顾客定位,而顾客定位的基础又来源于对消费者的购买欲望、购买规律以及购买过程中整个消费心理活动的深刻了解。因此,在进行顾客定位的过程中,认识消费者购买的基本模型、了解影响消费者购买的因素、掌握各种消费心理的变化规律,就成为顾客定位的关键环节。

1. 消费者购买行为的基本模型

生活在商品经济社会中,每一个人都是商品消费者,都要通过购买来实现自己的消费目的。每一个消费者的购买目的和购买习惯各不相同,不同条件下购买也会有较大差别,但在基本特征上仍存在着共同的规律。这种共同规律会普遍发生作用。掌握这一共同规律,对研究消费者购买特征具有指导作用。消费者购买规律可通过图 2-1 概括地加以说明。

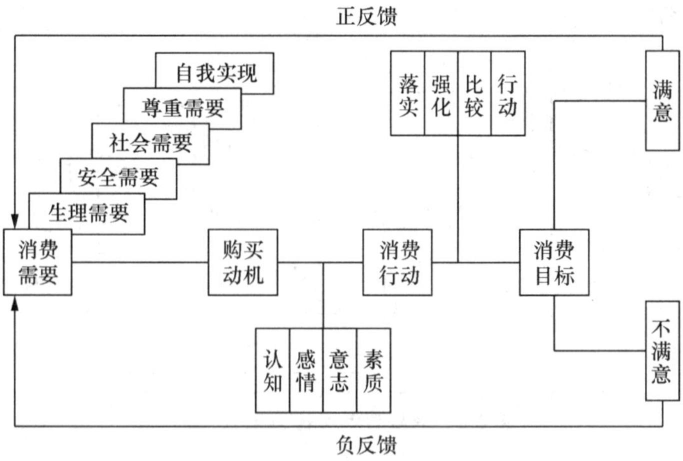

图 2-1　消费者购买行为模型(Ⅰ)

从图 2-1 所表明的购买模型可以看出,人的购买欲望来源于某种需要,通过购买动机确定购买方向,按照方向行动的结果而达到消费目标。在达到消费目标之后,消费者会产生不同的体会,如果产生了满意的体会,就会使某种需要得到强化,对购买某种商品持更为积极的态度,而且鼓励别人也去购买;如果产生了不满意的体会,不但不会再重复购买某种商品,而且会劝说别人也不要去购买。正因为存在着这种现象,所以说,满意了的顾客是最好的广告。

消费者的购买行为不仅来源于某种需要,在很大程度上也受到外力的影响。图 2-2 是消费者购买行为的第二个模型。它描述了消费行为的产生是一个投入产出过程。在各种因素影响下,经过过程分析,导致购买行为的产生。第二个模型还提醒人们,感性对消费者购买有着不可忽视的作用。

2. 影响消费者购买行为的内在因素

(1) 消费需要。是指消费者感到某种缺乏而形成期待的心理紧张状态。正是消费需要促使消费者产生购买行动,并通过购买行动解决或缓冲所感受到的缺乏。如天气热,身体感到热而又口渴,就需要喝冷饮,以降温和解渴。

(2) 购买动机。它是引起行为的原因和动力。同样的动机可以产生不同的行为,同样的行为又可以为不同的动机所引起。如为了准备过冬的服装,可以买呢大衣,也可以买羽绒服。又如,两位售货员服务都很热情、周到,但其中一位是出于职业责任感,而另一位可能是为了多拿奖金。

(3) 购买认知。就是人们对所要购买商品的了解和认识。它是产生购买行为的前提。人们的购买行为总是在对商品有了起码的认识之后才发生的,这就

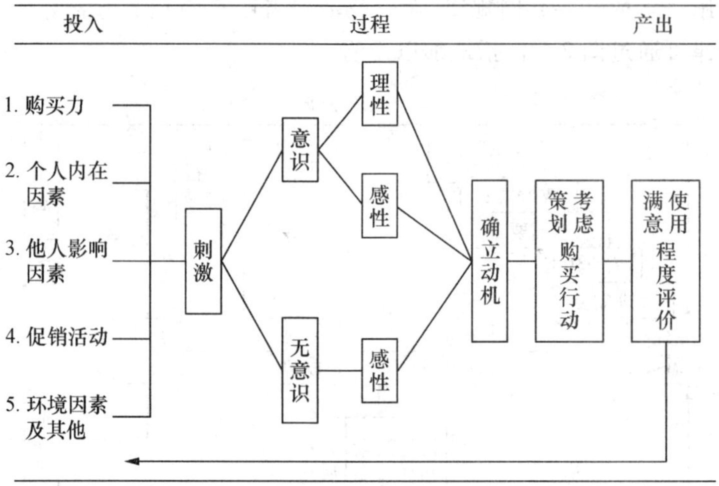

图 2-2 消费者购买行为模型(Ⅱ)

是人们为什么要在购买之前打听商品有关信息的主要原因。人们认知商品的主要途径有:尝试,观察,借鉴,学习等。

(4) 购买感情。人都是有感情的,当商品的质量和价格差别不大的时候,感情对消费者的购买活动就起着很大的促进作用。其作用主要表现在:感情可以影响认知,感情可以促进行动,感情可以调整态度等。

(5) 消费者个性。人的个性包括才能、气质、性格三个方面。才能对人的影响主要在效率方面。气质是人的心理活动的稳定性特征,它决定了消费者购买的不同风格。性格是个性对现实稳定了的态度和习惯化的行为方式,它影响着消费者购买行为的倾向性。不同的个性对购买行为产生不同的影响。

3. 影响消费者购买的外在因素

消费者总是生活在一定的社会环境中,购买活动也是在一定的社会环境中进行的。所以,消费者的购买行为不但受到内在因素的影响,同时还受到外部环境的影响。

(1) 家庭。家庭的状况对消费者的购买活动有着直接的影响。一个家庭从建立之日起,就制定了自己的"消费方针",其中包括预定的"生活目标"和达到这些目标的"时间表"。在一般情况下,家庭目标主要有三个部分:第一,如何使家庭完备、美好、幸福;第二,如何抚育和培养子女;第三,筹备未来的需要。家庭目标是由人均家庭收入水平、家庭人员素质和社会环境影响决定的。

(2) 参照群体。当人们把某个群体的行为规范作为自己行为的标准和目标时,这个群体就成为参照群体。例如,某个青年爱看电影,崇拜某个演员,虽然演员并不认识他,但这个演员就构成了参照群体,于是,这个演员的穿着打扮就成为这位青年的模仿对象。概括起来，参照群体对消费者行为的主要影响是：提供消费模式；提供信息评价；坚定消费者购买信心；引起效仿的欲望等。

(3) 社会等级。购买什么产品，怎样购买，总是和人的身份相吻合的。一般情况下，收入高、有名望的人不会到低级商店去买便宜货，以免失去了身份和声誉；而收入低的人，也很少到大百货公司去买高档商品，他们注重的是经济实惠。正是由于社会消费档次的存在，才要求企业必须对消费者按社会阶层进行细分，从而实现正确的顾客定位。

(4) 文化。这里所说的文化是广义的社会文化，也就是民族和社会的风俗、习惯、艺术、道德、宗教、信仰、法律等方面意识形态的总和。社会文化以各种方式通过各种渠道向社会成员传授社会规范和价值准则，影响社会成员的行为模式，使生活在同一范围内的各个成员在行为上具有相同的趋向。

(5) 促销活动。它具有感染消费者、指导消费者、激发消费者的潜在需求等方面的作用。促销活动主要是通过让消费者频繁接触某些信息，对消费者购买动机产生强烈的刺激作用。这种刺激能使原来处于潜在状况的需求显现出来。

(三) 消费者购买心理

消费者的购买活动是在市场上实现的，其购买心理随着市场的变化而变化。因此，研究市场变化对消费者心理的影响，是认识消费者购买规律必须掌握的内容。

1. 卖方市场条件下的消费者购买心理

所谓卖方市场，是指产品处于供不应求时的市场状况。这时卖方处于市场交易的主导地位，消费者会产生如下的心理特征：

(1) 急迫心理。正常情况下随时可以买到的商品，在供不应求时便会引起消费者强烈的购买欲望。在这种急迫心理的支配下，会出现以下现象：原来没想买的突然敏感起来，可买可不买的变成非买不可，对数量的要求超过对质量的要求，产生盲目购买现象。

(2) 多占心理。人们在做出购买决策时，为了减少风险会有两方面考虑：一是会不会有更好的出现；二是现在不买将来还能不能买到。在产品供不应求的状态下，后一种考虑就会突出出来。为了预防将来用时买不到，购买量就会加大，以至于购买数量超过实际需要，并造成越供不应求越想多买，而越多买越供不应求的恶性循环。

(3) 攀比心理。人生活在社会环境中，消费行为必然受到各种社会关系的影响，往往会不自觉地产生攀比心理，在产品供不应求的情况下，这种心理会得到强化。如在一个群体中，多数人没有买到某种产品，少数人买到后，会产生十分得意的满足感，为了获得这种满足感，多数人就会千方百计购买这种紧俏产品；如果多数人都买到了某种产品，而自己没有得到，也会在心理上产生压力，为了保持与群体成员一致，也会想方设法去购买这种产品。

2. 买方市场条件下的消费者购买心理

所谓买方市场，是指产品处于供大于求时的市场状况。这时消费者处于交易活动的主导地位，购买产品有了较大的选择权，消费者心理会出现以下变化：

（1）挑选心理。市场上有充足的产品供应，消费者心理轻松，可以从容购买，只要时间允许，愿意多花一些时间进行比较选购。

（2）缓买心理。由于产品供大于求，必然会引起生产厂家的相互竞争，引起价格下降。这时，如果顾客感到价格还有下降的可能或者商品不太称心，就宁愿再等一等，而不急于购买。其通常表现是：不急需的产品，能不买先不买；急需的产品，够用为止，尽量少买。

（3）期待心理。由于在商品交易活动中消费者处于主导地位，购买时总希望产品能提供更高的消费价值，这就会对产品有更高的要求，如希望产品有较多的功能，使用更加方便，企业能够提供更多的服务等。

三、产品定位

如果说顾客定位是为了明确企业的目标顾客群的话，那么产品定位则要解决这些目标顾客群到底需要什么样的产品。企业只有根据目标顾客群的需要，向其提供适销对路的产品，才能实现企业经营活动的目的。

（一）对产品的理解

产品有狭义和广义之分。狭义的产品是指具有某种物质形态和用途的劳动生产物。广义的产品则是指满足人们需要的一切因素的总和。这些因素包括三个层次：

1. 产品实质

产品实质是指买者受益的功效，是满足需要的最核心、最基本的内容。产品实质体现在产品的精度、效能、功用、效率和对时间的节约等方面。

2. 产品形式

产品形式是指产品在市场上给买者产生一些印象的因素，包括品牌、品质、款式和包装等内容。产品形式是影响买者购买的重要因素。

3. 产品附加

产品附加是指购买产品所得到的附加服务或利益，包括消费信贷、分期付款、免费送货、安装调试、提供培训、保退保换、维修服务和配件供应等。产品附加是构成产品整体不可缺少的内容，是否提供产品附加，是影响买者购买的重要因素。

产品实质、产品形式、产品附加三个层次结合起来,就构成了产品的整体。它包括有形的与无形的、物质的与非物质的、核心的与附加的等多方面内容,它不仅给顾客以生理上、物质上的满足,而且还给予心理上、精神上的满足。产品的整体概念体现了以顾客为中心的现代经营理念,只有完整地理解产品,才能全面满足顾客的需要。

(二)产品定位的核心

所谓产品定位,就是指企业在目标顾客心目中为自己的产品确立一定的位置,以形成产品特色,树立产品形象,使自己的产品区别于竞争者。进行产品定位可以有针对性地满足目标顾客群的需要,可以使企业在竞争中形成自己的优势,提高竞争力。正确的产品定位,是企业成功的重要手段和保证。例如茅台酒以其高档和名贵的形象而享誉世界,而北京的"二锅头"酒则以其价低、纯正,是"老百姓餐桌上的酒"的定位而备受人们的欢迎。

(三)产品细分

产品千差万别,种类繁多,企业通过产品细分,有助于根据目标顾客群的需要向其提供适销对路的产品。概括起来,可按以下标志对产品进行细分,见表2-5。

表 2-5　按不同标志对产品所进行的细分

划分标志	产品种类
国界	国际产品、国内产品、区域产品等
行业	工业产品、农业产品、交通产品、建筑产品、旅游产品、文化产品等
产品形态	纯有形产品、有形为主无形为辅产品、无形为主有形为辅产品、纯无形产品
产品质量	优质产品、合格产品、不合格产品、劣质产品等
消费方式	生活消费产品、生产消费产品等

(四)产品定位策略

由于激烈的市场竞争,企业在市场中树立自己的形象,建立自己的产品定位并非易事。所以,企业必须针对竞争状况、需求状况和自身条件,制定有效的产品定位策略。一般来说,企业常采用的产品定位策略主要有以下三种:

1."针锋相对式"定位

这是一种与竞争对手"对着干"的定位方式。这种定位是把产品定位在与竞争对手相似的位置上,同竞争对手争夺同一细分市场。实行这种定位的企业必须具备以下条件:(1) 能比竞争者生产出更好的产品;(2) 该市场有较大的容量;(3) 有比竞争对手更多的资源和实力。

2. "另辟蹊径式"定位

当企业意识到无力与竞争对手相抗衡从而获得竞争优势时,可根据自身的条件谋求相对竞争优势,即突出自己的特色,在产品的某些方面取得优势。

3. "填补空缺式"定位

这种战略是寻找新的尚未被占领、但为许多消费者所重视的定位内容,即填补市场上的空缺。这种定位策略面对的情况有两种:一是某些潜在市场还没有被别的企业发现,本企业可以捷足先登;二是许多企业已经发现了某些潜在市场,但无力去占领,这就需要本企业具有足够的实力才能占领这些潜在的市场。

四、价格定位

(一) 定价目标

定价目标,是指企业在定价过程中所应达到的目的和要求。定价目标是指导企业定价行为的具体化目标,它在企业的价格决策活动中发挥着主导作用,因此,企业所有的产品定价实践,都要根据价格目标的要求来进行。例如,当企业是以稳定价格作为定价目标时,它在经营过程中对于价格的升降就会比较慎重,不会随便对产品价格进行调整,而是会通过改变其他方面的生产经营活动,努力维护价格的一致。一般来说,企业的定价目标都比较具体,而且具有较强的针对性。常见的定价目标主要有以下几个方面。

1. 追求最大利润

追求最大限度的利润是每一个企业应有的目标。但是,追求最大利润并不等于追求最高价格。当企业的产品在市场上处于绝对优势时,它固然可以实行高价策略,并能获得超额利润。然而,由于诸多因素的影响,如竞争加剧、替代品增加、需求减少等,企业要想长期维持过高的价格几乎是不可能的,因此,最大利润并不来自于最高的价格,只有合理的价格策略才是企业获取最大利润的保障。

追求最大利润通常有两层含义:一是指长期利润最大化,即企业应着眼于获取长期利润的最大化。从长远着手,企业就有可能在竞争中获得更好的发展,这是因为,企业的利润归根结底要来自于顾客,如果产品价格居高不下,则势必使顾客难以接受,造成产品销售困难。当然,在某些特定情况下,企业能以高价来获取短时的最大利润,但富有远见的经营决策者,一般都会对企业的长期利润作出安排,以保证企业的持续发展。当今 IT 界巨头 Intel 公司就是一个典型的例子。当奔腾芯片刚刚推出时,它制定了相对较高的价格,但随着产品的不断升级,Intel公司便及时调整定价策略,使热销中的产品始终保持顾客能接受的合适价位,从而取得了长期的经营佳绩。二是指整体利润最大化。也就是说,企业获利应从所有的产品来考虑,有时,尽管某些产品的定价可能会损害企业的获益程度,但只要该产品的价格策略能促进其他产品的销售增长,并且提高企业的整体利润,那么企业所作的价格决策仍是可行的。例如,美国吉列剃刀公司曾以低价推销其刀架,目的是为了吸引更多的人购买其互补品即刀片,从大量销售刀片中获取更大的整体利润。

2. 保持稳定的价格

保持稳定的价格通常是企业获得一定目标收益的必要条件,如果产品的价格波动太大且比较频繁,则容易造成市场紊乱,使顾客难以适从,而且,也会损害产品乃至企业在顾客心目中的形象。当然,价格稳定指的是一种相对状态,实际上也不可能保持永远不变的价格。一般来说,市场上出现的价格相对稳定状态是由价格领袖制所导致的。价格领袖制又叫领导者价格,它是由行业中的大企业或主导企业先制定一个价格,其他企业的价格与之保持一定的比例,这样,便可使价格稳定在一定的水平上。对大企业来说,它是一种稳妥的保护政策;对中小企业而言,由于大企业不随意降价,自身利润也可得到保障。保持稳定的价格,可以避免不必要的价格竞争或价格骤变的风险。当企业拥有较为丰富的后备资源,或者企业主要着眼于长期的发展,需要一个稳定的市场,或者是在市场供求和价格经常发生波动的行业,企业往往都希望维持一个稳定的价格,以确保自身的地位不受影响。这种定价目标比较适合在行业中占主导地位的大型企业。

3. 获取一定的投资收益率(资金利润率)

对企业来说,任何一项投资都希望获得一定的回报。产品的开发是一项耗费颇大的投资活动,企业自然会有一定的收益要求。这种预期的报酬水平通常是通过投资收益率来反映的,为了实现预期的利润,企业在定价时就要以达到这一目标为标准。由于竞争环境、企业实力以及产品本身等方面的差别,因此各个企业的投资收益率也各不相同,但不论企业处于何种条件和生产何种产品,在确定自身的投资收益率时,首先都要进行相应的投入产出分析,即根据开发某种产品的资源投入以及对应的产出情况,合理地界定自身的收益水平。有了明确的获利标准,企业就可以按此要求规定自身的定价目标了。

4. 维持和增加市场占有率

市场是企业生存的基础,维持和增加市场占有率,无论对于大、中、小企业来说,都是十分重要的目标。市场占有率高,说明企业的经营状况较好,产品竞争能力也较强。从市场占有率出发确定企业的定价目标,主要出于两种考虑,一是为了维持企业原有的市场份额,延长产品的获利周期,二是为了打破市场均势,开拓新的市场。必须指出,不管出于哪种考虑,如果单靠价格一个因素,企业是难以达到稳定和扩大市场占有份额的目标的,价格只是其中一个重要但并非唯一的决定因素。更多的情况下,市场份额的增加要通过非价格因素的竞争才能实现。

5. 应付或防止竞争

竞争是市场经济的一项本质特征,每一个企业都必须面对竞争的现实。为此,许多企业在制定价格时,都将如何应付和防止价格竞争作为自身追求的目标。通常是以对产品价格有决定影响的竞争者的价格为基础,在比较权衡的基础上,确定本企业的价格目标。一般而言,这种定价目标有三种可供选择的途径:(1) 以低于竞争者的价格出售产品;(2) 以与竞争者相同的价格出售产品;(3) 以高于竞争者的价格出售产品。企业在选择上述三种定价策略时,应根据具体的条件具体分析,尤其要结合产品性质和企业实力进行综合判断,准确定位自身目标。如小企业由于销售费用较低,一般可以将价格定在略低于领导企业的价位上;而那些资力雄厚、产品质量优越的企业,则可以考虑把价格定得高于竞争对手,以获得更多的利润。

6. 保持良好的分销渠道

随着卖方市场向买方市场的转变,产品的销售日渐困难,建立并且保持顺畅的销售渠道也就显得尤为重要。而利用价格策略来维持产品分销渠道的稳定,不失为一种方便有效的手段,因此,越来越多的企业在制定价格时都将这一方面的要求列入了可供选择的目标范围之中。事实上,在产品定价时考虑到中间销售商的利益是正常而且必要的举动,因为,就大多数企业来说,其产品的销售都是通过分销商来进行的。为了保证分销渠道的畅通无阻,企业必须研究价格对中间商的影响,并为中间商留有足够的利润空间,从而调动其推销本企业产品的积极性。

(二) 影响定价的主要因素

要准确地确定商品价格,还必须弄清影响商品价格的主要因素,找出它们与价格之间的作用关系,只有这样,才能使价格的制定更趋规范合理。

1. 商品价格的成本因素

成本显然是影响商品价格的首要因素,一般地说,任何企业在生产产品时,都要耗费一定的成本,因而它们会在定价时,首先考虑对成本的抵补与回收,所以,成本越低,则企业产品的定价也可以较低;成本越高,则产品价格也相应要高。商品成本是一个包容度较大的概念,一般包括开发成本、生产成本、销售成本和储运成本。开发成本指的是产品的开发研制费用,生产成本则主要是制造过程中发生的原材料耗费,销售成本以产品营销活动中的管理费用为主,储运成本则指流通过程中所涉及的仓储、运输等费用。这四种成本均与商品的价格有直接的联系，其中又以开发成本和生产成本所占的比重最大，因此企业在定价时应重点保证对开发成本与生产成本的补偿。

2. 商品价格的市场因素

市场因素常常是制定商品价格时的主要参考指标。它包含的具体内容很多，但与商品定价关联度最大的要素主要有以下三项：

（1）市场需求。市场需求就是指消费者对企业产品的需求，包括需求数量、需求强度等。如果消费者在某一时期对企业产品的需求量是递增的，则可以采取适当提价的措施；反之，则应适当降价。同理，如果市场上消费者对企业产品表现出很强的需求欲望和购买动机，则企业可以适当定高价；反之，则应考虑降低价格以刺激消费者的需求欲望。由于市场需求对商品价格影响较大，每一个企业决策者都应重视市场需求的预测工作，要对产品的需求量和需求强度作出恰当的评估，以便在定价时能准确地把握市场的脉搏，使产品价格更能为市场所接受。

（2）市场结构。市场结构也与商品的价格有着直接的关系，在不同的市场结构中，商品定价的规律也截然不同。例如，在完全竞争的市场中，买卖双方都只是价格的接受者，而不是价格的决定者，因而价格完全由供求关系所决定；而在完全垄断的市场中，由于产品完全被一个企业所垄断，而且又没有替代品，因此产品的价格完全操纵在垄断者手里；在垄断竞争的条件下，少数的买者或卖者拥有较优越的条件，可以对市场的成交价格起较大作用，此时，企业已不是一个消极的价格接受者，而是对价格有一定影响力的决定者；在寡头垄断下，商品价格则主要由几家大企业通过协议或默契来规定。当然，现实中与上述四种市场结构完全一致的情形并不多见，多数情况下企业面对的是介于它们之间的某种混合型结构，企业可以比照不同的类型进行相应的分析。

（3）市场竞争。竞争是市场经济的本质特征，在实际生活中，完全垄断的市场几乎是不存在的。因此，竞争状况是商品定价时必须考虑的一个重要因素。在研究产品的市场竞争状况时，重点应把握竞争对手的实力、竞争对手的产品特点及其价格水平、替代品的功能及价格等内容。由于竞争是一个动态的过程，因此企业在分析竞争情况时，也应采取动态的方法，及时捕捉和发现新的市场竞争信息，并根据实际的竞争状况确定或调整自身的商品价格水平，以赢得竞争中的价格优势。

3. 商品价格的自然因素

每一种商品都有自身独特的内在属性、消费特点等多种自然因素，而且，这些属于产品本身的自然特征又和价格有着千丝万缕的联系，企业在制定价格时，应当考虑它们对定价行为的影响。具体而言，这些自然因素包括：

(1) 产品种类。不同种类的产品,定价的标准也不一样。例如,一般性用品常以低廉的价格吸引顾客。这是因为,这类商品的主要功能就是为消费者提供实用价值,顾客对商品的品质、商标并不特别关注,而对功能、价格则相当看重,因此,厂家应尽量提高此类商品的功能价格比。而威望性用品则恰好相反,由于这类商品的效用主要是满足高层次的精神需要,消费者购买的目的也着重是为了显示其地位和身份,因而通常对价格考虑较少,企业在定价时就可适当提高价位。

(2) 产品属性。产品本身的属性也是影响定价的一个重要因素,如易腐性、易毁性和季节性商品,在处于不同的状态特征时,价格就可能相去甚远。另外,产品的购买频率以及外在特征,如外观、色彩、包装等,也都是在定价中应该予以考虑的因素。

(3) 产品的需求弹性。需求弹性是指某一商品价格变动与由此引起的该商品需求量变动的数量比例,它表明商品需求量对商品价格变动的反应程度。一般说来,需求弹性大的商品,价格稍微变化就会引起需求量较大幅度的变化,而需求弹性小或无弹性的商品,其价格变动一般对销售量没有太大的影响。

(4) 产品生命周期。任何商品都具有一定的寿命周期,即要经历投入期、成长期、成熟期和衰退期等阶段。在生命周期的不同阶段,商品销售量的变化是不同的。总的来说,销售量在生命周期中呈前升后降、两头低中间高的态势,而这些规律和趋势正是企业制定价格时所应遵循的客观依据。

4. 商品价格的政策因素

国家政府颁布的有关政策法令,对于商品的市场价格会产生影响。国家政策对价格形成的影响是多渠道的,有的是通过投资政策、科技发展政策、劳动工资政策等对产品的价值起作用,有的是通过货币、金融、信贷等政策对货币币值起作用,有的则是通过税收政策和分配政策对供求关系起作用。

5. 商品价格的社会因素

影响商品价格的社会因素包容范围很广。它对商品价格的作用一般通过间接的途径来完成,因而是一种软约束条件。随着商品的日益丰富,社会因素对于消费者的购买选择逐渐显示出越来越大的影响作用,同时它也成为企业定价过程中不可或缺的一项决策依据。具体地说,在影响商品价格的社会因素中,最主要的有以下两项:

(1) 心理因素。这是指消费者对商品的主观心理效应。它可能涉及消费者的需求偏好、心理感受、主观看法等。由于这类因素和人的主观感受联系在一起,而且本身也复杂多变,因而难以准确把握。在实际定价决策中,企业只有通过广泛地取证分析、调查研究,并结合有关专家的综合判断,才有可能比较全面地掌握消费者的心理偏向,从而为价格决策提供有价值的参考依据。

（2）文化因素。文化因素又包括风俗习惯、民族风情、宗教禁忌等。现在越来越多的企业都日益重视提高产品的文化含量，尤其注重在品牌、包装、色彩等方面大力营造独特的文化情调，从而不断提高商品的附加值。显然，文化因素已日益和商品的价格密不可分。

（三）主要定价方法

1. 以成本为中心

以成本为中心的定价法，是一种以生产者的意图为出发点的商品定价方法。它的基本依据是，在商品的价格中，首先应反映企业对商品的投入成本，然后还要考虑一定的利润收益。也就是说，商品定价要以成本和利润为基础。以成本为中心的定价方法主要有以下三种。

（1）成本加成定价法。这是一种应用相当普遍的传统定价方法。所谓“加成”其实就是企业的预期利润。这种方法的原理是，按产品的成本加上企业的预期利润来确定商品的价格。公式为：

$$单位产品价格 = 单位产品总成本(1 + 加成率)$$

式中：加成率就是指预期利润占产品总成本的百分比。运用成本加成定价法确定产品价格，关键是要估算出单位产品的总成本以及选择合适的加成率。

成本加成定价法的主要优点是计算方便，而且，在市场环境相对稳定的情况下，采用这种定价方法可使企业获得正常的利润，保证生产经营活动的顺利进行。但是，它的缺点也是显然的，由于没有考虑市场需求方的利益要求，而仅仅是从保证生产者的利益出发，因此，按照这种方法确定的商品价格能否被市场所接受，将是一件难以肯定的事情。所以，即使采用这种定价方法，最后也应根据市场状况和消费者要求进行适当调整，以提高产品价格的合理性。

（2）目标收益定价法。它是从保障企业的目标收益的角度，来确定商品价格及利润水平的一种定价方法。它也称为目标利润定价法或投资收益率定价法。这种方法是先按照企业的投资总额确定一个目标收益率，然后按目标收益率计算出目标利润额。最后根据总成本、计划销售量及目标利润额算出产品价格。

目标收益定价法的优点是可以保证实现企业既定的利润目标，从而实现既定的目标收益率。然而，这种定价方法的缺点也是十分明显的。首先，这种方法只考虑了生产者的利益而没有考虑竞争状态和现实需求情况，因而同样是一种生产者导向的定价方法。其次，这种方法是在确定了产品的销售量以后，再确定产品的价格，这在理论上都是行不通的。

2. 以需求为中心

以需求为中心的定价方法，是在充分考虑市场需求和竞争的情况下，以消费者为导向的定价方法。这种方法认为,既然商品生产的目的是为了满足消费者的需要,那么商品的价格就不应该以生产者的成本为依据,而应该以消费者对商品价值的理解和认识为依据。这类定价方法主要包括两种:理解价值定价法和差别定价法。

(1) 理解价值定价法。该方法以顾客对产品的理解价值作为定价的基本依据。所谓理解价值,就是顾客观念上所认同的价值,即顾客认为产品值多少钱,顾客可接受的价格是多少。

理解价值虽然与产品的实际价值和成本有关,但与实际价值不同的是它不是由生产成本决定的,而是由顾客的理解和认知价值决定的。如一些著名洋酒的价格很高,但其实际价值和成本并没有多少。又如同样的可口可乐,在一般商场里售价只不过3元左右,但在高级宾馆里价格可能在10元以上。

一般说来,消费者对每一种商品的性能、用途、质量、外观及其价格等都会在心目中形成一定的认识和评价,当生产者的价格水平与消费者对商品价值的理解水平大体一致时,消费者才会接受这种价格;反之,消费者则不会接受,产品销售也因此受阻。理解价值定价法的关键,是要准确地确定消费者对所提供商品价值的认知程度。具体的评定方法可采用市场调查与专家评议相结合的方式来进行。

(2) 差别定价法。这种方法也称区分需求定价法。它是指某一种商品,在特定条件下,可按不同的价格出售,即对于不同购买力、不同需求强度、不同购买时间或不同购买地点等的顾客,根据他们的消费感觉,采取不同的价格。

常用的差别定价法有以下几种:① 以顾客为基础的差别定价。这是指对不同的消费者采用不同的价格。例如,对老客户和新客户采用不同价格;同一种产品卖给批发商、零售商或消费者,也有不同的价格。② 以产品为基础的差别定价。例如,同等质量和规格,因花色或款式的新旧程度,采用不同的价格,花色新颖的可以定高价,花色陈旧的则定低价。③ 以地区为基础的差别定价。例如,影剧院、运动场等因地点或位置的不同,票价也不同。④ 以时间为基础的差别定价。不同季节、不同日期,甚至在不同时点的商品可以制定不同的价格。例如,旅游宾馆、饭店在旅游旺季和淡季的收费标准不一样。

3. 以竞争为中心

在竞争激烈的市场上,企业为了应付竞争、取得收益,往往采取一些特殊的定价方法。以竞争为中心的定价法,就是依据竞争者的价格来制定本企业价格的一种定价方法。

(1) 随行就市定价法。这是指企业根据同行业的平均价格水平来确定本企业产品的价格。在竞争激烈而产品需求弹性较小或供需基本平衡的市场上,随行就市定价法是一种较稳妥的定价法,它不仅可以减少定价风险,也容易与同行和平相处。

一般来说,企业往往在以下几种情况下采取这种定价方法:① 很难准确估算产品成本,而现行价格水平是同行共同采用的,因而可以大致反映企业生产该产品的消耗和应得报酬。② 使消费者了解商品的差别很困难。如有的产品必须精通有关知识才能区分其质量高低。③ 为了避免在价格上引起过度竞争。

(2) 盈亏平衡定价法。这是企业在某种情况下采取的一种保本定价方法。也就是说,企业的定价目标主要是为了收回产品成本。其价格是在保本产销量的基础上制定的。

根据盈亏平衡原理,盈亏平衡点产量的计算公式如下:

$$\text{盈亏平衡总产量} = \frac{\text{企业固定成本}}{\text{单位产品价格} - \text{单位产品变动成本}}$$

当企业产品产量达到盈亏平衡点产量时,就可实现收支平衡,做到保本。保本价格即盈亏平衡价格,可根据上式推导得出:

$$\text{保本价格} = \frac{\text{企业固定成本}}{\text{总产量}} + \text{单位产品变动成本}$$

一般来讲,在成本不变的情况下,将产品价格定在保本价格以上,企业就可以盈利;如果将产品价格定在保本价格以下,企业则必然出现亏损。

(3) 变动成本定价法。这种定价法又称为边际贡献定价法,它是一种以变动成本为基础的定价方法,也就是说,在进行产品定价时,首先考虑对变动成本的补偿;同时争取更多的边际贡献来适当补偿产品的固定成本。

所谓边际贡献,就是单位产品价格减去单位产品变动成本的余额。其作用是首先用来补偿固定成本,即每增加一个单位的产品销售,就能多作出一份用来补偿固定成本的贡献。当销售量增加到平衡点产量时,边际收入等于全部固定成本,达到收支平衡。当销售量达不到平衡点产量时,边际收入也可以补偿一部分固定成本。因此,可得出变动成本定价法的基本公式为:

$$\text{单位产品价格} = \text{单位变动成本} + \text{边际贡献}$$

或:

$$\text{单位产品价格} > \text{单位产品变动成本}$$

显然,变动成本定价法无法保证企业的正常利润,事实上,在这种定价水平下,企业是处于亏损状态的。尽管如此,当市场上商品供过于求,竞争激烈,企业订货不足时,为了尽可能地减少企业损失,保住市场份额,采用变动成本定价法仍是可取的。因为,如果把价格定得过高而导致企业停产,倒不如暂时不计固定成本,尽力维持生产,以等待经营时机的好转。

(四) 企业定价策略

产品定价不仅是一门科学,同时也是一种艺术。因此,企业在制定产品价格时,既要遵循一定的理论方法,又要掌握灵活的定价技巧和策略,以提高企业定价水平,促进产品的销售。

1. 新产品定价策略

(1) 撇脂定价策略。这种定价策略的含义是,在新产品上市初期,就将价格定得很高,以便在较短的时间内获得最大的利润。这种策略的着眼点在于:一是尽快收回垫付资金,补偿企业的消耗;二是产品技术较复杂,难以仿制,竞争者较难进入,企业可以保持垄断地位;三是如果确有竞争者进入,产品适当地降价比较从容。

(2) 渗透定价策略。这是一种以企业长远获利为着眼点的定价策略,即企业在新产品投入市场时,将价格定得低于预期价格,以利于市场接受,便于迅速打开销路,抢占更多的市场份额。这种策略的优点是,一方面可以利用低价迅速打开产品销路,占领市场,从多销中增加企业盈利;另一方面又可以较好地建立价格壁垒,阻止竞争者进入,有利于控制市场。但是,运用这种定价策略,企业的资金收回较慢,而且,如果企业以后想对产品提价,也往往容易遭到消费者的反对。

2. 心理定价策略

(1) 数值定价策略。这是利用消费者对不同价格数值产生的不同影响,进而调整、确定产品价格的一种技巧。通常有两种形式:一是整数定价,即在定价时,把商品的价格定成整数,不带尾数,从而使消费者产生货真价实的感觉。如将价格定为 1 500 元而不是 1 499.98 元。整数定价一般适用于高档消费品或消费者不太了解的商品。二是尾数定价,即定价时,保留尾数而不取整数的定价方法,使消费者购买时在心理上产生较为便宜的感觉。如本应定价 10 元的商品,定为 9.9 元,虽然只低 0.1 元,但可给买者价廉的感觉。尾数定价一般适用于日常消费品等价格低廉的商品。

(2) 声望定价策略。不同档次的企业、商品和服务带给消费者的心理感受是不同的。现实中,不少消费者有时愿意花更多的钱购买一种与普通商品功能类似但影响更广的商品,其原因就是后者能给消费者带来更大的心理满足感。一般来说,如果某个企业或某种商品,在长期的经营过程中,一直保持过硬的质量和完善的服务,从而在消费者心目中形成了较高的声望,消费者在购买此类商品时就会有更大的信任感和享受感,即使多花些钱也会觉得物有所值。因此,对于那些长期以来声望高的名牌企业、名牌商品来说,价格可以定得比一般水平高一些。

(3) 折扣定价策略。所谓折扣,是指销售者在向购买者出售商品时,愿意以目录价格的百分比出售,这种百分比就叫折扣。例如,我们通常所说的 7 折、8 折等,即分别指原标示价格的 70%、80%。折扣定价策略实质上是一种优惠策略,即按照正常情况已经将价格定好,然后根据各种优惠条件给购买者以不同的优惠,以刺激购买者大量购买或连续购买。折扣策略通常有两种方式:一是现金折扣,即在允许购买者延期付款的情况下,如果购买者提前交付现金,可按原价格给购买者一定的折扣,这种办法有利于鼓励顾客提前支付货款。二是数量折扣,即为了鼓励购买者多买商品,根据其所购买的数量,给予不同的折扣,一般是购买的越多,折扣就越大。

3. 组合定价策略

(1) 主附产品组合定价策略。这是指企业在制定互有连带关系的产品价格时,选择不同的价格,以达到促进销售、弥补损失的目的。大多数企业都采用这种策略,其方法是将主导产品定低价,而辅助产品定高价。目的是通过辅助产品的高利润,来补偿主导产品因低价造成的损失。

(2) 配套定价策略。企业将经营的商品系列,按不同标准组合成套,并分别制定单件商品价格和成套商品价格的做法,就叫配套定价策略。例如,商场可将各种文具配套出售;化妆品厂家可将产品组成精品系列包装和普通型系列包装等。一般来说,配套商品价格应略低于各单件商品的价格之和。

(五) 企业定价的误区

价格策略的核心是制定出有竞争力的价格,但在企业定价的过程中常常出现一些误区,现概述如下:

1. 认为价格就是成本加毛利

成本加标准毛利,是目前许多企业常采用的定价方法之一。这种定价方法简单明了,运用起来也比较容易,但其局限性也很明显。这种定价策略完全是以企业为出发点,是企业的主观愿望,而不是以市场需求为导向,没有考虑到市场竞争情况及消费者的意见和要求。企业采取这种定价策略,就造成了“姜太公钓鱼,愿者上钩”的结果,即你买企业就卖给你,你不买企业就把产品放在仓库里,总而言之,不让企业赚钱或者让企业赔钱,企业都是不卖的。

2. 认为价格完全由竞争对手决定

不可否认,竞争对手的定价策略是企业定价时不可忽视的一个参照,但完全跟随竞争对手的价格,就会使企业迷失方向,不仅会损害企业自身的利益,还有可能危及整个行业的发展。这是因为企业的情况是千差万别的,每一个企业都不可能拥有相同的条件和市场背景,企业只有正视这些差别,做到既“求同”而又“存异”,才能为自己确定一个适当的价格水平。

3. 认为消费者只关心价格,价格越低越好

在商品短缺、人们生活水平不高的情况下,价格低廉的确是影响消费者购买决策的重要因素,然而,在人们生活水平不断提高的今天,消费者已不再满足于

低层次的物质需要,消费者在关注价格的同时更看重商品的内在价值,他们愿意为自己喜欢的产品特别是名牌产品付出高价。在这种情况下,如果企业的价格理念还停留在过去的水平上,不能随市场经济的发展而发展,还认为消费者关心的只是低价,就容易走入质次价低的怪圈,结果往往是产品越廉价越没人问津,最终使企业陷入困境。

4. 认为提高价格就会失去市场、丢掉业务

通常,降价会增加销售量,提价会减少销售量。但销售量增加或减少的幅度主要取决于产品的价格弹性。对一些商品来说,销售量对价格反应比较敏感,价格稍微变化,对销售量影响很大;对另一些商品来说,销售量对价格反应则不太敏感,价格变化对销售量影响较小。因此对商品是降价好还是提价好不能一概而论,应该根据商品的价格弹性具体加以确定,该降价则降价,该提价则提价。

总之,价格策略对企业的生存和发展是至关重要的。虽然价格策略并不是企业唯一的有效的办法,但它却是最直接、最迅速、最方便的办法。当然,从长远来说,企业的发展还必须以科技为先导,以人为本。但从短期来看,企业掌握竞争性的定价原则对于企业的发展是很有帮助的。如果企业能深入体察消费者的需求,透彻了解市场,切实做好研究工作,积极地、现实地、灵活地管理价格,利用好价格这一取胜的手段,就一定会对企业的发展产生十分积极的作用。

五、企业多元化经营

韩国的巨型跨国公司高仕达集团董事长曾说过这样一段话:“我们是从20世纪40年代后期开始生产搽脸油的,那时找不到能够为我们提供合乎质量要求的搽脸油瓶塑料盖的供应商,所以我们进入了塑料制品领域。但仅生产搽脸油瓶的塑料盖不能使塑料注塑设备得到充分利用,因此我们开始生产塑料梳子、塑料牙刷和肥皂盒。进入塑料制品行业以后,我们又开始生产电风扇的叶片和电话机等更复杂的塑料制品,这又使我们开始生产电气产品和通信设备。生产塑料制品又使我们延伸到塑料制品的原料生产领域——石油精炼行业。而石油精炼需要油轮从海外运输原油,我们有了自己的船队。石油精炼支付了巨额的保险费给保险公司,这样我们又开办了自己的保险公司。这种自然的一步一步的向相关行业发展产生了现在的高仕达集团。”

从这段话中我们可以知道,多元化经营是每个企业在成长中必须面对的问题。所谓多元化经营,就是指企业向本行业以外发展,实现跨行业经营的过程。多元化经营有利有弊,企业实行多元化经营的主要目的在于分散风险,实现“东方不亮西方亮”。但是,如果企业不能正确把握多元化经营的特点和规律,很可

能是东方不亮西方也不亮。

1. 企业多元化经营的成因

(1) 分散风险。由于市场需求的不确定性,企业经营单一产品会面临很大的风险,其增长率和收益率会为该产品的需求动向所左右。假如该产品的需求动向有很大的不确定性,那么企业为了分散风险,便要开发其他产品,实行多元化经营。

(2) 挖掘企业内部资源潜力。企业在经营活动中常常积累有未能充分利用的资源,企业可以通过多元化经营来充分利用富余的资源,提高企业的经济效益。

(3) 实现规模经济。企业规模是一种资源,企业从事多元化经营,能够在质量和数量等方面享受规模经济效益,弥补规模不当的弱点,提高企业的盈利水平。

(4) 实现范围经济。在这方面,企业要考虑如何使用与生产环节或产品无关的因素以获得最少的单位生产费用,并达到最佳的使用广度。所以,从范围经济的角度出发,企业希望在两个或多个经营单位中分享企业各种资源,以减少各经营方向投入,降低成本。

(5) 转移竞争力。企业进行多元化经营,是希望将企业现有的竞争力转移到新的经营领域中去,以改善新的经营单位的竞争能力。

2. 企业多元化经营的类型

(1) 横向多元化。这是指企业以现有的市场为中心向水平方向拓展业务领域的多元化经营。它主要包括三种形式:① 市场开发型,即企业以现有的产品为基础,开发新的市场。② 产品开发型,即企业以现有的市场为对象,开发新产品。③ 产品、市场开发型,即企业以新开拓的市场为对象,开发新产品。

(2) 纵向多元化。这是指企业以现有的产品、市场为基础,纵向扩大业务领域的多元化经营。

(3) 多向多元化。这是指企业开发与现有的产品、市场领域有关,但完全不同的产品、市场来扩展业务领域的多元化经营。它主要包括:① 技术关系多样化。企业以现有技术为基础,以不同的市场为对象来开发不同的产品。② 市场营销关系多样化。企业以现有市场营销活动为基础,进入完全不同的产品市场。③ 资源多样化。企业以现有的资源为基础,进入不同的产品、市场领域,以充分利用现有资源。

(4) 综合多元化。这是指企业在与现有的业务领域没有明显关系的产品、市场中,寻求成长机会的多元化经营。它主要包括:① 资金关系多样化。这是指一般关系的资金往来单位随着融资或增资的发展,上升为协作单位。② 人才关系多样化。这是指利用企业中具有专利或特殊技术的人才而向新的业务领域发展的多元化。③ 信用关系多样化。这是指受金融机构的委托,重组濒临破产或经营不力的企业而形成的多元化。④ 整合多样化。这是指企业为了从现有的经营领域中撤退,或为了发展成为大型联合企业而进行的多元化。

3. 企业多元化经营应注意的问题

(1) 当企业规模较小而产品及市场都在不断增长时,不宜采取多元化经营。这是因为采取多元化经营需要投入一定的人力、物力和财力,由于企业规模较小,资本有限,这时如果再分散人力、物力及财力,无疑会增加企业的风险。在这种情况下,企业的主要任务不是采取多元化,而是集中企业的有限资源去扩大原有产品的生产,更好地去开拓市场。

(2) 企业必须认真研究适合本企业的多元化经营类型。每一种多元化类型,都有其特定的使用对象及条件,企业应该根据本企业的生产经营特点,选择合适的多元化经营类型。多元化有利有弊,企业不能迷信多元化,只有正确认识多元化的利与弊,才能有效避免因多元化而带来的风险。

(3) 要处理好多元化与专业化的关系。即从企业集团的整体来看,是采用多元化经营,但是集团中的每一个成员则必须从事专业化生产,把企业集团的多元化与各成员企业的专业化有机地结合起来。这样,既能使整个企业集团减少经营风险,提高市场适应能力和竞争能力,又能使整个企业集团及各成员企业提高生产效率和技术水平,改进产品质量,扩大生产规模,降低产品成本。所以说越是多元化越要专业化。

4. 多元化经营失败的原因

并不是每个企业都适合采取多元化经营,也并非实行多元化经营的企业都能够取得成功。在实际经营中,多元化经营失败的例子很多,其失败的原因主要有:

(1) 对新进入的经营领域预测错误。本来这一经营领域已经进入成熟期,不会有太大的市场机会,但企业决策者却认为该领域尚处于发展期,误认为市场前景远大,结果造成多元化经营的失败。

(2) 盲目自信本企业的能力,多元化程度过高。一些企业盲目自信,认为本企业的经营能力和资源足以应付新的经营业务的需要,但当企业一旦进入新的经营领域,才发现事情并不像原来想象的那么简单,新的经营领域所需要的经营能力和资源远远高于本企业,于是便感到力不从心,或根本不能应付,因而宣告失败。也有一些企业多元化程度过高,使企业经营资源过于分散,以致顾此失彼,遭到失败。

六、消费者消费商品的规律

企业通过对顾客购买行为的研究和市场细分,明确了顾客对象及服务手段,解决了企业想赚谁的钱以及用什么手段赚钱的问题。那么,在此基础上,企业还必须弄清本企业的顾客对象对本企业提供的产品存在什么样的需求,即研究消费者消费商品的基本规律,只有这样,企业才能够真正为顾客提供适销对路的产品,不断满足顾客日益多变的需求。

(一)消费效用

消费者为什么购买商品?答案十分简单,那就是为了满足自己的需要。既然消费者购买商品的目的是为了满足自己的需要,那么,为什么同样能够满足消费者需要的商品消费者要作出不同的选择呢?比如,馒头和米饭都能够充饥,为什么有的人愿意吃米饭而不愿意吃馒头,有的人则愿意吃馒头而不愿意吃米饭呢?这是因为消费者对馒头或米饭给他带来的满足程度的认识不同,有的人认为馒头给他带来的满足程度大,米饭给他带来的满足程度小;另一些人则认为米饭给他带来的满足程度大,馒头给他带来的满足程度小,而消费者总愿意选择他认为满足程度较大的商品,而不愿意选择他认为满足程度较小的商品。所以,对于同样能够满足某种需要的商品来说,消费者也要作出不同的选择。这就是为什么有的人愿意吃米饭而不愿意吃馒头,有的人则愿意吃馒头而不愿意吃米饭的主要原因。

那么,怎样来衡量消费者满足程度的大小呢?在这里,我们使用一个叫做"消费效用"的概念,所谓消费效用,就是消费者从消费商品中所获得的满足程度。获得的满足程度大就称为效用大,获得满足程度小就称为效用小。可见,消费效用的大小仅是消费者的一种主观感觉,它是消费者的一种主观量度,它因人而异、因事而异、因时而异、因地而异。如有的人感觉吃馒头的满足程度高,效用就大,有的人感觉吃馒头的满足程度低,效用就小。但在现实生活中,消费效用是一个难以度量的因素。

(二)边际效用递减规律

边际效用就是增加单位商品的消费所增加的效用。所谓边际效用递减规律,就是在一定的时间内,其他商品的消费数量和消费组合不变。增加一种商品的消费,消费者所获得的边际效用随着该商品消费数量的增加而减少。

边际效用递减规律所要说明的是,随着消费者消费某种商品数量的增加,消费该商品的边际效用有递减的趋势。开始边际效用是正的,但当消费数量过多的时候,边际效用不仅下降,而且可能变成负的,此时再增加消费反而会使消费者的总效用下降。作为一个消费者,从我们的消费实践中能够很容易地理解边际效用递减规律的合理性。比如,当你在饥饿时,食物的边际效用较高,随着食物的不断消费,你会感觉越来越饱,这时,对于你来说,食物的边际效用就在不断地下降,当消费达到一定数量以后,继续消费还会带来一些负作用,即边际效用可能已变成负值。

边际效用的递减可能有两种原因。一是生理上或心理上的原因,即随着消费数量的增加,生理上得到了满足或心理上对反复刺激的反应就递减;二是由于物品的多用途性,消费者在不断增加某种物品的消费时,这种物品的重要性就不断降低,其他物品的重要性将增强,因而,这种物品的边际效用就会递减。消费者对商品兴趣的不断转移,追求新款式、新时尚和喜新厌旧的心态,就是边际效用递减规律的作用。作为企业管理者,不断研究消费者心态变化和兴趣变化,及时地进行推陈出新,是企业适应消费趋势变化,保持产品旺盛需求的关键。

对于消费者来说,边际效用是他们决定商品需求价格的主观标准。消费者在购买商品时,要衡量“值不值”,“划不划算”,主要不是考虑商品的总效用,而是考虑所买商品最后一个单位的边际效用。消费数量少,边际效用就高,愿意支付的价格就高;消费数量多,边际效用低,愿意支付的需求价格也就低。以边际效用为代表的主观判断标准在每一次交易中都起作用,也就是说,消费者在购买商品时,每次都会考虑合不合算,就好像是在计算商品的边际效用一样,并以此来指导他们的每一次交易。

需要说明的是,消费者不仅要消费物质产品,还要消费精神产品,对物质产品来说,存在着边际效用递减,即消费得越多,效用反而越小。而对于正向的精神产品(如表扬、优质服务等)来说,则存在边际效用递增规律,即消费得越多,效用越大。

(三)消费规律对企业管理决策的指导作用

1. 不断开发新产品

边际效用递减规律说明,任何消费者都存在喜新厌旧的消费行为。虽然我们过去不愿意提倡喜新厌旧,认为它与人的品德有关,但是,谁也不能否认消费者一直存在着喜新厌旧行为这个事实,正是消费者的喜新厌旧,才推动了产品的不断更新和生活的丰富多彩。由此可见,企业开发新产品不是企业的主观愿望,而是边际效用递减规律的客观要求,不管企业是否情愿,都必须推陈出新。只有这样,企业才能更好地满足消费者喜新厌旧的消费需要。

既然开发新产品是不以企业的主观愿望为转移的,是适应边际效用递减规律的客观需要,这就要求企业必须搞好新产品开发,使产品不断更新换代。为了

保证新产品开发的有效进行,企业应注意做好以下两点:

(1) 正确地选择新产品开发的内容。如前所述,完整的产品应该是产品实质、产品形式和产品附加的有机统一。在新产品开发过程中,企业选择的内容不同开发的难易程度也不一样。一般来说,产品实质的开发往往需要企业有较强的技术实力,开发的周期较长,成本高,难度较大。相对而言,产品形式和产品附加的开发则比较容易,只要企业能够在产品外观、款式、包装、花色及附加服务等方面稍微加以变化,呈现出一些特色,就能够给消费者以耳目一新的感觉,从而使企业收到事半而功倍的效果。

(2) 正确地把握新产品开发的时机。新产品开发既不能过早也不能过迟,开发得过早会导致新产品的夭折,开发得过迟会使企业陷入被动。企业要根据产品的寿命周期来正确把握新产品开发的时机,一般说来,当产品处在投入期和成长期时,由于此时产品本身就是新产品,因此企业的主要任务不是开发新产品,而是做好新产品宣传,改进产品设计,稳定产品质量,扩大生产规模,以尽快地将新产品推向市场,此时企业若从事新产品开发则显得为时过早;但当产品处于衰退期甚至卖不出去时,再去开发新产品则为时过迟,这时对企业来说无疑是雪上加霜,一方面企业原有的产品大量积压卖不出去,经济效益低下,资金紧张,而另一方面市场需要的产品企业又无力开发,其结果只能是企业处于进退两难的困境。只有产品从成熟期向衰退期过渡时,才是企业新产品开发的最佳时机,因为此时企业盈利丰厚,完全有能力进行新产品开发,而市场对产品的需求开始下降,也要求企业必须进行新产品开发,倘若此时企业能够及时进行新产品开发,则会使企业顺利地实现新老产品的更新交替,进而促进企业不断发展壮大。

2. 实现产品系列化经营

由于消费者在消费商品时,往往不是消费一种商品,而是消费多种商品,因此消费者在进行消费选择时,不仅要考虑一种商品的效用,而且还要考虑所消费的商品组合的效用,其追求的目标是实现商品组合的效用最大化。这就要求企业在生产经营过程中,必须根据消费者的消费特点,实现产品的系列化经营,通过向消费者提供不同档次、不同规格的系列产品,来满足消费者对商品组合的效用需要。也就是说企业要形成商品系列菜单,实现花色品种多样,高中低档并存,以便于消费者根据自己的兴趣、爱好、收入条件等进行自主选择。

3. 增加产品的知识与文化含量

消费者不仅要消费物质产品,还要消费精神产品,而且随着人们生活水平的日益提高,消费者对精神产品的需求不断增加。也就是说,在物质生活越来越富足的情况下,人们越来越重视生活的质量,如今人们已不局限于吃饱、穿暖,而是讲究吃得营养、穿得健康,讲究饮食文化、服饰文化等。而精神产品则存在边际效用递增的规律,即消费得越多,满足感越大。这就要求企业必须改变传统的经营观念,不能再将产品仅仅停留在物质形态上,而要关注产品的非物质形态,通过增加产品的知识与文化含量,不断赋予产品以新的内涵。这样既能满足消费者对精神产品的需求,又能极大地增加产品的附加价值,许多知识和文化产品的发展已经充分地证明了这一点。知识就是产品,文化、品牌、服务就是财富,这既是知识经济时代的显著特征,也是企业发展的必然趋势。

➡练习题

1. 什么是市场定位?在市场经济条件下,企业应该采取什么样的市场定位次序?
2. 影响消费者购买行为的内在因素有哪些?
3. 什么是产品定位?企业在进行产品定位时常采用哪些策略?
4. 什么是边际效用递减规律?它对企业管理决策有什么指导作用?
5. 企业为什么要实行多元化经营?实行多元化经营应注意哪些问题?
6. 什么是定价目标?常见的定价目标有哪些?
7. 你认为企业在定价时常存在哪些误区?
8. 联系实际,谈谈你所在的企业顾客定位、产品定位及价格定位的过程。

案例分析

以市场定位取胜的香港港丽酒店

1995 年,美国权威的旅游杂志 *Traveler* 将香港港丽酒店(Conrad Hotel)评为全世界服务最好的酒店之一。在 1994 年,该酒店的入住率已经超过 90%。要知道,对于星级酒店来说,年平均入住率能达到 75%就相当不错了。而实际上,港丽酒店在 1989 年才刚刚成立,开业仅六年便登上业界的巅峰,港丽成功的秘密何在?该酒店的副总裁利加逊里一语道破天机:定位的威力。

对于酒店而言,恐怕没有任何一件事情比决定她在市场中的定位更为重要了。为了赢得商机,酒店通常会试图找出最为有利的目标市场。例如,有些酒店着重接待商务旅客,有些酒店倾向于接待旅行团的观光客,另外一些酒店则尝试同时吸引这两群不同的消费者。

一般情况下,酒店在确认她的目标市场之前,必须决定哪些具有竞争性的优点是她所能提供给目标市场的。例如,出众的产品、良好的客户服务、价格、名气和声誉、创新的特色、方便程度、气氛等都是酒店可以赢得优势的各种渠道。然而，最为重要的是，这些优势必须是因客户的需求而定，得到客户的认可，酒店的定位不能是自己的一厢情愿，只有客户心目中的认可才是影响最终业绩与营业收入的决定性因素。

亚洲最好的几家酒店都已在客户心目中建立了不可动摇的地位。以香港半岛酒店和曼谷东方酒店为例，她们都早已被认定为亚洲乃至全世界最杰出的酒店。她们所提供的产品特色、服务品质、定价、气氛、声誉、创新能力等都是客户们评断其定位的依据。

在港丽酒店成立以前，曾有市场分析报告指出，香港其实是由两个完全不同的地区组合而成的：一个是众多大企业——包括许多跨国公司在亚太地区的总部——所集中林立的港岛；另一个是聚集了贸易公司，结合购物商场和五光十色夜生活的九龙半岛。维多利亚港则将它们一分为二。尽管人们可以自由地选择各种交通工具过海，但海港的存在终究还是造成某种天然屏障。因此，如果一位旅客的活动集中在港岛，他会选择入住港岛的酒店；反之，他会选择九龙。

筹建中的港丽酒店坐落于港岛，她的首选目标是吸引那群主要在港岛从事各种公私事宜的人。当时，港岛主要的酒店有：五星级酒店三家，四星级酒店七家，三星级酒店一家。其中五星级酒店主要吸引企业高级主管和富有的观光客，而四星级则招揽中级主管或对较便宜的旅游行程感兴趣的个人。并且这些酒店也经过长期经营，都在港岛建立了比较完善的运作系统。因此当时的市场竞争已十分之激烈。

港丽酒店所具有的优势是设施先进、环境舒适、服务具有特色、地点方便，这些都能够很好地满足商务人士的要求。其劣势在于酒店在市场中知名度不高，还没有树立自己的形象。基于这种分析，港丽酒店决定将目标市场初步定位于五星级的商务酒店。但正当港丽酒店准备投入正式运营时，却遇到了外部环境的急剧变化，其主要原因是海湾战争的爆发和美国经济的衰退，由此引起许多大企业纷纷削减商务活动费用，使港丽酒店的经营活动受到了十分不利的影响。为了扭转这种被动局面，树立港丽商务酒店的形象，港丽酒店不得不采取一系列的促销措施，如推出了40%的促销折扣，大规模在世界性杂志刊登广告，成立了18个业务开发小组。经过精心组织实施，这些促销措施收到了显著成效。与此同时，港丽酒店又针对环境的变化和自身的特点进行了重新定位。因为随着商务旅客的减少，港丽酒店很难将其他五星级酒店中的客户吸引过来，更不可能将四星级酒店的客户提升到五星级酒店中来。因此，将酒店定位于五星级酒店将面临较大的困难，但港丽酒店经过分析之后认为，自己的产品和服务已经被市场接受，各项服务设施正逐渐步入轨道，当务之急是如何尽快建立起港丽的名气，基于这样的考虑，港丽酒店决定将自己的目标市场定位在五星级与四星级之间，即酒店以四星级的价格提供五星级的服务。这样,港丽酒店在价格上低于五星级酒店,在服务上又高于四星级酒店,所以很好地弥补了这两种酒店之间的差距,并产生了服务上的"牵引"效应与价格上的"拉拽"效应,即通过高品质服务将五星级酒店中的客户"牵引"过来,通过价格上的优势将四星级酒店中的客户"拉拽"过来。这种市场定位既满足了五星级客户对服务的需要,又满足了四星级客户对价格的需求。

问题讨论:

1. 你认为港丽酒店定位成功的关键是什么?

2. 港丽酒店若要巩固现有的主要顾客,使他们不致被其他五星级酒店或四星级酒店抢走,你认为港丽酒店应采取何种行动?

3. 作为港丽酒店的总经理,你认为港丽酒店未来应向哪个方向发展?

4. 如果其他酒店采取与港丽同样的定位,你认为港丽酒店应该采取什么样的对策?

第三讲 市场供求规律

问题讨论与交流

企业生产的产品过多会导致积压，产生损失；生产的产品过少会导致脱销，错过赚钱的机会。企业怎样才能做到产品既不积压也不脱销？

企业生产多少产品既不取决于企业自身的生产能力，也不取决于管理者的主观愿望，企业的产量到底取决于什么？

一、市场供求规律

在市场经济条件下，企业的一切经营活动都必须面向市场，以市场需求为导向，做到市场需要什么，企业生产什么，市场需要多少，企业生产多少。企业只有适时、适量地提供市场所需要的产品，才能不断满足市场的需求，实现企业生产经营的目的。由此可见，企业生产多少并不取决于自己的主观愿望，更不取决于企业的生产能力，而是取决于市场需求量的大小。这就要求企业必须研究市场供求变化的基本规律，把握市场需求的变化趋势，科学地进行预测。这样，才能够使企业作出正确的生产多少的决策。

（一）市场的核心

1．市场的含义

简单地说，市场就是买者与卖者进行商品交换的场所。随着商品交换关系的发展，市场已不仅仅表现为商品交换的场所，还表现为商品交换的接触点和商品交换的观念。最重要的市场既不是商品交换的场所，也不是商品交换的接触点，而是存在于人们头脑中的商品交换的观念。但不管是什么样的市场，都必须有买者和卖者，并且买卖双方发生交换，只有这样，市场才能得以形成和发展。只有买者没有卖者或只有卖者没有买者，均不能形成市场，但有了买者和卖者，如果买卖双方不能进行商品交换，同样不能形成市场。

2．市场的核心

市场的核心是交换关系。买卖双方之所以要进行商品交换，主要原因在于买者的需求只有通过交换才能得到满足，卖者的投入只有通过交换才能得到回报。要研究市场供求的基本规律，就必须研究买者购买商品的规律、卖者生产商品的规律以及买者和卖者进行商品交换的基本规律。这就是市场经济的三大基本规律，即需求规律、供给规律和供求规律。

（二）需求规律

1．需求量

需求量是指在一定时期内，在一定条件下，消费者愿意购买并能够买得起的某种商品的数量。在这里，“一定时期”一般指一年，“一定条件”指影响需求量的因素（如产品价格、消费者收入以及消费者偏好等）既定不变。这里需要指出的是，需求量不是指消费者实际购买的某种商品的数量，也不是消费者想购买的某种商品的数量。“愿意购买并能够买得起”指消费者不但要有购买欲望,而且还要有支付能力。只有购买欲望,表明消费者有一种需要和要求,但还不能成为需求,要成为需求,消费者还必须具有支付得起一定价格的能力。

2. 影响需求量的因素

在市场上,商品的需求量不是固定不变的,它随影响因素的变化而变化。而且对不同的商品,其影响因素也是不同的。概括起来,影响商品需求量的因素主要有以下几个方面。

(1) 商品的价格。这是影响需求量的一个最重要、最灵敏的因素。通常情况下,需求量随价格的变化而作相反方向的变化,即价格提高,需求量减少;价格下降,需求量增加。

(2) 消费者的收入。这里指的是消费者的平均收入水平。一般地,需求量和消费者收入向相同方向变化,即消费者收入提高,需求量增加;消费者收入下降,需求量减少。

(3) 消费偏好。所谓消费偏好,是指消费者对某一种商品的喜好程度。消费者总是根据各自的偏好来选择消费商品,这就是俗话常说的“骑马坐轿,各有所好”的原因。一般而言,即使某种商品的价格没有变化,但消费者对该商品的偏好增强或减弱,其需求量仍会相应增加或减少。不过,消费者的偏好不是固定不变的,而是不断变化的,它随着消费者的消费观念、收入水平、个人素质等的变化而变化。因此企业必须经常研究消费者偏好的变化,并根据消费偏好来改进老产品、开发新产品,只有这样才能保持人们对产品的高需求。

(4) 心理预期。所谓心理预期,就是消费者对未来收入和商品价格的心理估计和判断。如果消费者估计未来收入会增加(或减少),即使某种商品价格不变,消费者也会扩大(或减少)对该商品的购买量;如果消费者估计未来某种商品的价格将上涨(或下降),则会增加(或减少)对该商品的购买量,并且因此会导致商品价格的恶性循环,即价格越涨越买,越买越涨;价格越降越不买,越不买价格就越降。

(5) 相关产品的价格。所谓相关产品,是指使用价值密切相关的产品,它包括两类:一类是具有相同用途或者能满足消费者相同欲望的物品,如肥皂和洗衣粉、牛肉和羊肉等,这种用途类似的商品称为替代品。另一类是必须同时配套使用,互相补充才能发挥效能满足某种需要的物品,如照相机和胶卷、汽车和汽油等,这类须配套使用的商品称为互补品。相关产品的价格和需求量是相互影响的,譬如,肥皂的价格上升,洗衣粉的需求量就会增加;胶卷价格的大幅度上升,照相机的需求量就可能大幅度地下降。

此外,消费者的数量和结构、时间变化、广告宣传、风俗习惯、政府政策等也会对商品需求量产生不同程度的影响。

3. 需求函数

所谓需求函数,就是反映需求量与影响需求量诸因素之间关系的一种数学表达式。

$$Q_d = f(P, I, T, E, P_d \cdots)$$

式中:Q_d——某种商品的需求量;P——商品的价格;I——消费者收入;T——消费偏好;E——心理预期;P_d——相关产品的价格;…——其他有关因素。

需要说明的是,这种需求函数仅仅是最一般的表达式,它并没有表示出因变量和自变量之间的确定关系。所以,在决策时,为了具体计算需求量,还必须估计出更为具体的需求函数来。

4. 需求曲线

所谓需求曲线,是假定除价格之外其他因素均保持不变的条件下,反映需求量与需求价格之间的一种变动关系。

其数学表达式是:　　$Q_d = f(P)$

用图形表示,需求曲线是一条自左上方向右下方倾斜的曲线(见图 3-1)。

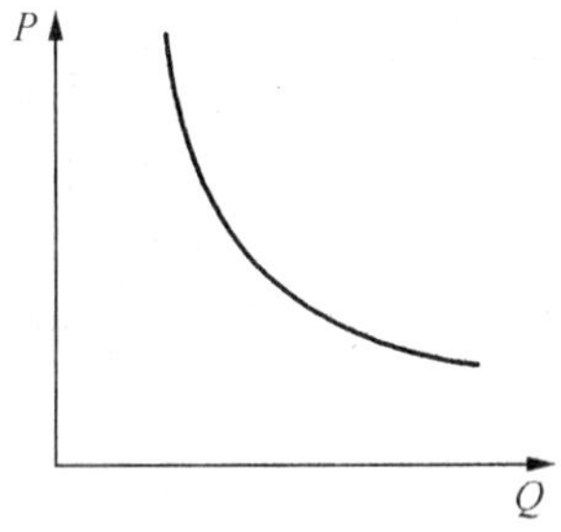

图 3-1　需求曲线

需求曲线是研究需求和市场运行机制的重要工具,必须准确、熟练掌握。理解需求曲线,需要把握以下要点:

(1) 一条需求曲线表示的是同一时点商品价格与需求量之间的关系,或者说表示的是在其他因素不变的条件下,商品价格与需求量之间的关系。其他影响因素变化后,需求曲线发生位移。

(2) 需求曲线随商品和条件的不同而不同。不同的商品有不同的需求曲线;即使是同一种商品,在不同的市场条件下,也可能有不同的需求曲线。

需求曲线可以分为个人需求曲线、行业需求曲线和企业需求曲线。个人需求曲线表示单个消费者购买某种产品的数量与其价格之间的关系。行业需求曲线表示市场上全体消费者愿意购买某种产品的总数与其价格之间的关系。企业需求曲线表示某企业的全体顾客愿意向该企业购买某种产品的数量与价格之间的关系。由于企业的商品如果涨价,消费者有可能立即把购买力转向其他生产同类产品的企业,使需求量迅速下降,因此企业需求曲线的斜率(绝对值)一般要小于行业需求曲线。

任何需求曲线都有一个共同的规律,即它总是一条自左向右向下倾斜(斜率为负)的曲线。

5. 需求规律

所谓需求规律,就是指商品的需求量与需求价格之间成反方向的变化关系,即价格上涨,需求量减少;价格下降,需求量增加。需求量与需求价格通常按相反方向变化。为什么价格下降能够刺激需求量呢?这是因为:第一,价格降低后,消费者可以用同样的钱买到比以前更多的东西,这意味着消费者实际收入的提高,因而使需求量有所增加。这是由于价格变化所产生的“收入效应”而引起的需求量的增加。第二,价格降低后,人们会把对替代品的需求转移到这种商品上来,因而使这种商品的需求量增加。这是由于价格变化所产生的“替代效应”引起的。第三,价格降低后,原来因价高买不起的消费者便具有了购买能力,使购买人数增加了。同样的道理,价格上涨,需求量就会减少。

6. 需求的变动和需求量的变动

当非价格因素不变时(此时需求曲线维持不动),如果价格发生变化,需求量也随之发生变化,价格上升,需求量就减少,价格下降,需求量就增加,这种变化被称为需求量的变动,如图 3-2 所示。当非价格因素发生变化时,需求曲线就会发生位移(如果需求曲线的方程是线性的,这种位移是平行位移),这种位移就是需求的变动,如图 3-3 所示。

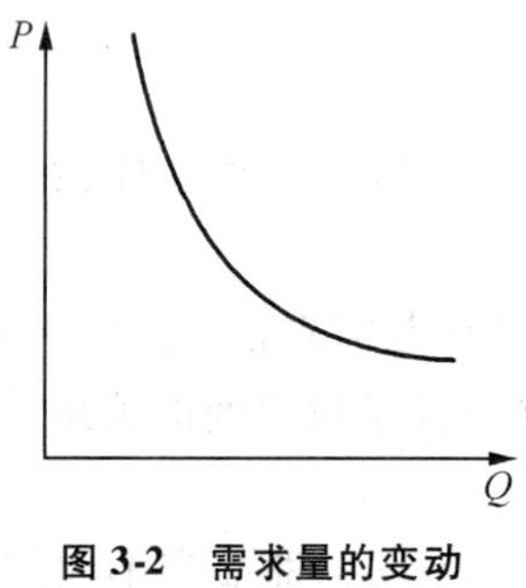

图 3-2 需求量的变动

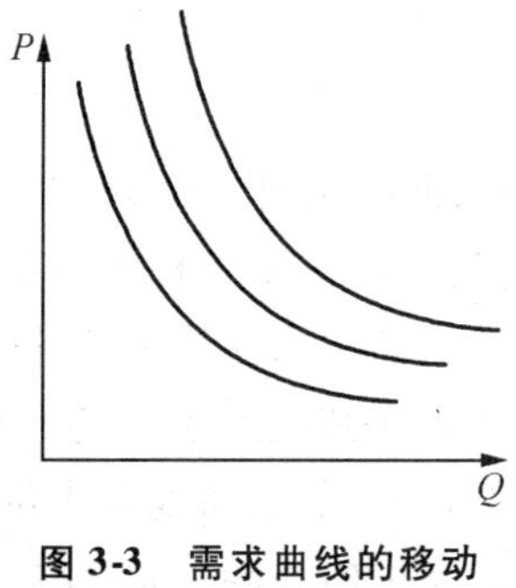

图 3-3 需求曲线的移动

7. 需求规律的应用

尽管规律都是抽象的,但规律不是空洞的,我们完全可以利用它为企业的管理决策服务。具体来说,需求规律在企业中的应用主要表现在以下方面:

(1) 利用需求规律进行需求量预测。需求量与需求价格之间成反方向的变化关系,这仅是市场需求的一般规律,但不同的商品其需求规律又具有不同的特点,企业只有估计出某种产品所特有的需求规律,才能够根据这个规律进行需求量预测，从而为生产决策提供科学的依据。

(2) 利用需求规律进行敏感性分析。尽管所有商品的需求曲线都是一条从左上方向右下方倾斜的曲线，但不同商品的需求曲线的倾斜度是不同的，有些商品的需求曲线比较平缓，有些商品的需求曲线则比较陡峭。比较平缓的需求曲线表示价格的变化对需求量的影响较大，即价格稍微变动，会引起需求量较大的变动，这类商品的需求量对价格反应比较敏感，对于这类商品，企业应重点做好价格的文章；比较陡峭的需求曲线表示价格的变化对需求量的影响较小，即价格变化对需求量的影响不大，这类商品的需求量对价格反应不够敏感，对于这类商品，企业应重点做好产品差别化的文章，力求使产品具有特色。

（三）供给规律

1. 供给量及其影响因素

供给量是指在一定时期内、一定条件下，生产者愿意提供并有能力提供的某种商品的数量。在这里，"一定时期"一般指一年，"一定条件"指影响供给量的诸因素，"愿意并有能力提供"指生产者既要有向市场提供商品的愿望，又要有生产这种商品的能力，二者缺一不可。要指出的是，供给量并不是指生产者实际生产或卖出的商品的数量。

影响企业供给量的因素很多，主要有以下几个。

(1) 商品价格。商品价格的高低直接决定企业的收益和利润，从而决定企业的供给意愿。在生产成本不变的条件下，商品价格越高，生产企业越有利可图，就愿意生产更多的产品。所以，价格上涨，供给量就会增加；价格下降，供给量就会减少。

(2) 生产成本。一般来讲，生产成本越低，供给量就会越大。这是因为在商品价格不变的情况下，成本降低，单位产品的利润就会增加，因而企业愿意提供产品的数量也会增加，这样企业就能获得更多的利润。反之，生产成本越高，供给量就越少。

(3) 替代品的价格。替代品是指在消费中，两种产品效用相似，从而可以互相替代。这里讲的不是消费中的替代品而是生产中的替代品。一般说来，替代品的价格越高，生产替代品的利润就越大，企业也就越愿意生产，因而替代品的供给量就会增加。反之，替代品的价格越低，企业就越不愿意生产替代品，供给量就会减少。

(4) 生产者对价格的期望。如果生产者预期产品价格要上涨，就会增加产量；反之，就会减少产量。因此，企业生产规模的扩大（或压缩）总是伴随着价格的上涨（或下降）而进行的。

以上是影响供给量的主要因素。此外，其他诸如政府的税收、补贴等因素，也会影响产品的供给量。

2. 供给函数与供给曲线

(1) 供给函数

所谓供给函数,就是反映供给量与影响供给量诸因素之间关系的一种数学表达式,其最一般的形式可记为:

$$Q_s = f(P, C, P_s, E, \cdots)$$

式中:Q_s——某产品的供给量;P——某产品的价格;C——某产品成本;P_s——替代品的价格;E——生产者对产品价格的期望;…——其他有关因素。

(2) 供给曲线

在影响供给量的因素中,价格是最灵敏、最重要的因素,如果假定其他因素不变,仅研究价格与供给量之间的关系,就是供给曲线。供给曲线主要反映价格与供给量之间的变动关系。

其数学表达式为: $Q_s = f(P)$

用图形来表示,供给曲线是一条左下方向右上方倾斜的曲线(见图3-4)。

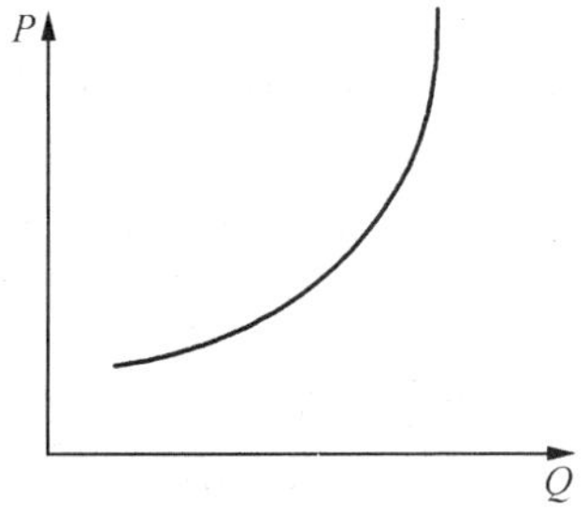

图3-4 供给曲线

与需求曲线一样,在理解供给曲线时,也应注意以下要点:

(1) 供给曲线表示的是在其他因素不变的条件下,商品价格与供给量之间的关系。其他影响因素变化后,供给曲线发生位移。

(2) 不同的商品有不同的供给曲线。各种产品因扩大规模的难易程度不同,其供给曲线也各有差别。

供给曲线可以分为企业供给曲线和行业供给曲线。它们分别表示企业和行业对某种产品的供给量与价格之间的关系。

任何供给曲线都有一个共同的规律,即它总是一条自左到右向上倾斜(斜率为正)的曲线。

3. 供给规律

所谓供给规律,就是供给量与供给价格之间成正方向的变化关系,即价格上涨,供给量增加;价格下降,供给量减少,两者总按相同方向变化。为什么价格上涨会使供给量增加呢？这是因为产品价格上涨后，能产生以下效果：第一，原来亏损的不愿意生产这种产品的企业有可能扭亏为盈，变得愿意生产这种产品了；第二，原来盈利的企业更有利可图，因而会进一步扩大生产，增加供给量；第三，企业会把原来用于生产替代品的资源转为生产这种产品，也会使这种产品的供给量增加；第四，会吸引新的企业加入到这个行业中来，从而增加了该产品的供给量。

4. 供给的变动和供给量的变动

当非价格因素不变时（此时供给曲线维持不动），如果价格发生变化，供给量也随之发生变化，价格上升，供给量增加，价格下降，供给量减少，这种变化被称为供给量的变动，如图 3-5 所示。当非价格因素发生变化时，供给曲线就会发生位移（如果供给曲线的方程是线性的，这种位移是平行位移），这种位移就是供给的变动，如图 3-6 所示。

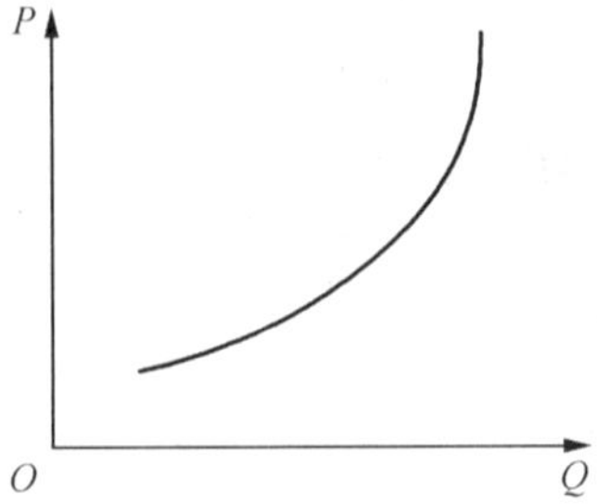

图 3-5　供给量的变动

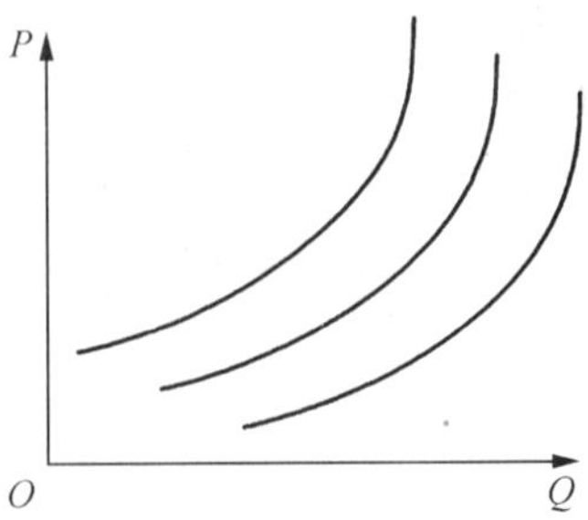

图 3-6　供给曲线的移动

5. 供给规律的应用

（1）利用供给规律进行供给量预测。供给量与供给价格之间成正方向的变化关系，仅是供给的一般规律，但不同的商品其供给规律又具有不同的特点，企业只有估计出某种产品所特有的供给规律，才能够根据这个规律进行供给量预测，并结合供给规律进行市场竞争程度的判断。若供小于求，表明商品短缺；若供大于求，表明商品过剩，供大于求的矛盾越突出，市场竞争越激烈。

（2）利用供给规律进行敏感性分析。尽管所有商品的供给曲线都是一条从左下方向右上方倾斜的曲线，但不同商品的供给曲线的倾斜度是不同的，有些商品的供给曲线比较平缓，有些商品的供给曲线则比较陡峭。比较平缓的供给曲线表示价格的变化对供给量的影响较大，即价格稍微变动，会引起供给量较大的变动，这类商品的供给量对价格反应比较敏感，对于这类商品，企业应讲究时效性，避免“短、平、快”的陷阱；比较陡峭的供给曲线表示价格的变化对供给量的影响较小，即价格变化对供给量的影响不大，这类商品的供给量对价格反应不够敏感，对于这类商品，企业应注意搞好战略规划，防止供给过剩引起恶性竞争。

(四)供求规律

1. 供求规律的形成过程

需求规律反映的是买者的意愿和要求,对买者来说,价格越低越好,即价格越低,需求量越大,价格越高,需求量越小;而供给规律则反映的是卖者的意愿和要求,对卖者来说,价格越高越好,即价格越高,供给量越大,价格越低,供给量越小。由此可以看出,市场中买者和卖者的利益是一个矛盾的统一体。在市场需求和供给两种力量势均力敌的情况下,如果只按照买者的愿望和要求进行交换,由于不能兼顾卖者的利益,卖者可能不卖;如果只按照卖者的愿望和要求进行交换,由于不能兼顾买者的利益,买者也可能不买。不管是卖者不卖还是买者不买,市场的交换过程都无法进行。在这种情况下,市场就伸出了一只看不见的手,将买者和卖者的利益连在了一起,其连接的途径就是为买卖双方确定了一个都必须接受的价格,买者只有支付这样的价格,才能买到自己所需要的商品,卖者只有接受这样的价格,才能将商品销售出去。这个价格就是市场价格,这只看不见的手就是价格机制。此时,市场达到了均衡状态,市场需求量与供给量相等,即实现了供求平衡(见图 3-7)。

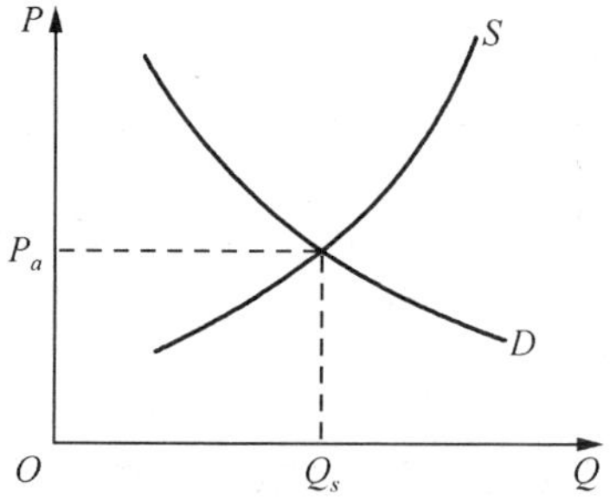

图 3-7 供求均衡图

2. 供求规律的内容

所谓供求规律,就是反映供求状况与价格之间的变化关系,即供求关系决定价格,价格反过来又影响供求关系。价格成为调节供求关系的桥梁和纽带,它既由供求关系决定又影响供求关系,正是通过价格的这种调节机制,才不断引导着资源的流向,并最终实现资源的合理配置。价格的这种作用就称为价格机制。

3. 价格机制的作用

社会资源优化配置的基本标志是:社会上各种商品的供给量等于需求量,即供求平衡。此时,人们对各种商品的有效需求都能得到满足,同时又没有造成生产能力的过剩和资源的浪费,资源的分配获得了最大的社会经济福利效益。反之,如果某些商品生产过多,供给量超过需求量;而另一些商品又生产不足,需求量大于供给量。那么,就前一类商品来说,分配给它的资源过多,生产了人们不需要的商品,造成了社会资源的浪费;就后一类商品来说,分配给它的生产资源过少,以致供不应求,人们的有效需求得不到满足。这就是资源配置的不合理。

价格机制之所以能够在社会资源的合理配置方面起基础作用,就是因为在市场经济中,不仅需求和供给决定价格,而且价格反过来对供给和需求有反作用:涨价能刺激生产,抑制消费;降价则能抑制生产,鼓励消费。正是这个作用使价格对经济起调节作用。当供大于求时,价格就会下降,从而抑制生产,鼓励消费;当供小于求时,价格就会上涨,从而鼓励生产,抑制消费。这样通过物价的波动,最终能使供求趋于平衡,实现社会资源的合理配置。

4．市场价格的波动

供求平衡是一种动态的平衡。随着各种因素的变化,原有的平衡会被打破,从而形成新的不平衡,然后再通过供求规律的作用形成新的平衡,所以供求平衡是一种“平衡—不平衡—平衡”的动态变化过程。供求平衡的这种变化过程,导致了市场价格的上下波动。如果供给不变,需求变动,那么价格将随着需求的增加而上升,随着需求的减少而下降;如果需求不变,供给变动,那么价格将随着供给的增加而下降,随着供给的减少而上升;如果需求与供给同时变化,那么,当需求增加(减少)的幅度大于供给增加(减少)的幅度时,将会引起价格上升(下降),当需求增加(减少)的幅度小于供给增加(减少)的幅度时,将会引起价格下降(上升),当需求增加(减少)的幅度等于供给增加(减少)的幅度时,价格将保持不变。所以价格的波动是供求规律作用的必然结果。

5．供求规律的应用

(1) 利用供求规律指导企业价格决策。企业价格的制定必须遵循供求规律的要求,并充分考虑市场供求关系的变化,做到因“势”利“导”。

(2) 利用供求规律合理调整生产规模。企业生产规模的扩大或缩小,不是取决于企业的主观愿望,而是取决于市场供求关系。供不应求为企业扩大规模提供了条件,而供小于求则给企业提出了压缩规模的客观要求。企业只有自觉地适应供求关系的变化,才能在市场竞争中化被动为主动。

二、需求的弹性分析

(一) 需求弹性的概念

前面讲过,需求量的大小受许多因素的影响。例如,价格上涨,需求量就会减少,但是不同的商品,受影响的程度是很不相同的。为了比较不同产品的需求量因某种因素的变化而受到影响的程度,我们使用“需求弹性”作为工具。需求

弹性是指需求量对某种影响因素变化的反应程度,用公式表示为:

$$需求弹性(E) = \frac{需求量变动\%(\Delta Q/Q)}{某因素变动\%(\Delta X/X)}$$

式中:E 为需求弹性;Q 为需求量;X 为影响需求量的某因素。

需求弹性也可理解为:影响需求量的某因素每变化百分之一,需求量将变化百分之几。需要指出的是,需求弹性并不是需求量变动的绝对值与影响因素变动的绝对值之比,而是需求量变动的相对值与影响因素变动的相对值之比。

影响需求量的因素很多,如产品价格、居民收入、相关产品的价格等。所以,需求弹性可以分为需求的价格弹性、需求的收入弹性、需求的交叉价格弹性等。

(二)需求的价格弹性

1. 价格弹性的含义

需求的价格弹性是需求量对价格变动的反应程度,或者说,价格变动百分之一会使需求量变动百分之几。其计算公式为:

$$价格弹性(E_p) = \frac{需求量变动\%(\Delta Q/Q)}{价格变动\%(\Delta P/P)}$$

式中:E_p 为价格弹性;ΔQ 为需求量变动的绝对数量;Q 为需求量;ΔP 为价格变动的绝对数量;P 为价格。

上式为计算价格弹性的一般公式。但在具体计算时,又可以有两种算法:一种是计算点弹性,另一种是计算弧弹性。

在计算价格弹性时必须注意以下几点:① 在价格弹性公式中,分子(需求量变动%)和分母(价格变动%)是按相反方向变动的,即价格上升时需求量下降,价格下降时需求量上升,所以计算出来的价格弹性是负值。但通常使用绝对值来比较弹性的大小。说某产品的价格弹性大,是指其绝对值大。② 价格弹性与需求曲线的斜率成反比,与 P/Q 的值成正比。

2. 价格弹性的分类

根据价格弹性绝对值的大小,一般把价格弹性分为三类:

① $|E_p|>1$,称为弹性需求或富有弹性。这类商品价格变化时,引起的需求量变动较大,即价格变动1%,需求量的变动超过1%。这类商品降价既能增加销售量,又能增加销售收入,适合采取降价的策略。

② $|E_p|=1$,称为单一弹性或单元弹性。这类商品价格变化时,正好引起商品需求量相同程度的反方向变动,即价格变动1%,需求量也正好变动1%。这类商品无论是降价还是提价,只会引起需求量的变化,对销售收入不产生影响。

③ $|E_p|<1$,称为非弹性需求或缺乏弹性。这类商品价格变化时,引起的需求量变动较小,即价格变动1%,需求量的变动不到1%。这类商品提价,尽管会

使销售量减少，但却能够增加销售收入，适合采取提价的策略。

除此之外，还有三种特殊情况：

$E_p=0$，刚性商品。这类商品不管价格如何变动，需求量都固定不变，如食盐。

$E_p>0$，精神产品。这类商品主要用来满足人们的兴趣、爱好及精神需要，即价格提高，需求量增加，价格下降，需求量减少，如古董、字画、名牌等。

$E_p=\infty$，无差别商品。这类商品既没有主观差别，也没有客观差别，这样的商品只能随行就市进行销售，如同一质量等级的大豆、玉米等。

3. 影响价格弹性的因素

（1）商品对消费者的必要程度。一般说来，生活必需品的价格弹性小，奢侈品的价格弹性大。

（2）替代品与互补品。一种商品的替代品越多，替代程度越高，价格弹性就越大。互补品的互补程度越高，价格弹性就越小。

（3）购买商品的支出占人们收入的比重。比重大的商品价格弹性大，比重小的商品价格弹性小。

（4）商品的功能。功能多、用途广的商品价格弹性大，功能少、用途窄的商品价格弹性小。

（5）时间的长短。同样的商品，从长期看，其弹性就大；从短期看，其弹性就小。这是因为如果时间长，消费者就有可能有足够的时间来改变他们的爱好、习惯和技术条件去使用替代品，因而，其价格弹性就大；反之，其价格弹性就小。

4. 价格弹性的应用

价格弹性是企业制定价格策略的基础。价格弹性能够直接反映价格变动对需求量的影响程度，企业可以根据价格弹性对销售收入的影响进行相应的决策。

① $|E_p|>1$ 的情况。由于价格变动1%，会使需求量变动超过1%，这样，需求量增加获得的收入就大于价格下降而减少的收入，降价不仅增加销售量，而且增加销售收入。对这类商品注意不要轻易提价，应尽力降低价格，以扩大销售量，增加销售收入，适宜采取薄利多销的竞争策略。

② $|E_p|<1$ 的情况。由于价格变动1%，需求量变动不到1%，这样，需求量增加获得的收入就小于价格下降而减少的收入，降价会增加销售量，但同时也导致销售收入下降，提价尽管使销售量有可能减少，但却能增加销售收入。对这类商品可采取适当提价的策略。但考虑到市场竞争和消费者的利益，企业也不能单纯从提价来增加销售收入，最主要的还是靠更好地满足消费者需要，适销对路，扩大销量来增加经济效益。

③ $|E_p|=1$ 的情况。需求量增长所增加的收入正好等于价格降低所减少的收入，这时，企业可针对不同情况，采取灵活的价格策略，如为了提高市场占有

率,可适当降价;为了树立优质优价的形象,可适当提价。

归结起来,价格与销售收入之间的相互关系如表 3-1 所列。

表 3-1　价格弹性与销售收入的关系

	富有弹性 ($\mid E_p \mid >1$)	单元弹性 ($\mid Ep \mid = 1$)	缺乏弹性 ($\mid Ep \mid < 1$)
价格上升	销售收入下降	销售收入不变	销售收入上升
价格下降	销售收入上升	销售收入不变	销售收入下降

由价格弹性与销售收入的关系可以看出:提价或降价都能够增加销售收入。至于企业采取提价还是降价的策略,其关键取决于商品的价格弹性,而不是凭借人们的主观想象。

(三)需求的收入弹性

1. 收入弹性的含义

收入弹性是指需求量对收入变动的反应程度,或者说,消费者收入水平变动百分之一会使需求量变动百分之几。其计算公式如下:

$$收入弹性(E_i)=\frac{需求量变动\,\%(\Delta Q/Q)}{收入变动\,\%(\Delta I/I)}$$

具体计算时,收入弹性也有两种计算办法:点弹性和弧弹性。

收入弹性一般为正值。这是因为需求量和消费者收入一般按相同方向运动,即当收入增加时,需求量也增加;收入减少时,需求量也减少。但也有少数商品是例外。

在经济学中,收入弹性为负值($E_i<0$)的产品称低档货,收入弹性为正值($E_i>0$)的产品称正常货,收入弹性大于 1($E_i>1$)的产品称高档货。一般说来,生活必需品的收入弹性较小;工艺美术品、各种高级消费品、旅游业以及其他奢侈品的收入弹性较大。

2. 收入弹性的分类

(1) $0<E_i<1$,称为缺乏收入弹性。这类商品在收入变化时,引起的需求量变动较小,即收入变动 1%,需求量变动不到 1%。生活必需品一般属于这种类型。例如,食用油,当消费者的收入增加时,食用油的消费量会有所增加,但是,增加的百分比要小于收入增加的百分比。

(2) $E_i>1$,称为富有收入弹性。这类商品是指消费者收入增加时,消费者对该商品的需求量迅速增加,需求增加的幅度大于收入增加的幅度。高档消费品和耐用消费品一般属于这种类型。例如,高档的家用电器、室内装修等,在人们收入增加时,需求量会更加迅速地增加。

（3）$E_i=0$，称为收入无弹性。这类商品很特殊，在消费者的收入变化后，这类商品的消费量完全没有变化，称为收入无弹性。这意味着消费者对这类商品的需求量是基本固定的，如食盐就是比较近似的例子。

（4）$E_i=1$，称为单元收入弹性。这类商品也有点特殊，它是指当消费者收入增加时，对这种商品的需求量也增加，而且需求量增加的幅度正好等于收入增加的幅度。统计数据表明，衣服就是接近单元收入弹性的一种商品。

（5）$E_i<0$，称为负收入弹性。这些商品在消费者收入增加后，对其需求量反而减少。如过时服装、肥肉、黑白电视机等。这类商品随着消费者收入增加、生活水平提高，会逐渐减少需求量以至于最后被淘汰。

3. 恩格尔定律与恩格尔系数

恩格尔对需求与收入之间的关系作了大量的研究。由于不同商品的收入弹性是不同的，因此当收入不断增加时，不同商品增加的速度不一样，不同商品的支出在总支出中所占的份额就会发生变化。恩格尔从中发现一个重要现象：随着消费者收入的提高，食物支出在全部消费支出中的比重会不断减小。这被称作为恩格尔定律。而食物支出占全部消费支出的比例称做恩格尔系数。恩格尔系数可以反映一个国家、一个地区、一个家庭的富裕程度与生活水平。一般说来，恩格尔系数越小，富裕程度和生活水平越高；恩格尔系数越大，富裕程度和生活水平越低。大多数发达国家的恩格尔系数都在20以下，发展中国家的恩格尔系数在30—60之间。

4. 收入弹性的应用

收入弹性所反映的商品需求量与消费者收入之间的关系，对企业的管理决策具有至关重要的意义。

第一，制定合理的发展战略。正确分析产品的收入弹性，有利于企业根据国民经济的景气状况制定合理的产品发展策略。如果企业产品的收入弹性大于1，即富有弹性，则企业在经济繁荣时期具有良好的发展机会，可不断扩大再生产，实行规模经营；而在经济萧条时期，企业应缩减生产规模。如果企业产品的收入弹性在0和1之间，即缺乏弹性，则企业在经济繁荣时期不宜过分扩大生产规模，有条件的企业甚至可适当将部分生产转向发展机会更好、投资回报更高的行业；而在经济萧条时期，可适当缩减生产规模或基本维持原有规模。对于生产低档品的企业，在经济繁荣时期应及时缩减生产规模或转产；而在经济萧条时期可酌情扩大生产。

第二，制定正确的营销策略。收入弹性的大小对企业的营销策略有较大的影响。一方面，需求收入弹性的大小影响着产品广告宣传的对象和营销活动的方式。不同收入弹性类型的产品应向不同的收入阶层作广告宣传或进行其他促销活动。另一方面，不同收入水平的地区，产品的需求收入弹性可能有较大差异,这显然会影响产品的销售区域和销售的性质。

第三,合理调整产品结构。企业可根据不同类型的收入弹性关系,实行产品多元化策略,以寻求收益和风险的理想组合,使产品品种多元化、档次多样化,以满足不同收入水平的不同需求。这样,既有利于企业实现较好的综合经济效益,又可以避免由于收入水平的剧烈波动给企业带来的风险。

第四,合理安排国民经济各部门的发展速度。在确定国民经济各部门发展速度时,收入弹性是要考虑的一个重要因素。收入弹性大的行业,由于其需求量的增长要快于国民收入的增长,其发展速度也就应当快些。收入弹性小的行业,由于其需求量的增长要慢于国民收入的增长,其发展速度就只能慢些。所以利用收入弹性,有助于合理安排国民经济各部门的发展速度。

(四)需求的交叉价格弹性

1. 交叉价格弹性的含义

许多商品的需求量会受相关商品价格变化的影响。例如,羊肉价格的变化会影响牛肉的需求量,即如果羊肉提价,人们就会少买羊肉,多买牛肉,从而使牛肉的需求量增加。交叉弹性说明一种产品的需求量对另一种相关产品价格变化的反应程度。也就是说,如果另一种产品的价格变化百分之一,这种产品的需求量将变化百分之几。

设有两种相关的产品 X 和 Y,计算 Y 产品交叉弹性的一般公式为:

$$\text{交叉弹性}(E_{XY}) = \frac{Y\text{商品需求量变动}\,\%\,(\Delta Q_Y/Q_Y)}{X\text{商品价格变动}\,\%\,(\Delta P_X/P_X)}$$

具体计算时,交叉弹性也有两种计算方法:点弹性和弧弹性。

2. 交叉价格弹性的经济含义

交叉弹性不仅可以测算一种商品的价格变化对另一种商品需求量的影响程度,还可以判断两种商品间的关系。

(1)当交叉弹性为正值,即 $E_{XY} > O$,说明 X 产品与 Y 产品需求量变动方向一致,表明两种产品之间是替代关系。所谓替代关系,就是指两种产品对消费者具有相似的效用,任何一种均可以替代另一种使用。例如,萝卜与白菜;大米与面粉;棉布与化纤布等。替代关系导致竞争,替代性越强,竞争越为激烈。

(2)当交叉弹性为负值,即 $E_{XY} < 0$,说明 X 产品与 Y 产品需求量变动方向相反,表明两种产品之间是互补关系。所谓互补关系,是指两种产品必须合并使用,才能对消费者产生更大效用。例如,汽车与汽油;信封与信纸等。互补关系产生合作伙伴,互补性越强,合作越为密切。

(3)当交叉弹性为零,即 $E_{XY} = 0$,说明 X 产品价格变动对 Y 产品需求量没有影响,表明这两种产品之间互相独立,互不相关。

3. 交叉弹性与企业决策

交叉弹性反映的是两种商品之间的相互关系，即一种商品的价格变化对另一种商品需求量的影响程度。它对于企业的经营管理决策具有十分重要的意义。

第一，利用交叉弹性的基本原理，有利于企业正确判断竞争对手与合作伙伴。如果相关产品分别在不同的企业生产，那么利用交叉弹性能够判断产品之间的竞争与合作关系。如果两种产品之间的交叉弹性是正值，则正值越大，竞争越为激烈，一家企业必须密切注视另一家企业的经营动向，并及时采取相应的对策，不然就可能在竞争中陷于被动。如果两种产品之间的交叉弹性是负值，则负值越小，合作关系越密切，企业应加强与互补品厂商的协调与合作，以获取互惠互利的效果。

第二，利用交叉弹性的基本原理，有利于企业制定合理的价格策略。若替代产品价格上涨，就会给本企业产品的销售提供更多机会；反之，若替代产品价格下降，则会威胁本企业产品的销售。企业在经营中要视具体情况采取相应对策。比如说，当企业产品的替代品价格上涨，本企业可以不涨或少涨，重点放在改进产品设计、提高劳动生产率上，通过内部挖潜来消化原材料的涨价；当企业产品的替代品价格下降，本企业可下降更大幅度或同等幅度，同时重点放在产品质量上，通过改进产品款式和用途，提高本企业产品的竞争能力。互补品是本企业产品的伙伴，其价格、质量及销售量的增减变动，对本企业产品销售同样有重要影响。互补产品价格上涨，产品销售不畅，会影响本企业产品的销售；互补产品若畅销，则会促进本企业产品销售。无关产品与企业产品不相关，可以不关注。

第三，根据交叉弹性来判定行业之间的相互关系。一般而言，需求交叉价格弹性绝对值大，意味着产品之间具有高度相关性，从而可判定它们属同一个行业部门；反之，需求交叉弹性绝对值小，意味着产品之间相关性较低，从而可判定它们分属不同的行业部门。

三、市场需求估计

前面对供求规律和需求弹性等问题的分析，其基本前提都是假定需求函数、需求弹性是已知的。那么企业怎样得到它们，并根据它们对未来市场需求进行预测，这个问题称为市场需求估计或市场需求测定。

所谓市场需求估计，是指利用市场学和统计学等专门学科的相关方法，对需求函数的结构和参数进行合理评估，以鉴别需求函数的可行性。进行需求估计，有助于我们掌握经济管理活动内在的规律，并自觉地运用这些规律为管理决策服务。

市场需求估计离不开科学的方法,市场需求估计的方法很多,但基本上可归结为两种方法:① 市场调查法。通过市场调查收集资料来对市场需求状况进行估计;② 统计分析法。根据企业积累的统计资料对市场需求进行估计。但这两种方法又存在内在的联系。对调查所得资料进行分析和判断,离不开统计方法;而当统计资料不足时,也需以市场调查资料作补充,才能进行统计分析。

(一) 市场调查法

市场调查就是通过对消费者进行调查,来估计某种产品的需求量和各个变量之间的关系,即通过调查来了解在不同的价格、不同的收入以及不同的相关产品的价格等条件下,顾客愿意购买某种产品的数量。市场调查的方法通常有访问调查法和市场实验法两种。

1. 访问调查法

访问调查法就是将拟调查的项目,以面谈、电话或书信等形式向消费者提出询问,以获得所需的资料。访问对象可根据调查项目的要求来选择,或采用抽样方法确定。通常这种调查的目的是要了解到底具有哪些人口特征(如年龄、教育程度、收入水平等)的人最可能购买这种产品,以及了解不同的价格政策将会如何影响其购买决策。调查能否搞好,取决于调查人的调查技巧。在调查时应特别注意:提问题不能含糊不清;调查对象选择要有代表性;要注意调查方式,使较多的人愿意回答提出的问题而不带偏见。

访问调查法的主要问题:从调查中得到的关于消费者需求量的信息一般不会太准,因为往往有些问题,被调查人感到无法回答。有的人可能是从个人利益角度来回答的,有的人回答也可能是为了讨调查人的喜欢。由于访问调查法有这些局限性,因此最好是把这种方法与其他方法(如市场实验法)结合起来使用。

2. 市场实验法

市场实验法是通过对市场上消费者的行为进行直接研究,来取得消费者对产品需求的有关信息。通常的做法是,企业在指定的一个或几个市场上实验,有意识地改变需求函数中可以控制的变量,如价格、包装、广告费用等,观察在一段时间内市场上发生的变化,再利用人口普查或其他调查数据来测定在不同的家庭收入、不同的教育程度、不同的民族条件下,这些变量对需求的影响。

市场实验虽然可以取得一些有用的数据,但存在着严重不足。实验规模大了,费用太高;实验规模小了,又得不到可靠数据。而且,通常只能取得短期的数据,还不足以看到价格、广告、包装等策略的长期效果。此外,实验时间也不能太长,时间一长,整个经济情况有了变化,已取得的数据就失去了意义。

下面的例子是美国佛州(佛罗里达)大学为了探讨佛州橘子和加州(加利福

尼亚）橘子之间的竞争关系而做的一次有名的市场实验。

实验地点选择在美国的大拉皮兹市，之所以选择这个市，是因为该市的经济特征在美国中西部地区有代表性，得出的结果适用于中西部地区。实验时间选定为31天，因为如果时间过长，那些影响需求量的不可控制因素有可能发生变化，从而会影响数据的可比性；但时间太短，样本较小，也会降低实验的准确性。实验方法是选定9个超级市场，在实验期内每天改变橘子的价格，并把销售量记录下来。通过实验，得出了表3-2的结果。

表　3-2

价格变动1%	销售量变化率（%）		
	佛州印第安河流域产橘子	佛州内地产橘子	加州产橘子
佛州印第安河流域产橘子	-3.07	+1.56	+0.01
佛州内地产橘子	+1.16	-3.01	+0.14
加州产橘子	+0.18	+0.09	-2.76

根据以上结果，实验者得出了以下结论：

（1）三种橘子的价格弹性都很大（分别为-3.07、-3.01和-2.76），说明为了增加销售收入，可以考虑减价，实行薄利多销。

（2）佛州的两种橘子之间的交叉弹性为1.16和1.56，说明它们之间具有替代性，因而有一定竞争性。

（3）佛州与加州橘子之间的交叉弹性很小，说明两者间基本无竞争关系。

（二）统计分析法

估计需求的统计方法有多种，但最主要的是回归分析法。用回归分析法进行需求估计就是依据多组观察数据，根据最小二乘法的基本原理，找出拟合这些数据点的最佳拟合曲线，从而确定出影响需求量变化的诸因素对需求量变化的影响关系式，并用一个确定的需求函数描绘出来。运用回归分析法估计需求，一般可分为四个步骤。

1. 确定自变量

确定自变量，即确定有哪些因素会影响需求量。影响需求量的因素可能很多，但在实际建立数学模型时，只需要找出主要的影响因素就可以了。主要因素一般是：商品价格、消费者收入、相关产品的价格等。但需注意，某些商品可能有自己的特殊影响因素。例如，对雨衣、雨伞的需求量，就与当地的天气状况或季节有关，因此本地区的天气状况或季节就成为重要的自变量。

2. 收集数据

用回归分析法估计需求函数的第二步，是收集所确定的经济变量的数据。

收集的数据可以是同一调查对象在不同时点(每年、每月、每周、每日)的数据,称为时间序列数据;也可以是不同调查对象(不同的企业、不同的家庭、不同的地区等)在同一时点的数据,称为截面数据。数据的收集是进行回归分析的基础。

在估计需求函数时实际所用的数据取决于数据的可得性。对于一些不易得到的变量数据,有时不得不用其他数据来代替。尽可能避免使用难以量化的变量。有一些数据要实际测定是非常困难的,如消费者的偏好,通常假定在调查期间,消费者的偏好是不变的,而在需要考虑的时候,将偏好作为解释变量来处理。

3. 确定需求函数的方程形式

第三步工作是确定需求函数的方程形式,常用的需求函数的形式有两种:线性函数、幂函数。

线性函数的表示式为:

$$y = \alpha + \beta_1 x_1 + \beta_2 x_2 + \cdots + \beta_n x_n$$

式中,y 为需求量;$x_1, x_2, \cdots, x_n$ 为函数的自变量,分别代表影响需求量的诸因素,函数中应包括哪些自变量是根据不同的产品和不同的市场环境具体确定的;α,$\beta_1, \beta_2, \cdots, \beta_n$ 为方程中待求的参数。

幂函数的表示式为:

$$Q = \alpha X^{\beta_1} Y^{\beta_2} Z^{\beta_3}$$

式中,Q 为需求量;X, Y, Z 为函数中的自变量,分别代表影响需求量的诸因素,函数中应包括哪些自变量是根据不同的产品和不同的市场环境具体确定的;α, β_1,β_2, β_3 为方程中待求的参数。

4. 估计回归参数

利用最小二乘法,求需求函数中诸参数的值。

(三) 市场需求预测

作为商品生产经营者,产品只有在市场上销售出去才能获得利润,再生产才能继续。这就要求企业的决策者不仅要了解市场的现状,而且要对其发展趋势作出科学的预测。

1. 市场需求预测的作用

(1) 对产品的需求预测,有利于企业改善经营决策,提高经济效益。在市场经济的条件下,企业的生存和发展与市场的需求密切相关,如果不了解市场动态和发展趋势,盲目经营,势必带来损失。只有掌握了市场的需求动态,及时作出相应决策,完善经营管理,才能提高效益。

(2) 对需求进行预测有利于长期经营规划。企业通过对市场发展变化趋势的预测,自觉地调整产品结构和各方面的比例关系,以期在长期经营中避免风险。

(3) 需求预测有利于更好地满足社会的需要。生产的根本目的是为了满足人们日益增长的物质和文化生活的需要，而人们日益增长的需要又随着收入水平、人口增长、消费心理的变化而变化，对此进行科学的预测，就能使产品品种、数量、规格、质量等诸方面更好地与人们的需求相适应。

2. 市场需求预测的方法

关于预测方法和技术的研究，已构成了一门学科，这里只简要介绍需求预测的主要方法：综合判断法、时间系列法、先行指标法、经济计量模型法等。

(1) 综合判断法。主要是靠人的经验和直观判断能力来进行预测，这就要特别尊重客观事实，切忌主观武断。主要有以下几种形式：直接对客户进行调查；集中调查销售人员的意见；听取专家的意见。

(2) 时间序列法。它是利用过去的时间序列数据来推测未来的状态。这种方法较多地适用于短期和近期的预测。常用的方法是利用过去的数据，通过回归分析的方法求得函数，然后用这函数来推测未来。对于周期性变化的时间序列数据，在预测时要加以适当的处理。

(3) 先行指标法。它是利用有些经济变量与另一些经济变量之间某种相对稳定的时间先后关系进行预测。当观察到先行变量指标后，就可以预测随后的变量变化趋势，就像人们用气压的高低来预测天气变化趋势那样。例如，用人口出生率变化的时间序列指标，就可以预测未来对中小学教育需求的变化趋势，对未来就业需求的变化趋势等。

(4) 经济计量模型法。当经济活动比较复杂，有多种因素相互作用，用其他预测方法预测又往往相互矛盾时，就需要建立起一个经济模型，它包括一个或一组方程，在尽可能考虑各种变量之间的相互关系的基础上，对未来的经济发展和需求水平进行预测，并据此提出适当的政策。

➡练习题

1. 影响需求量的主要因素有哪些？

2. 什么是供求规律？为什么说价格机制能够在资源优化配置过程中发挥基础作用？

3. 简述价格弹性的类型及其所反映的价格与需求量之间的关系。

4. 收入弹性对企业管理决策具有哪些指导作用？

5. 怎样利用交叉弹性的基本原理来判断竞争对手与合作伙伴？

6. 联系实际，谈谈你对市场经济基本规律的理解和认识。

案例分析

肯德基进军“东方之珠”

1973年,赫赫有名的肯德基公司踌躇满志、大摇大摆地踏上了香港这个弹丸小岛。

在一次记者招待会上,肯德基公司主席夸下海口:要在香港开设50至60家分店。这并非信口开河。这种由贺兰迪斯上校在1939年以含有11种草本植物和香料的秘方首次制成的肯德基家乡鸡,由于工艺独特,香酥爽口,备受世界各地消费者的喜爱。到70年代,肯德基在世界各地有快餐店数千家,形成了一个庞大的快餐店连锁网。于是,它又把目光瞄准了香港这颗“东方之珠”。

1973年6月,第一家家乡鸡在美孚新村开业,其他分店亦很快接着开业。到1974年,数目已达到11家。

在肯德基家乡鸡快餐店中,除了炸鸡之外,还供应其他食品,包括菜丝色拉、马铃薯条、面包,以及各种饮料。鸡分5件装、10件装、15件装和20件装出售。此外还有套餐,例如售价6.5元的套餐,包括2件鸡、马铃薯条和面包。

肯德基家乡鸡首次在香港推出时,配合了声势浩大的宣传攻势。电视广告迅速引起了消费者的注意。电视和报刊、印刷品的主题,都采用了家乡鸡世界性的宣传口号:“好味到舔手指。”

声势浩大的宣传攻势,加上独特的烹调方法和配方,使得顾客们都很乐于一试,而且在家乡鸡进入香港以前,香港人很少尝试过所谓的美式快餐。虽然大家乐和美心快餐店均早于家乡鸡开业,但当时规模较小,未形成连锁店,不是肯德基的竞争对手。看来肯德基在香港前景光明。

一、惨遭“滑铁卢”

肯德基在香港并没有风光多久。1974年9月,肯德基公司突然宣布多家快餐店停业,只剩下4家坚持营业。到1975年2月,首批进入香港的肯德基全军覆灭,全部关门停业。虽然家乡鸡公司的董事宣称,这是由于租金上困难而歇业的,但其失败已成定局。其失败原因也明显不是租金问题,而主要是没吸引住顾客。

当时的香港评论家曾大肆讨论此事,最后认为导致肯德基全盘停业的原因,是鸡的味道和宣传服务上出了问题。

为了适应香港人的胃口,家乡鸡快餐店采用了本地产的土鸡品种,但却仍采用以前的喂养方式,即用鱼肉饲养。这样,便破坏了中国鸡特有的口味,甚是令香港人失望。

在广告上,家乡鸡采用了“好味到舔手指”的广告词,这在观念上也很难被香港居民所接受。而且,当时的香港人认为家乡鸡价格太昂贵,因而抑制了需求量。

在服务上,家乡鸡采用了美国式服务,在欧美的快餐店一般是外店,驾车到快餐店,买了食物回家吃。因此,店内通常不设座位。而香港的情况则不同,人们在买的地方进餐,通常是一群人或三三两两买了食品后坐在店内边吃边聊。家乡鸡不设座位的做法,等于是遣走了一批有机会成为顾客的人。因此,家乡鸡虽然广告规模较大,吸引了许多人前往尝试,但是回头客就不多了。

家乡鸡首次进入香港的失败,败在未对香港的文化环境作深入的了解。正如英国市场营销专家史狄尔先生所评价的:“当年家乡鸡进入香港市场,是采用与美国一样的方式。然而,当地的情况,要求它必须修改全球性的战略来适应当地的需求。产品的用途和对产品的接受程度,受到当地的风土人情影响,食物和饮品类产品的选择亦取决于这一点。当年的鸡类产品不能满足香港人的要求,宣传的概念亦不适当。”

肯德基是大摇大摆地走进香港,又灰溜溜地离去。

二、卷土重来

一转眼8年过去了。1985年,肯德基在马来西亚、新加坡、泰国和菲律宾已投资成功。这时,他们准备再度进军香港。

这次,家乡鸡重新进入香港,是由太古集团一家附属机构取得香港特许经营权,条件是不可分包合约,10年合约期满时可重新续约。特许经营协议内容包括购买特许的设备、食具和向家乡鸡特许供应商购买烹调用香料。

首家新一代的家乡鸡店耗资300万元,于1985年9月在佐敦道开业,第二家于1986年在铜锣湾开业。

在1985年的时候,当时的香港快餐业已发生了许多新的变化,汉堡包已经占据了整个快餐店市场的两成份额;而最大的市场还是本地食品类,市场占有率接近七成。因此,肯德基要想重新占据市场已比较困难。开业以前,公司的营销部门就进行了市场调查和预测,结果表现为前景乐观。

这一次肯德基开拓市场更为谨慎,在营销策略上按香港的情况进行了适当的变更。

第一,对家乡鸡店进行了市场细分,明确了目标市场。新的家乡鸡店和旧的不同,现在它是一家高级“食堂”快餐厅,介于铺着白布的高级餐厅与自助快餐店之间。顾客对象介于16至39岁之间,主要是年轻的一群,包括写字楼职员和年轻的行政人员。

第二,在食品项目上,家乡鸡店进行了一些革新。品种上,以鸡为主,有鸡件、鸡组合装、杂项、甜品和饮品。杂项食品包括薯条、沙律和玉米。所有鸡都是以贺兰迪斯上校的配方烹制,大多数原料和鸡都从美国进口。食品是新鲜烹制的,炸鸡若在45分钟之内仍未售出便不会再售,以保证所有鸡件都是新鲜的。

第三,在价格上,公司将家乡鸡以较高的溢价出售,而其他杂项商品如薯条、沙律和玉米等以较低的竞争价格出售。这是因为,如果家乡鸡价格太低,香港人会把它看成是一种低档快餐食品。而其他杂项食品以低价格出售,则是因为家乡鸡店周围有许多出售同类食品的快餐店与之竞争,降低杂项食品价格,能在竞争中取得一定的优势。

第四,在广告上,家乡鸡把1973年的广告口号"好味到舔手指"改为"甘香鲜美好口味"。在地铁车站和报纸、杂志上都能看到新的广告词。很明显,新的广告词已带有浓厚的港味,因而很容易为香港人接受。

家乡鸡店第二次在香港登陆时,公司认为主攻方向是调整市场策略,以适应香港人的社会心理和需求。因而广告并不作为主攻方向。例如,佐敦道分店开业时颇为低调,只在店外拉了横额和竖了一块广告牌。宣传方面也是采取低调的手法,只集中在店内和店外周围推广,广告宣传亦于开业数月后停止了。

三、香港终于接受了它

家乡鸡店重新开业后数月,公司进行了一次调查。调查者选择了知道有肯德基家乡鸡店的人为调查对象,询问他们对家乡鸡的印象,以及肯德基与其他快餐店相比,有何不及的地方。

64%尝试过家乡鸡的被访问者认为菜式的选择有限,21%的人认为食品价钱太贵,其他则觉得店铺位置不方便,92%的被访问者都知道香港以前有过家乡鸡店。同时也有71%的人表示将会在日后再次光顾家乡鸡店。

公司的营销人员对此次调查作出的结论是:1973年公司在香港的失败仍然严重影响着消费者对家乡鸡的看法,但随着时间的流逝以及家乡鸡影响的扩大,消费者的这种印象会逐渐淡化。

家乡鸡连锁店针对调查结果,对营销策略又进行了一些改变,如增开新店时,尽量开设在人流量较大的地方,以方便顾客,同时扩大营业面积,改变消费者拥挤的状况,以及增加菜类的种量等。

家乡鸡的营销策略的调整收到了良好的效果。香港成了肯德基的一个大市场,分店数目占肯德基在世界各地总店数的1/10强,肯德基也成为与麦当劳、汉堡包皇和必胜客薄饼并立的香港四大快餐食品之一。肯德基终于被香港人接受了。

问题讨论：

1. 肯德基首次进军香港失败的原因何在？
2. 肯德基二度进军香港为什么能够取得成功？
3. 肯德基开拓市场的实践对我们的企业有何借鉴价值？

第四讲 生产与成本决策分析

问题讨论与交流

高投入能否带来高产出？是否投入越多，产出越大？

高产出能否带来高收益？是否产出越多，效益越好？

有的企业规模很大，竞争优势不强；有的企业规模不大，但竞争优势突出。怎样认识规模和优势之间的关系？如何避免和防止“大企业病”的出现？

一、生产决策

生产是指把投入要素转变为市场需求的产出的过程。生产决策的首要任务就是研究如何用最少的投入,实现同样多的产出;或用同样多的投入,实现最大的产出。企业管理者了解生产函数及优化原则的主要目的,在于为实现生产的经济性奠定必要的理论基础。

（一）生产函数的概念

生产函数是指在一定的技术条件下,各种生产要素投入量的组合与所能生产的最大产量之间的对应关系。其一般数学表达式为:

$$Q = f(X_1, X_2, \cdots, X_n)$$

式中,Q 为产量;$X_1, X_2, \cdots, X_n$为诸投入要素,如原材料、资金、劳动量等。

需要指出的是,生产函数中的产量指的是最大产量,这是因为我们假定生产函数中的所有投入要素都得到了有效的使用,没有丝毫浪费或闲置,所以,这些投入要素所能产生的产量,在给定的技术条件下,是最大可能的产量。生产决策分析就是通过对生产函数的分析,寻找最优的投入、产出关系,以确定最优的投入要素的数量组合,使生产的成本最低或利润最大。

生产函数分为短期生产函数与长期生产函数,这是由投入要素在一定时期内所显示的静态与动态的特性决定的。时期的长短不是时间的物理概念,而是相对于具体的生产过程中,投入要素是否发生了变化。对于不同性质的生产过程,时间长短的尺度可能是不一样的。例如,汽车厂的生产模具可能要用几年才会改变,而制鞋厂的生产模具可能只用几个月就要改变。

所谓短期生产函数,是指企业在此期间内,只有一种投入要素的数量是可变的,显示动态,如劳动力或原材料等,其他投入要素的数量不变,显示静态,如厂房、机器设备等。所以短期生产函数又称为单变量生产函数。短期生产函数主要研究产出量与投入的变动要素之间的关系,以确定单一可变要素的最佳投入量。

所谓长期生产函数,是指企业在此期间内,所有投入要素的数量都可能发生变化,不存在固定不变的要素。所以长期生产函数又称为多变量生产函数。长期生产函数主要研究产出量与所有投入要素之间的数量关系,以确定多种要素之间的最优组合,并对生产规模的大小进行经济性分析。

(二) 短期生产函数

假定其他要素的投入量不变,只有一种要素的投入量是可变的,研究这种投入要素的最优使用量,就是短期生产函数要研究的问题。这类问题在短期决策中经常遇到。例如,在短期内现有企业的厂房、设备都无法变更,要增加产量,只有增加劳动力,那么增加多少劳动力才是最优的呢?这就属于单一可变投入要素的最优利用问题。为了探讨这个问题,需要研究边际产量、总产量和平均产量三者之间的相互关系。

1. 总产量、平均产量和边际产量的相互关系

(1) 边际产量与总产量的关系。根据边际值的概念可知,当边际产量为正值时,总产量曲线呈上升趋势(斜率为正值),此时增加要素投入能增加产量;当边际产量为负值时,总产量曲线呈下降趋势(斜率为负值),此时增加要素投入反使产量减少;当边际产量为零时,总产量达到了最大(斜率为零),要素投入最为合理。

(2) 边际产量与平均产量的关系。当边际产量大于平均产量时,平均产量呈上升趋势;当边际产量小于平均产量时,平均产量呈下降趋势;当边际产量与平均产量相等时,平均产量为最大。

(3) 平均产量与总产量的关系。平均产量就是总产量对要素投入量的平均。总产量反映规模,平均产量反映效率。

2. 边际收益递减规律

所谓边际收益递减规律,就是指在一定的生产技术条件下,其他生产要素的投入量不变,增加一种要素的投入量,开始时会使该要素的边际产量增加,增加到一定量之后,再增加要素的投入量就会使边际产量递减。

如在企业中,假设其他生产要素均保持不变,只有劳动人数可变。劳动人数与产量之间的关系就会出现这样的现象,在开始的时候,随着劳动人数的增加,由于劳动力能与大量的固定生产要素相结合,因此,其边际产量是递增的;但随着劳动人数的继续增加,能与新增劳动力结合的固定生产要素越来越少,这时,边际产量就会递减。这就是人们经常看到的现象,人手缺乏生产能力低下,人手过多同样生产能力低下。

需要指出的是,在理解边际收益递减规律时,必须注意该规律的两个假设前提,即技术不变,其他要素投入量不变。如果这两个假设前提条件发生了变化,这个规律将不再适用。

边际收益递减规律揭示了投入与产出之间的客观联系,对于研究投入和产出之间的关系是很重要的。它告诉我们,并不是任何投入都能带来最大的收益,更不是投入越多,产出一定越大。正因为这样,尊重这一规律,对生产要素的投

入数量和组合进行科学的分析，对企业改革措施的配套性、相关性加以研究，对于提高经济效益和正确决策是十分必要的。

3. 生产三阶段

基于边际收益递减规律的作用，经济学家根据可变要素投入数量的多少，把生产划分为三个阶段（见图4-1）。

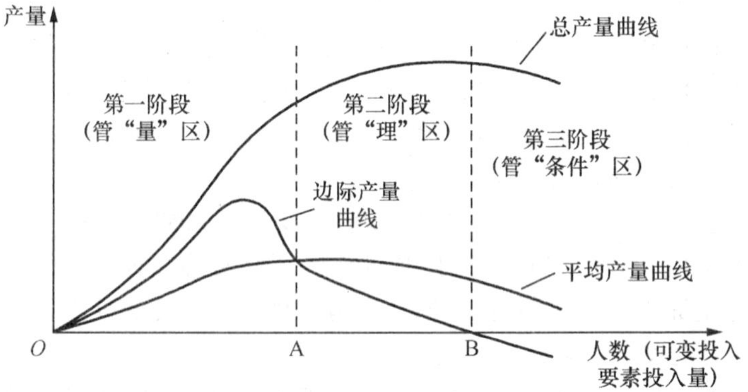

图4-1　生产三阶段

第一阶段：边际产量>0，边际产量>平均产量。这一阶段的特点是：随着可变要素投入量的增加，总产量、平均产量均呈上升趋势。

在这个阶段，由于总产量呈上升趋势，因此单位产品固定成本呈下降趋势；又由于平均产量呈上升趋势，因此单位产品可变成本也呈下降趋势。两者都呈下降趋势，说明在这一阶段，增加可变要素投入量能进一步降低总成本。所以，可变要素投入量停留在这一阶段在经济上是不合理的。从管理决策角度，重点是增加可变要素投入量，以不断提高产量，所以可称为管“量”阶段。

第二阶段：边际产量>0，边际产量<平均产量。这一阶段的特点是：随着可变要素投入量的增加，总产量呈上升趋势，平均产量呈下降趋势。

在这个阶段，由于总产量呈上升趋势，因此单位产品固定成本呈下降趋势；又由于平均产量呈下降趋势，因此单位产品可变成本呈上升趋势。固定成本和变动成本的运动方向相反，说明在这一阶段，有可能找到一点使两种成本的变动恰好抵消。在这一点上再增加或减少可变要素的投入量都会导致成本的增加。所以，第二阶段是经济上合理的阶段。因为最优的可变要素投入量只能在第二阶段中选择。从管理决策角度，重点是依据有关管理理论确定可变要素最优投入量，所以可称为管“理”阶段。

第三阶段：边际产量<0，边际产量<平均产量。这一阶段的特点是：随着可变要素投入量的增加，总产量、平均产量均呈下降趋势。

在这个阶段，由于总产量呈下降趋势，因此单位产品固定成本呈上升趋势；

又由于平均产量呈下降趋势,因此单位产品可变成本也呈上升趋势。两者都呈上升趋势,说明在这个阶段,增加可变要素投入量会使总成本上升。企业如果在这个阶段组织生产是十分不利的,可变要素投入量过多,反而导致效益下降。要改变这种不经济的状况,从管理决策角度,重点是改变前提条件,如生产技术条件、其他要素投入量等,这些条件发生变化,边际收益递减规律就不适用了。所以可称为管"条件"阶段。

生产三阶段理论说明,在企业里,劳动力和资本之间应当始终保持合理的比例,不变要素量相对过多(第一阶段)或可变要素量相对过多(第三阶段),都会导致经济效益的下降。管理的有效性在于随机制宜,适时创新。

4. 单一可变要素最优投入量的确定

假如企业的其他投入要素(如厂房设施、设备等)的投入量是固定的,只有一种投入要素(如劳动力)的投入量是可变的。要回答这种可变投入要素究竟投入多少才是最优的问题,需要首先弄清两个概念:① 可变投入要素的边际产量收入;② 可变投入要素的边际产量支出。

边际产量收入是指增加一个单位的可变要素投入量会使企业的总收入增加多少;边际产量支出是指增加一个单位的可变要素投入量会使企业的总成本增加多少。

单一可变要素最优投入量的确定规则:

$$\text{边际产量收入} = \text{边际产量支出}$$

如果边际产量收入 > 边际产量支出,说明此时企业的利润没有达到最大,因为再增加可变要素投入量,还能增加利润;如果边际产量收入 < 边际产量支出,说明此时企业的利润也没有达到最大,因为减少可变要素投入量,也能再增加利润。因此只有当边际产量收入等于边际产量支出时,企业的利润才达到最大,此时可变要素投入量达到最优。

(三) 长期生产函数

在实际生产中,特别是长远规划中,多种投入要素都是可变的,并且各种投入要素之间往往可以互相替代。例如建一定规模的工厂,既可采用高价的自动化设备与少量劳动力相组合,也可采用便宜的普通设备与多量劳动力相组合。人与机器在一定程度内是可以互相替代的。既然投入要素之间可以互相替代,这里就有一个最优组合的问题,在成本一定的条件下,投入要素之间怎样组合,才能使产量最大;或在产量一定的条件下,投入要素怎样组合,才能使成本最低。这类问题就是多种投入要素最优组合问题。

为了寻找投入要素的最优组合,需要利用等产量曲线和等成本曲线进行理论分析。

1．等产量曲线与等成本曲线

（1）等产量曲线。等产量曲线是指在这条曲线上的各点代表投入要素的各种组合比例，其中的每一种组合比例所能生产的产量都是相等的。也可以说等产量曲线就是在相同产量下，投入要素所有各种可能组合的轨迹，如图 4-2 所示。

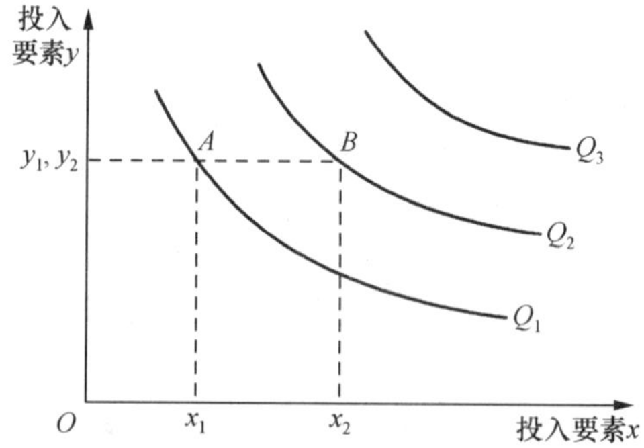

图 4-2 等产量曲线

等产量曲线有一个重要的特征：处于较高位置的等产量曲线总是代表较大的产量。如图 4-2 中，等产量曲线 Q_2 的位置高于等产量曲线 Q_1。这表明 Q_2 的产量一定大于 Q_1 的产量，即 $Q_2 > Q_1$。

（2）等成本曲线。等成本曲线是指在这条曲线上，投入要素的各种组合方式都不会使总成本发生变化。也可以说等成本曲线就是在相同成本下，投入要素所有各种可能组合的轨迹，如图 4-3 所示。

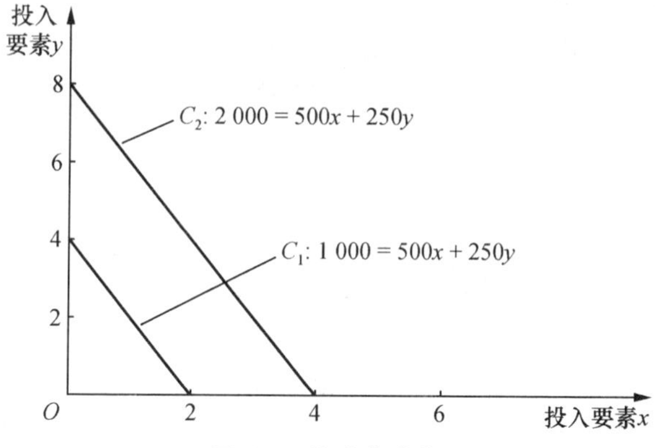

图 4-3 等成本曲线

等成本曲线有一个重要的特征：处于较高位置的等成本曲线总是代表较高的成本。如图 4-3 中，等成本曲线 C_2 的位置高于等成本曲线 C_1。这表明 C_2 的成本一定大于 C_1 的成本，即 $C_2 > C_1$。

2. 两种投入要素的最优组合

如果只有两种投入要素,又已知等产量曲线与等成本曲线,就可以用图解法来找最优的投入要素组合。办法是把这两种曲线画在一起,如图4-4所示。

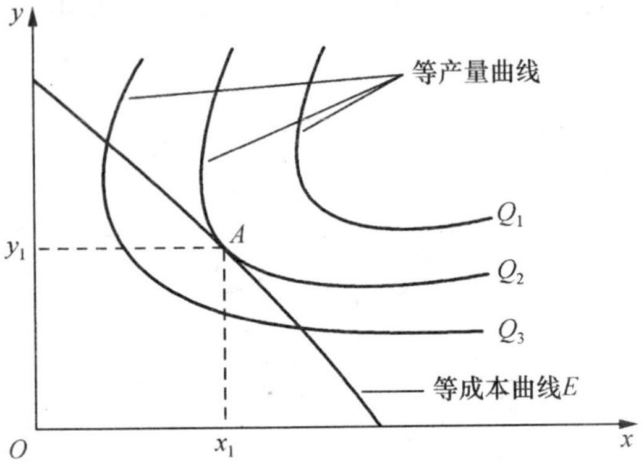

图4-4　等产量曲线与等成本曲线

等产量曲线与等成本曲线的相切点,就是投入要素的最优组合点。在图4-4中,等成本曲线 E 与等产量曲线 Q_2 相切于 A 点,说明最优的投入要素组合为(x_1,y_1)。这是因为等产量曲线 Q_2 上的其他各点都与较高的等成本曲线相交,说明产量 Q_2 的任何其他可能的组合方式的成本,都比等成本曲线 E 所代表的成本高。另外,等成本曲线 E 上的其他各点,都与较低的等产量曲线相交,说明尽管除 A 点以外的点所代表的组合的成本未变,但产量均小于 Q_2。所以,A 点(x_1,y_1)代表了生产 Q_2 成本最低的组合,或成本为 E 时的产量最大的组合。

3. 多种投入要素最优组合的确定

多种投入要素最优组合的一般原则是:在多种投入要素相结合生产一种产品的情况下,当各种投入要素每增加1元所增加的产量都相等时,各种投入要素之间的组合比例为最优。其数学表达式为:

$$\frac{\mathrm{MP}_{x_1}}{P_{x_1}}=\frac{\mathrm{MP}_{x_2}}{P_{x_2}}=\cdots=\frac{\mathrm{MP}_{x_n}}{P_{x_n}}$$

式中,$\mathrm{MP}_{x_1},\mathrm{MP}_{x_2},\cdots,\mathrm{MP}_{x_n}$分别为投入要素 $x_1,x_2,\cdots,x_n$ 的边际产量,它们相应的价格分别为 $P_{x_1},P_{x_2},\cdots,P_{x_n}$。

这个一般原则之所以成立,是因为如果各种投入要素每多投1元所增加的产量不等,那么,从边际产量较小的投入要素上抽出1元资金,用来增加1元边际产量较大的投入要素的投入,就能在成本不变的情况下,使产量增加。既然有可能增加产量,就说明这时的投入要素组合不是最优的。例如,企业有两种投入要素 X_1 和 X_2。投入要素 X_1 每增加1元,可使产值增加5元;X_2 每增加1元,可使产值增加10元。那么,从投入要素 X_1 中抽出1元资金转投于投入要素 X_2,就可以在总成本不变的情况下使企业总产值增加5元。既然总产值还有增加的余地,说明现有 X_1 和 X_2 的组合不是最优的。结论是,只有当所有投入要素每多投1元的边际产量都相等时,投入要素的组合才是最优的。

例如某出租汽车公司现有小轿车100辆,大轿车15辆。如再增加一辆小轿车,估计每月可增加营业收入10 000元;如再增加一辆大轿车,每月可增加营业收入30 000元。假定每增加一辆小轿车每月增加开支1 250元(包括利息支出、折旧、维修费、司机费用和燃料费用等),每增加一辆大轿车每月增加开支2 500元。该公司这两种车的比例是否最优?如果不是最优,应如何调整?

解:$\because \quad MP_{大}=30\,000 \qquad P_{大}=2\,500$

$$\therefore \quad \frac{MP_{大}}{P_{大}}=\frac{30\,000}{2\,500}=12$$

$\because \quad MP_{小}=10\,000 \qquad P_{小}=1\,250$

$$\therefore \quad \frac{MP_{小}}{P_{小}}=\frac{10\,000}{1\,250}=8$$

即大轿车每月增加1元开支,可增加营业收入12元,而小轿车只能增加营业收入8元。两者不等,说明两种轿车的比例不是最优。如想保持总成本不变,但使总营业收入增加,就应增加大轿车,减少小轿车。需要注意的是,在本例中,$P_{大}$、$P_{小}$ 不应是大轿车和小轿车的购置价格,而应是因投入这两种车而引起的每月开支的增加额,因为营业收入也是指每月的增加额。

(四)规模经济性分析

规模经济性分析主要研究当所有投入要素的使用量都按同比例增加时对总产量增加比例的影响。规模大,收益不一定高。正确处理规模(数量)效益与品种(质量)效益的关系,劳动力、资本等“硬”资源与知识“软”资源的关系,是企业生产决策中体现社会发展趋势要求的战略性问题。

1. 规模与收益的关系

假定 L 单位的劳动力和 K 单位的资本相结合可以生产 Q 单位产品,即 $L+K=Q$。如果 a 为 L、K 增加的倍数,b 为 Q 增加倍数,若有 $aL+aK=bQ$,则可根据 b 值的大小,把规模与收益的关系分为三种类型:

第一种类型:$b>a$,即产量增加的倍数大于投入要素增加的倍数。规模扩大,使生产效率提高,这种类型称为规模收益递增。

第二种类型:$b=a$,即产量增加的倍数等于投入要素增加的倍数。规模扩大,生产效率不变,这种类型称为规模收益不变。

第三种类型:$b<a$,即产量增加的倍数小于投入要素增加的倍数。规模扩大,使生产效率下降,这种类型称为规模收益递减。

随着生产规模从小到大,一般会先后经历规模收益递增、不变、递减三个阶段。由于大规模生产带来的生产效率和收益的提高,称为规模经济;由于规模太大引起生产效率和收益的下降,称为规模不经济。可以使收益达到最大值的规模称为经济规模。

由此可见,一个企业、一个行业的生产规模不能太小,但也不能太大,即要有一个适度的规模。对不同的行业,适度规模的大小是不同的。通常需要投资多、生产过程复杂,适度规模也就大,如汽车、家用电脑等。反之需要投资少、生产过程简单,适度规模也就小,如服装、制鞋等。适度规模会随着时间的推移、技术的进步而不断地变化,一个企业应当注意采取措施,实行现代科学的管理方法,努力提高规模收益递增因素的作用,减少规模不经济因素的影响,这正是管理经济学的生产决策分析要考虑的更深层次的问题。

2. 促使规模收益递增的因素

如果原来生产规模较小,现在增加生产规模,这时会使规模收益递增。这是因为有以下因素在起作用。

(1) 工人可以专业化。在小企业中,一个工人可能要从事好几种作业。在大企业中,工人多,就可以使分工更细,实行专业化。这样就有利于工人提高技术熟练程度,有利于提高劳动生产率。

(2) 可以使用专门化的设备和较先进的技术。小企业因为产量少,只能采用通用设备。大企业实行大量生产,有利于采用专用设备和较先进的技术。

(3) 大设备单位能力的制造和运转费用通常比小设备要低。例如,大高炉比小高炉、大型电机比小型电机单位能力的制造成本和运转成本要低。

(4) 生产要素具有不可分割性。例如,一座1 000 吨的高炉,由于不可分割,除非产量达到1 000 吨,否则就不能充分利用。

(5) 其他因素。例如,大规模生产便于实行联合化和多种经营;便于实行大量销售和大量采购(可以节省购、销费用)等。

3. 促使规模收益不变的因素

规模收益递增的趋势不可能是无限的,当生产达到一定规模之后,上述促使规模收益递增的因素会逐渐不再起作用。例如,工人分工如果过窄,就会导致工人工作单调,影响工人的积极性。设备生产率的提高,最终也要受当前技术水平的限制。所以,通常工人总会有一个最优规模。对公司来说,当工厂达到最优规模时,再扩大生产,它就采用建若干个规模基本相同的工厂的办法。这时,规模收益基本处于不变阶段。这个阶段往往可以经历相当长的一个时期,但最终它要进入规模收益递减阶段。

4. 促使规模收益递减的因素

许多专家认为,导致规模收益递减的因素主要是管理问题。企业规模越大,对外与市场的协调,对内各种业务的协调的难度也就会越大,使管理效率大大降低,促进规模收益递减。

5. 规模经济性分析对企业的启示

(1) 正确处理规模效益与品种效益的关系。规模效益与品种效益涉及企业生产决策的战略方向。

扩大规模,降低成本,提高效益,至今仍是企业发展的一种重要途径。但是,规模效益模式主要存在两大缺陷:一是不能适应外部环境的变化。该模式主要侧重于少品种大批量生产,只有在市场稳定的条件下,才能发挥出规模效益的优势。所以这种模式不能适应竞争激烈的市场环境,只能适应垄断程度较高的平稳的市场环境。二是管理机制缺乏灵活性。该模式只强调标准化、规范化和制度化,忽视人的主动性与创造性,人只是机器上的标准化了的螺丝钉,人们工作不需要大脑,只需照章办事,对人的创造能力的开发明显不足。

20 世纪 60 年代以来,市场需求逐渐从规模化转向差别化、细分化、适用化,这实质上是消费需求多样化的具体表现。1961 年美国通用电气公司总监费根鲍姆在他的著作中提出:"全面质量管理是为了能够在最经济的水平上并考虑到充分满足用户要求条件下,进行市场研究、设计、生产和服务,把企业内各部门的研制质量、维持质量和提高质量的活动构成为一体的一种有效体系。"在此基础上,他还提出了一个公式:

适销性 + 可生产性 + 生产率 = 盈利性

这个公式表明了质量效益模式的基本点。对用户来讲是适用性,对企业来讲则是适销性,多品种是沟通适用性与适销性的最基本的途径。然而多品种不只是体现在数量上,更重要的是智能化、艺术化、品味化,提高产品中"软"资源的比重,知识的附加价值。如普通照相机的品种再多,也抵抗不住"傻瓜"照相机的冲击。可生产性是指开展准时化生产方式,采用成组技术,推行物料需求计划(MRP)、计算机集成制造系统(CIMS)等。生产率就是要重视人的创造性。

但是,品种(质量)效益模式并不是对规模(数量)效益模式的否定。扩大规模与增加品种是企业实现利润最大化的生产决策中的两种基本形式,问题的关键是在管理决策中不要绝对化,注意二者的辩证统一。如范围经济就是例证,在现实生产中,一个企业往往同时生产多种产品。如一家无线电厂,既生产收音机,又生产录音机、组合音响等,技术有一定共性,设备有一定通用性,人员也可熟能生巧,同时生产多种不同产品所产生的节约称为范围经济。

(2) 防治大企业病。立石真一在 1933 年以自己的房子作抵押,筹集到 750 日元,开了一家小工厂,经过 50 多年的苦心经营,立石公司已成为世界著名的大企业。但立石真一头脑清醒,把已经发展起来的"成功"了的大企业存在的隐性问题比喻为大企业病,并归纳为"发展停滞"、"效益增长缓慢"、"增长原因不明"

3类17种具体症状,分析了病因,提出了治疗方法。立石真一认为企业要想不断发展,必须注意利用社会创新机会,把社会未来的需求早日作为企业的商品开发出来,并提出了"库存品是钞票"、"供应商是最重要的顾客"等独具匠心的观点。1988年11月立石真一所著《企业振兴的奥秘》,一个月内便再版了三次,并很快传播到世界各地,其原因就在于该书突出了创新这个永恒的主题。

二、成本决策

任何企业的生产都是在一定成本水平上进行的,成本水平的高低,不仅对企业的盈亏有直接影响,而且也是管理决策的重要经济指标之一。

(一) 管理决策中几个重要的成本概念

成本通常被认为是企业获得各种资源所付出的代价。由于管理经济学主要研究决策问题,因此管理经济学对成本的认定标准,主要看成本是否与管理决策有关,凡是与决策有关的成本称为相关成本,反之称为非相关成本。在管理决策中主要涉及以下成本概念。

1. 机会成本与会计成本

会计成本,是指在会计账目上反映出来的企业经营过程中所发生的各项费用。机会成本,是指资源用于某一用途而放弃的其他用途所获得的收入。

会计成本只反映企业的过去,机会成本则反映企业的未来。由于决策是面向未来的,因此会计成本是不能用于决策的,只有机会成本才是决策的基础。

2. 隐性成本与显性成本

显性成本,是指企业向生产要素供给方支付的那些成本。如支付的原材料费用、工资费用等。它是记在账面上的、看得见的实际支出,是偿付资金的实际现金流出量。

隐性成本,是指企业自有的资源,实际上已经投入,但在形式上没有按合同支付报酬的义务。例如,企业使用自己所拥有的专利进行生产,那么该项专利也应该列入隐性成本之列。可以设想,如果企业不是用自己所拥有的专利进行生产,而是购买别人的专利进行生产,那么它所支出的是一笔实实在在的成本。这种以自己拥有的资源投入,从表面上看,没有列入账户,不是显性成本,但它是隐性成本,相当于自有资源的机会成本,应该被看做是实际生产成本的一部分。

3. 增量成本与沉没成本

增量成本,是指由于某项决策而引起的总成本的变化。例如,某汽车制造厂,原先汽车发动机完全是外购的,由于外购件质量不稳定,现准备自己建一个生产发动机的分厂,自己生产发动机,虽然节约了外购发动机的大笔费用,但要自己来投入人、财、物，就又增加了投入要素的费用，同时，为了生产发动机，占用了投入要素，也就被迫放弃了这些要素的其他使用，还要考虑机会成本，由此而引起总成本的变动是建立发动机分厂的增量成本。

沉没成本，是指企业过去已经发生的各种费用。它是已经花费而又无法补偿的支出。

4. 个体成本与社会成本

个体成本，是生产者按市场价格支付的一切费用。它是从生产者角度所考虑的成本，也是我们常说的企业生产成本。

社会成本，是生产者投入的成本与社会为此付出的代价之和。它是从全社会的角度来考虑的成本，它不仅包括生产者为生产经营活动所必须投入的成本，还包括整个社会为此付出的代价，这种代价称为社会的外在成本。当然也包括全社会从中所获得的利益。

最典型的社会成本是对环境污染的治理费用。如一个企业在生产经营过程中，对社会环境造成了污染。也许企业已支付了一部分排污费，但往往还不够，社会必须为此支付一笔费用来治理这些污染，以维护广大群众的健康。但有些生产经营过程，也可能给社会带来某些得益。如集成电路的发展，除了本行业得益以外，还使家用电器、通信器材业从中得益，这就是社会外在利益。

5. 边际成本与总成本

边际成本是指在一定产量水平上，产量增加一个单位，给总的成本带来的变化。总成本就是企业支付的总费用。

6. 变动成本和固定成本

变动成本，是指随产量变化而变化的成本，如直接工人工资、直接材料费用等。固定成本，是指不随产量变化而变化的成本，如房租、折旧费、借款利息和管理费用等。

把成本划分为变动成本和固定成本，是为了便于分析产量变化和成本变化之间的关系，便于确定相关成本，以进行决策分析。

（二）成本函数

成本函数反映产品的成本与产量之间的变化关系。其数学表达式为：

$$C=f(Q)$$

式中：C 为成本，Q 为产量。

1. 成本函数与生产函数

成本函数与生产函数存在紧密的联系。成本函数取决于产品的生产函数和投入要素的价格。生产函数表明投入与产量之间的技术关系。这种技术关系与投入要素的价格相结合，就决定了产品的成本函数。

假如在整个时期投入要素的价格不变,则成本函数与生产函数存在以下关系:

(1) 若生产函数属于规模收益不变,即产量的变化与投入量的变化成正比关系,那么,它的成本函数是:总成本和产量之间也是正比关系(见图4-5)。

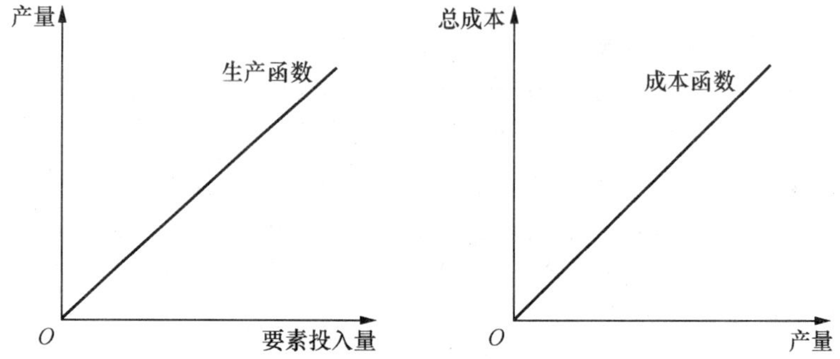

图4-5 规模收益不变

(2) 若生产函数属于规模收益递增,即产量增加的速度大于投入量增加的速度,那么,它的成本函数是:总成本的增加速度随产量的增加而递减(见图4-6)。

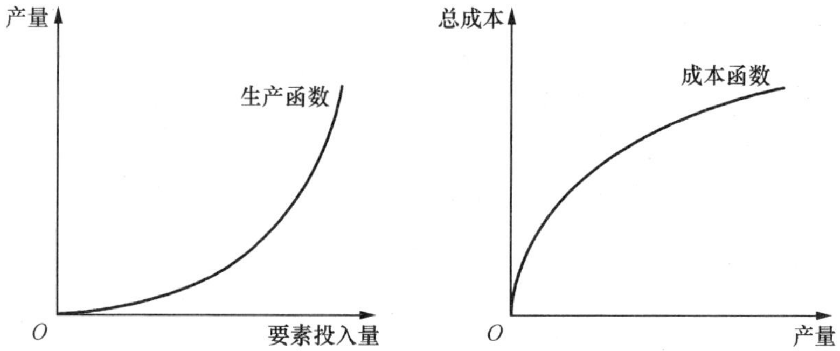

图4-6 规模收益递增

(3) 若生产函数属于规模收益递减,即产量增加的速度小于投入量增加的速度,那么,它的成本函数是:总成本的增加速度随产量的增加而递增(见图4-7)。

由此可见,成本函数导源于生产函数,只要知道某种产品的生产函数以及投入要素的价格,就可以推导出它的成本函数。

2. 短期成本函数和长期成本函数

所谓短期是指这个期间很短,以至于在各种投入要素中,至少有一种或若干种投入要素的数量固定不变。这样形成的产量和成本之间的关系,称为短期成

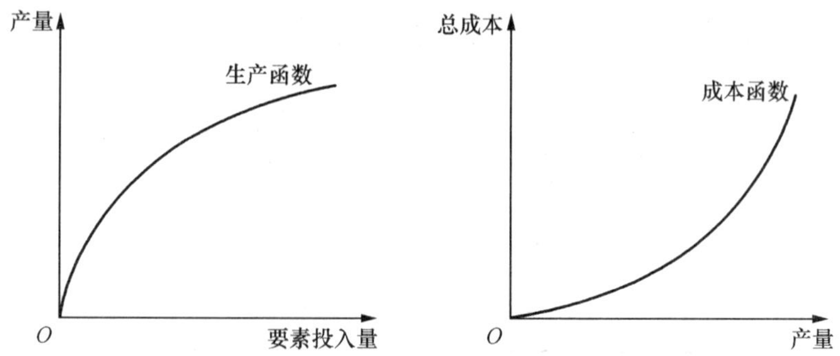

图 4-7　规模收益递减

本函数。例如,对一家已经建成的钢铁厂来说,在短期内,无论产量如何变化,厂房和设备不大可能变化,可变的只是劳动力和原材料的数量。在这种条件下形成的产量和成本之间的关系,就是短期成本函数。短期成本函数通常用来反映现有企业中产量与成本的关系,所以,它主要用于日常经营决策。

所谓长期是指这个期间很长,以至于所有要素的投入数量都是可变的。例如,一家已经建成的钢铁厂,打算规划 30 年后的企业产量和成本,在这 30 年内,企业可以通过技术改造和扩建,使各种要素的投入量都发生变化;又如,计划新建一座钢铁厂,这个厂用什么样的设备、建多大的规模,在设计时也都是可以选择的。在各种要素投入量都是可变的情况下,企业有可能在各种产量水平上选择最优的投入组合,在这种条件下形成的产量和成本之间的关系,就是长期成本函数。长期成本函数是指从长期看,企业在有可能调整它的各种资产、寻求最优要素组合条件下的成本函数,所以长期成本函数一般用于长期规划。

(三）短期成本函数

短期成本函数可以表示为以产量为横轴,以成本为纵横的坐标图上的短期成本曲线。短期成本可以分为总固定成本、总变动成本、平均成本、边际成本等。管理决策是面向未来的,所以决策时应该关心的不是历史成本、当前成本,而是未来成本。因此了解这些成本曲线的趋势,对管理决策是大有好处的。

1．总固定成本、总变动成本、总成本

总固定成本(TFC)主要是短期内无法避免,不随产量变化而变化的成本。如厂房设备的租金、资产的保险费用等。总固定成本曲线用一条平行于横轴的水平线表示(见图 4-8)。

总变动成本(TVC)是指企业在可变投入要素上支出的全部费用。它一般随产量的变化而变化。如原料费、生活用电费等。通常情况下,在变动成本投入之初,随着变动投入的增加,投入得到充分的利用,生产效率不断提高,总变动成

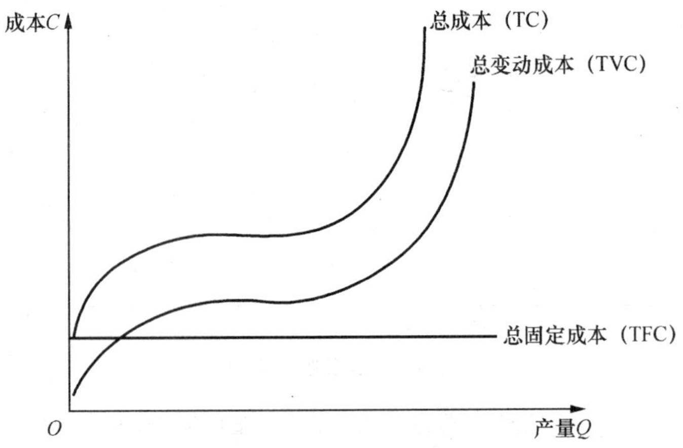

图 4-8　短期总成本曲线

本虽然随着产量的提高而增加,但增加的速度会不断减慢,到一定程度后,由于边际收益递减规律的作用,生产效率会下降,这时,随着产量的提高,总变动成本会急剧上升。总变动成本的变动趋势如图 4-8 中的曲线所示,对于不同的企业,曲线的形状会有所不同。

总成本(TC)是总固定成本与总变动成本之和。因此总成本曲线就相当于将总变动成本曲线向上平移,平移的距离等于总固定成本(见图 4-8)。

2. 平均成本和边际成本

从总固定成本、总变动成本、总成本函数中可以很容易导出平均固定成本、平均变动成本、平均成本和边际成本等四个成本函数。

平均固定成本(AFC)等于总固定成本除以产量:$AFC = TFC/Q$,所以它随产量的增加而递减,其曲线由左上方向右下方伸展,渐渐与横轴接近,是一条以横轴为渐近线的曲线(见图 4-9)。

平均变动成本(AVC)等于总变动成本除以产量:$AVC = TVC/Q$,平均变动成本曲线呈 U 形。起初,平均变动成本随着产量的增加而减少,但产量增加到一定程度后,由于边际收益递减规律的作用,平均变动成本会随产量的增加而增加。某一产量水平上的平均变动成本,是总变动成本曲线图上相应点与原点的连线的斜率。它的斜率最小点就是平均变动成本的最低点。最低点以前,平均变动成本是下降趋势;最低点以后则是上升趋势,所以平均变动成本曲线呈 U 形(见图 4-9)。

平均成本或称平均总成本(AC),它等于平均变动成本加平均固定成本,即 $AVC + AFC$,或等于总成本除以产量:TC/Q。

某一产量水平上的平均总成本,是总成本曲线上相应点与原点的连线的斜

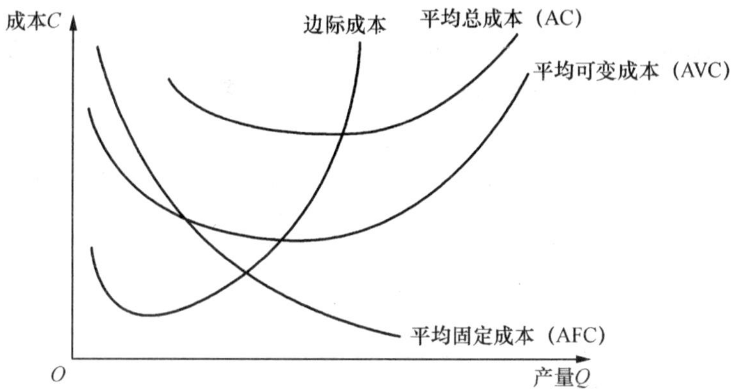

图 4-9　短期平均成本与边际成本曲线

率。从原点作总成本曲线的切线，其切点是平均总成本的最低点，原因是在连线中相切的连线的斜率最小。同平均变动成本曲线一样，平均总成本曲线也呈 U 形。由于平均固定成本向零接近，因此，随着产量的增加，平均总成本曲线和平均变动成本曲线也趋于接近（见图 4-9）。

边际成本（MC）是指每增加一个单位产量所增加的总成本，即：$MC = \Delta TC/\Delta Q$。边际成本曲线也呈 U 形。并且边际成本曲线通过平均成本曲线的最低点。

当增加一单位产品时，边际成本若低于当时的平均变动成本，这一单位产品生产后会使平均成本降低；而当增加一单位产品的边际成本高于当时的平均变动成本，这一单位产品生产后，平均变动成本就会提高，即：

若 $MC < AVC$，AVC 处于下降阶段；

　$MC > AVC$，AVC 处于上升阶段。

同理：

若 $MC < AC$，AC 处于下降阶段；

　$MC > AC$，AC 处于上升阶段。

3. 边际成本递增规律

在一定的生产技术条件下，随着产量的增加，边际成本开始时逐渐下降，当边际成本下降到一定程度时，再增加产量边际成本反而会大幅度地上升。

（四）长期成本函数

从长期看，各种投入要素都是可变的，所以，长期成本曲线实际上都是长期变动成本曲线，没有长期固定成本曲线。长期成本曲线可以分为长期总成本曲线、长期平均成本曲线和长期边际成本曲线三种。

1. 长期总成本(LTC)

长期总成本曲线说明,在企业可以自由选定投入要素组合比例的条件下,当企业达到各个最优规模时,可能的最低的总成本是多少。如果企业可以选定不同的最优规模,其对应的产量分别为 Q_1、Q_2、Q_3 和 Q_4 时,可能的最低总成本分别为 C_1、C_2、C_3 和 C_4。据此,则可以画出企业的长期总成本曲线图(见图 4-10)。

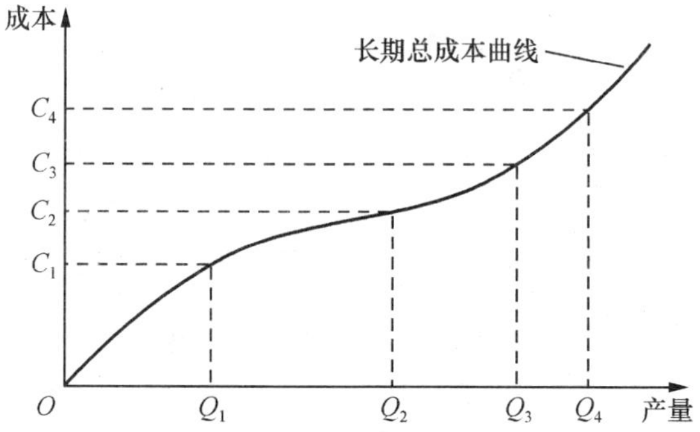

图 4-10 长期总成本曲线

2. 长期平均成本(LAC)

长期平均成本等于长期总成本除以产量:LAC = LTC/Q。如果已知长期总成本曲线,就不难画出长期平均成本曲线。

长期平均成本曲线一般呈 U 形,是由规模收益“递增—不变—递减”的规律决定的。在规模收益递增阶段,平均成本呈下降趋势。这时生产具有规模经济性。在规模收益不变阶段,平均成本曲线呈水平状,这时企业大体达到最优规模。在规模收益递减阶段,平均成本呈上升趋势,这时生产具有规模不经济性(见图 4-11)。

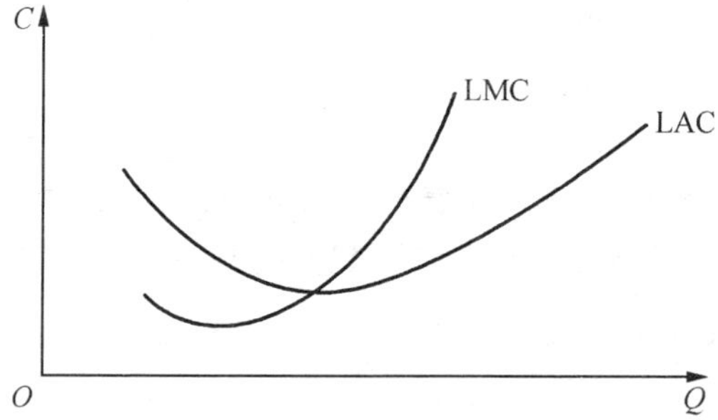

图 4-11 长期平均成本与边际成本曲线

3. 长期边际成本(LMC)

长期边际成本曲线表示增加一个单位产量时所增加的长期成本,即:LMC = ΔLTC/ΔQ。

长期边际成本曲线通常也呈U型,开始时呈下降趋势,到一定阶段后,呈上升趋势。同样长期边际成本曲线必然通过长期平均成本的最低点(见图4-11)。

三、生产函数与成本函数的应用

(一)生产函数与技术进步

1. 科布-道格拉斯生产函数

每一个生产单位,小至车间、企业,大至一个行业或整个国民经济,只要有投入和产出,就都有自己的生产函数。这种生产函数像需求函数一样,可以用统计方法根据经验数据来进行估计。常用的统计方法是回归分析法。对生产函数进行经验估计,像对需求函数进行估计一样,需要选择适当的函数形式。从理论上讲,假如投入要素只有劳动力和资本两种,生产函数应该是如下三次方程的形式:

$$Q = aLK + bL^2K + cLK^2 - dL^3K - eLK^3$$

式中,Q为产量;L为劳动力数量;K为资本数量。

这一函数形式表明,随着L、K投入量的增加,规模收益起初递增,然后递减;还表明,每种投入要素的边际产量起初递增,然后递减。

然而,在实践中,要对这样的三次方程进行经验估计,难度较大,所以最常用的生产函数形式是幂函数。在20世纪20年代后期,美国的两位经济学家科布和道格拉斯对这种幂函数作了大量研究并取得了成功,所以,这种函数也被称为科布-道格拉斯生产函数。

科布-道格拉斯生产函数的形式如下:

$$Q = aK^bL^c$$

式中,Q为产量;K为资本;L为劳动力;a、b、c为常数。

这种生产函数形式有很多优点:

(1)它的对数形式是一个线性函数,即:

$$\log Q = \log a + b\log K + c\log L$$

设:$\log Q = Q'$,$\log a = a'$,$\log K = K'$,$\log L = L'$,

代入可得:$Q' = a' + bK' + cL'$

这样,就有可能用回归分析法对参数a、b、c进行估计。

(2)每种投入要素的边际产量取决于所有投入要素的投入量,这与实际是相符的。

例如,劳动力的边际产量MP_L为:$MP_L = \dfrac{\partial Q}{\partial L} = baL^{b-1}K^c$

这里,MP_L 的值不仅取决于 L,也取决于 K。假如 K 的值固定,$b<1$,那么 MP_L 的值就会随 L 投入量的增加而递减,这是符合边际收益递减规律的。

(3) 能够对生产函数规模收益类型进行判定。例如,将投入的 K、L 都扩大 k 倍,那么就可以把 k 作为公因子提取出来,得:

$$hQ = ak^{b+c}K^bL^c$$

这样,根据$(b+c)$的大小,就可以很容易判定这个函数的规模收益类型。

(4) 它的变量 K、L 的指标 b、c 正好分别是 K、L 的产量弹性,即对生产函数 $Q=aK^bL^c$ 来说,如果 K 增长 1%,产量将增长 b%;如果 L 增长 1%,产量将增长 c%。这样,只要把参数 b、c 估计出来,就能很容易地根据 K 和 L 的变化来测算 Q 的变化。

2. 技术进步的类型

技术进步可以分为三种类型:劳动节约型、资本节约型和中立型。劳动节约型技术进步是指这样一种技术进步,它能使资本的边际产量比劳动的边际产量增加得更快,因此,人们就会相对地多用资本而少用劳动力,从而导致劳动力的节约大于资本的节约。资本节约型技术进步是指这样一种技术进步,它能使劳动的边际产量比资本的边际产量增加得更快,因此,为了提高经济效益,人们就会相对地多用劳动而少用资本,从而导致资本的节约大于劳动力的节约。中立型技术进步是指这样一种技术进步,它引起的劳动的边际产量的增长率与资本的边际产量的增长率相等,因而人们节约劳动和节约资本的比例相等。

3. 技术进步的测定

经济增长的方式基本上可以分为两种:一是主要依靠增加投入;二是主要依靠技术进步。前者称为粗放型增长方式,后者称为集约型增长方式。当前我国的经济建设要求经济增长方式从粗放型向集约型转变。为了衡量一个生产单位在多大程度上实现了集约型的经济增长方式。需要有一种能够测定技术进步在经济增长中所起作用的方法。

假定某企业期初的生产函数为:$Q=aK^{\alpha}L^{\beta}$

那么:$MP_k = a\alpha K^{\alpha-1}L^{\beta}$ $\quad MP_L = a\beta K^{\alpha}L^{\beta-1}$

假定在这一期间,该企业增加的全部产量为 ΔQ

$$\Delta Q = MP_K \times \Delta K + MP_L \times \Delta_L + \Delta Q'$$

式中,$MP_K \times \Delta K + MP_L \times \Delta L$ 是因增加投入而引起的产量的增加;$\Delta Q'$是由技术进步而引起的产量增加。上式两边同除以 Q,得:

$$\frac{\Delta Q}{Q} = \frac{MP_K \cdot K}{Q} \times \frac{\Delta K}{K} + \frac{MP_L \cdot L}{Q} \times \frac{\Delta L}{L} + \frac{\Delta Q'}{Q}$$

$$\because \frac{MP_K \cdot K}{Q} = \frac{a\alpha K^{\alpha-1}L^{\beta} \cdot K}{aK^{\alpha}L^{\beta}} = \alpha \quad \frac{MP_L \cdot L}{Q} = \frac{a\beta K^{\alpha}L^{\beta-1} \cdot L}{aK^{\alpha}L^{\beta}} = \beta$$

$$\therefore \frac{\Delta Q}{Q}=\alpha\frac{\Delta K}{K}+\beta\frac{\Delta L}{L}+\frac{\Delta Q'}{Q}$$

如果，$\Delta Q/Q$ 为全部产量的增长率，记为 G_Q；$\Delta K/K$ 为资本增长率，记为 G_K；$\Delta L/L$ 为劳动增长率，记为 G_L；$\Delta Q'/Q$ 为因技术进步引起的产量增长率，记为 G_A。

则：$G_Q=\alpha G_K+\beta G_L+G_A$　或：$G_A=G_Q-(\alpha G_K+\beta G_L)$

例如，假定某企业期初的生产函数为：$Q=5K^{0.4}L^{0.6}$。在此期间，该企业资本投入增加了 10%，劳动力投入增加了 15%，到期末总产量增加了 20%。试问（1）在此期间该企业因技术进步引起的产量增长率是多少？（2）在此期间，技术进步在全部产量增长中所起的作用有多大？

解：（1）$G_A=G_Q-(\alpha G_K+\beta G_L)$

$=20\%-(0.4\times10\%+0.6\times15\%)=7\%$

即在全部产量增长率 20% 中，因技术进步而引起的产量增长率为 7%。

（2）$G_A/G_Q=7\%/20\%=35\%$

即在全部产量增长中，有 35% 是由技术进步引起的。

（二）盈亏平衡分析

1．盈亏平衡分析原理

盈亏平衡分析的核心是寻找盈亏平衡点，即确定能使企业盈亏平衡的产量。在这个产量水平上，总收入等于总成本，如图 4-12 所示。图中绘出了总收入曲线和总成本曲线，它们有两个交点 A 和 B。A 和 B 分别是下、上盈亏平衡点。A、B 及其对应的产量 Q_1 和 Q_2 把企业的盈亏随产量变化的过程划分为三个阶段。

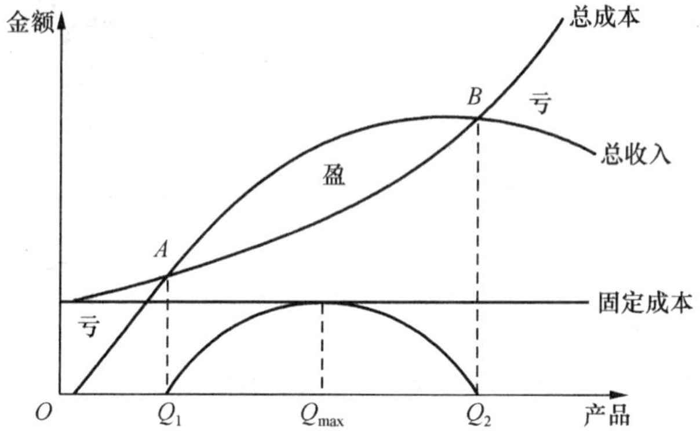

图 4-12　盈亏平衡分析一般模型

第一阶段，产量从 0 到 Q_1。在这个阶段，总成本大于总收入，企业处于亏损状态。这种亏损是由于企业规模过小导致的，也称为“规模过小症”。在这种情况下，随着企业产量的增加和生产效率的不断提高，会使总收入增加的速度大于总成本增加的速度,使企业亏损逐渐减少。当产量达到 Q_1 时,总收入与总成本相等,企业盈亏平衡。

第二阶段,产量从 Q_1 到 Q_2。在这个阶段,总收入大于总成本,企业处于盈利状态。在前半阶段,由于变动要素的继续增加,变动要素与不变要素的配合逐步达到合理,投入要素的生产率也逐步提高到最佳水平,企业经营活动逐步进入最佳状态,并在某个产量水平上达到最大利润。在后半阶段,随着产量的增加,变动要素的投入量将超过与不变要素合理配合的要求,边际收益逐步递减,总收入呈下降趋势。当产量达到 Q_2 点时,总收入与成本再度相等,企业利润为零。

第三阶段,产量大于 Q_2。在这个阶段,总成本大于总收入,企业处于新的亏损状态。这种亏损是由于企业规模过大导致的,也称为“规模过大症”。这是因为,随着投入要素的继续增加,变动要素与不变要素的比例越来越不合理,生产经营过程的协调越来越困难,由此造成的是,总成本增加的速度大于总收入增加的速度。结果是通过扩大规模不仅没有增加效益,反而扩大了亏损。

自此可知,企业在生产经营活动过程中,必须使产量处于两个盈亏平衡点之间的产量范围内。只有这样,才能取得盈利,产量过小或过大,都会导致亏损。所以企业既要注意防止“小企业病”,也要防止“大企业病”。

2. 盈亏平衡的线性模型

假设产量与销售量呈线性关系。当产品价格不变时,总收入与销售量也呈线性关系(见图 4-13)。

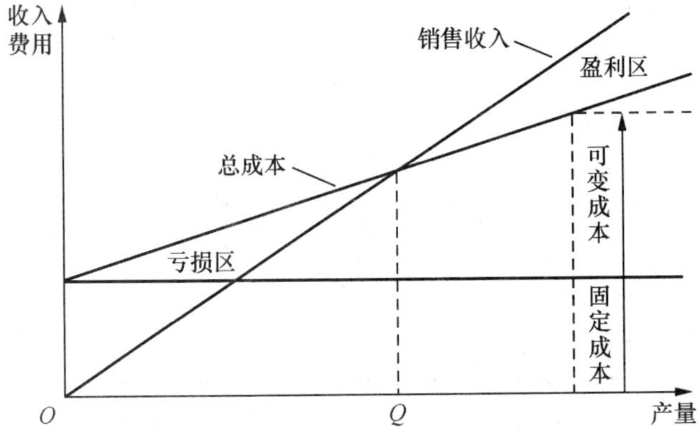

图 4-13　盈亏平衡分析线性模型

最基本的确定盈亏平衡点的计算公式如下:

$$\text{销售收入} = \text{总成本}$$

$$\text{单价} \times \text{产量} = \text{固定成本} + \text{变动成本}$$

$$= \text{固定成本} + \text{单位变动成本} \times \text{产量}$$

若 P 为商品单价；Q 为盈亏平衡点产量；V 为单位变动成本；F 为固定成本，则上式可以写成：

$$P \times Q = F + V \times Q$$

移项、整理后可得：$Q = \frac{F}{P - V}$

盈亏平衡点就是企业销售收入与总成本相等的一点。在此点上利润为零，既不盈利也不亏损。这一点可以是产量，也可以是其他收支平衡点。这一点是盈利与亏损的转折点，高于此点盈利，低于此点则亏损。企业掌握盈亏平衡点，对管理决策是十分重要的。

例如某旅行社经营到某旅游景点的旅游业务，往返需要十天，由旅行社负责提供交通、食宿费用。往返一次所需成本数据如下表所示：

固定成本	
折旧	1 200
职工工资	2 400
其他	400
往返一次全部固定成本	合计 4 000
变动成本	
每个旅客的住宿伙食费	475
每个旅客的其他变动费用	25
每个旅客的全部变动成本	合计 500

试问：(1) 如果向每个旅客收费 600 元，至少有多少旅客才能保本？如果收费 700 元，至少有多少旅客才能保本？

(2) 如果旅行社往返一次的目标利润为 1 000 元，定价 600 元，至少要有多少旅客才能实现这个利润目标？如定价 700 元，至少要有多少旅客？

(3) 如每人收费 600 元，预期旅客人数为 50 人，那么旅行社往返一次的利润是多少？如每人收费 700 元，预期旅客人数为 40 人，那么往返一次的利润又是多少？

解：(1) 如定价为 600 元

$$Q = \frac{F}{P - V} = \frac{4\,000}{600 - 500} = 40(\text{人})$$

即保本旅客人数为 40 人。

如定价为 700 元

$$Q = \frac{F}{P - V} = \frac{4\,000}{700 - 500} = 25(\text{人})$$

即保本旅客人数为 25 人。

(2) 如定价为 600 元

$$Q=\frac{F+\pi}{P-V}=\frac{4\,000+1\,000}{600-500}=50(\text{人})$$

即保本目标利润的旅客人数为 50 人。

$$Q=\frac{F+\pi}{P-V}=\frac{4000+1000}{700-500}=25(\text{人})$$

即保本目标利润的旅客人数为 25 人。

(3) 如收费 600 元/人

$$\pi=600\times50-500\times50-4\,000=1\,000(\text{元})$$

如收费 700 元/人

$$\pi=700\times40-500\times40-4\,000=4\,000(\text{元})$$

由于定价 700 元比定价 600 元的利润多,因此比较而言,价格定为 700 元/人比较合算。

➡练习题

1. 举例说明边际收益递减规律对企业管理决策的影响。
2. 促使规模收益递增的因素有哪些?
3. 在一系列成本概念中,哪些成本与决策有关? 哪些成本与决策无关? 为什么?
4. 生产三阶段原理对提高管理的有效性有什么启示作用?
5. 联系实际,谈谈你对"小企业病"与"大企业病"的理解和认识。
6. 试述各种短期成本曲线的变化趋势,并说明受什么经济规律的制约?
7. 试述各种长期成本曲线的变化趋势,并说明受什么经济规律的制约?
8. 学习生产与成本决策的基本理论,对企业生产经营决策实践有什么指导意义?

案例分析

邯钢的"模拟市场"机制

1990 年年初,一向在计划经济体制下平稳发展的邯郸钢铁总厂(简称邯钢)忽然受到市场的猛烈冲击,由于钢材价格一跌再跌,企业生产的 28 种钢材有 26 种亏损,企业几乎到了难以生存的地步。

面对形势的压力,邯钢从 1991 年起,开始探索在企业内部推行"模拟市场核算,实行成本否决"的管理,其目的是拆掉企业内部生产经营与外部市场之间的隔墙，把市场机制引入企业内部，让下属单位在“模拟”市场环境中直接感受市场的压力，在这种求生存、谋发展的压力驱动下，邯钢通过挖掘内部潜力，改善经营管理，取得了显著的经济效益。到 1994 年，邯钢可比产品成本比 1993 年下降 8.44%，在钢材平均售价只有 2 421 元的情况下，企业实现利税 11 亿元，实现利润 7.5 亿元，比 1993 年增长 66%，钢产量达到 202.26 万吨，不仅使企业摆脱了困境，而且还增强了企业的竞争实力。

邯钢推行的“模拟市场核算，实行成本否决”的经营机制，其“内涵”就是在非独立核算的二级分厂，以市场为导向，以国内先进水平和本单位历史最好水平为依据，进行比较，找出潜在的效益，将原材料和出厂产品均以市场价为核算参数，进而核定出产品的内部目标成本和目标利润，并实行成本否决。其主要特点是：以市场为导向，建立符合市场经济需要的经营机制；以降低成本、增加效益为核心，全面硬化企业内部管理；以强化分级经济核算为手段，充分挖掘各环节的潜力；以层层分解指标、实行重奖重罚的利益机制为动力，充分调动广大职工当家理财的积极性。这个运行机制的核心是企业真正把提高经济效益放在第一位，通过成本指标的层层分解，将国有资产的管理、使用落实到每一个职工身上，让广大职工当家理财，使职工真正成为企业的主人。

在推行这一机制中，邯钢主要抓了以下几个环节：

市场。把内部成本核算的原燃材料、辅料、备件、半成品价格，由原来的计划价一律改为市场价；生产出的产品以当时的市场能接受的价格做依据，并以产品成本降低多少作为衡量各生产单位生产经营成果的标准。从而将市场机制引入企业内部管理，使二级厂和职工直接感受市场价格的潮涨潮落。

倒推。对计划经济体制下按工序逐步结转确定目标成本的方法进行改革。按照“亏损产品不亏损，盈利产品多盈利”的原则，从产品的市场价开始，逐个工序从后往前，通过剖析、挖潜，重新核定其目标成本。

否决。将目标成本、利润指标列入分厂、处室承包，按月考核，完不成者否决 100% 当月奖金，连续三个月完不成者否决工资升级，但累计完成后可补发，旨在促进年度成本指标的完成，不至于“破罐子破摔”。

全员。将承包指标层层分解到车间、工段、班组、个人，形成“市场重担众人挑，人人肩上有指标”的责任体系。

与此相适应，邯钢从保证新机制有效运行出发，优化机构设置。先后组建或充实加强了质量、销售、财务、外经、预决算、审计、备件等管理机构，进一步强化和理顺了管理职能。还在原料、销售、外经等部门增设了财务科，这些科室有的只准卖不准买，有的只准买不准卖，更不准报销其他费用，其主要职责是搞内部经济核算，实质上是财务处的派出机构，从而使经济核算落到了实处。

随着核算的展开和深入，为确保成本和利益的真实可靠，总厂每月进行一次全厂性的物料总平衡,对各单位的原燃料进行盘点、查库和查账,账物不符的重新核算内部成本和内部利润,完不成的否决全部奖金。在考核上不讲客观,不迁就照顾,由此形成了"算装看指标,收入凭贡献"的良性循环。

邯钢推行"模拟市场核算,实行成本否决"的经营机制,给企业带来了七大变化:① 促进了各级领导和广大职工思想观念的转变,增强了市场观念、竞争观念、效益观念和成本意识。职工当家理财的积极性空前高涨。② 扭转了企业成本连年上升的局面。在没有推行这一机制前的1989年成本比1988年回升14.96%,1990年又比1989年上升21.59%。推行这一机制后,成本连年下降。按同口径计算,1991年下降6.36%,1992年下降4.83%,1993年下降6.13%,1994年又硬碰硬下降8.44%。③ 经济效益大幅度增长。1991年在1990年实现利润仅100万元的情况下,猛增到5020万元,1992年达到1.49亿元,1993年提高到4.5亿元,1994年达到7.5亿元。④ 促进了产品质量提高和品种开发。⑤ 促进了各项指标的改善。⑥ 促进了产量和劳动生产率的提高。⑦ 促进了各项专业管理的加强。

问题讨论:

1. 结合企业实际,谈谈你对国有企业内部潜力的认识。你认为企业在挖潜增效方面的主要障碍有哪些?

2. 邯钢采取"模拟市场核算,实行成本否决"的经营机制,体现的是什么样的发展思路?你认为邯钢的经验有无共同借鉴的价值?

3. 你认为实行"模拟市场核算,实行成本否决"的关键环节有哪些?其难度是什么?

4. 请对邯钢的经验进行总体评价。

第五讲 市场结构

问题讨论与交流

竞争是市场经济的本质特征,在市场经济下,是否每一个企业都面临着激烈的市场竞争?

市场的竞争程度不同,对企业的决策会产生哪些影响?

一、市场结构分析

即使在市场经济条件下,也并不表明每一个企业都面临着激烈的市场竞争,不同的市场其竞争程度有着重大的差异,有的市场竞争激烈,有的市场竞争不够激烈,还有的市场很少或根本不存在竞争。因此,企业应根据自己所处的市场类型,采取不同的竞争决策。为此,就要求企业必须了解市场竞争特性变化的一般规律,研究在不同市场竞争状态下的企业行为,以指导企业更好地作出决策。

(一)买方市场与卖方市场

按最简单的理解,市场就是买者与卖者进行商品交换的场所。对买者来说,市场是购买其所需消费商品的场所或中介;对卖者来说,市场是出售其生产商品的场所或中介。根据消费者和生产者之间的力量对比关系,可以将市场分为买方市场和卖方市场。

1. 买方市场

买方市场是指交易活动主要由买方左右,市场是在买方占优势的情况下运行的。基本表现形式是:商品丰富,供大于求,买方是主动的,可以任意挑选自己喜爱的商品,卖方则是被动的,竞争主要在卖者之间展开,即为卖而竞争。在买方市场上,消费者被当做“上帝”。

2. 卖方市场

卖方市场是指交易主要由卖方左右,市场是在卖方占优势的情况下运行的。基本表现形式是:商品短缺,供不应求,卖方是主动的,“皇帝女儿不愁嫁”,而买方则是被动的,竞争主要在买者之间展开,即为买而竞争。

3. 产品市场与要素市场

市场是实现资源合理配置的基础。为了使资源得到有效的配置,必须有一个完整的市场体系,这个市场体系分为两大类:一类是产品市场或者叫商品市场,企业在该市场上出售其产品和劳务;另一类是要素市场,企业在该市场上购买各种生产要素(劳动、资本、土地等)。

(二)市场结构的划分标准

市场结构也称为市场类型,是指反映竞争程度不同的市场状态。不同类型的市场有不同的运行方式,交易主体也有不同的行为特点。划分市场结构的标准主要有以下几个方面:

1. 交易者数量多少

交易者数量多少也就是指市场中买者与卖者的个数。一般情况下,只有少数买者的市场是较少见的。因此研究交易者数量多少主要是考察市场中企业数量的多少。如果有许多企业生产足够多的商品以至于占据足够大的市场份额,就说该商品存在着大量的卖者。反之,如果市场中只有几个卖者,或者市场中有少数几家企业占据着很高的市场份额,就说该商品的卖者是少量的。企业数量的多寡,是影响市场竞争程度的最基本因素。一般而言,处于平等地位的企业愈多,市场的竞争程度就愈高;而当存在一个或几个企业处于支配地位时,市场的竞争程度就会降低,相应的垄断程度就会提高。

2. 商品是否同质

商品是否同质就是指不同企业的商品在质量上是否相同。值得强调的是,商品的同质性是一个十分严格的条件。所谓商品的同质性,是指不同企业生产的商品没有任何差别,既没有主观的差别,也没有客观差别。也就是说,所有商品都是一模一样,人们用触觉、嗅觉、视觉等感觉不出来差别,用仪器也检测不出来差别。很显然,在现实中几乎所有的商品都是有差别的,没有差别的商品几乎是不存在的。

3. 企业进入市场是否有障碍

企业进入市场是否有障碍,指的是企业进入或退出市场的"自由"程度,或者是企业进入或退出市场的条件。不同的市场企业进出的难易程度不同,有的市场企业进出容易,有的市场企业进出困难。若企业的进入或退出是十分容易的,则市场的竞争程度会提高;相反,若企业进入或退出有若干限制或阻碍,则竞争程度就会降低。企业进出市场的障碍也称为市场壁垒,市场壁垒的高低受到许多因素的影响,如规模经济性、生产技术获得的可能性、商品的差别以及政府许可等。

4. 交易者所得到的信息是否完全

交易者所得到的信息是否完全,是指消费者与生产者能否获得市场上的全部信息。完全信息也是一个相当严格的条件,它要求买者与卖者对市场中所有信息都完全了解。一般地,如果信息完全,消费者能够掌握商品的全部信息,生产者能够准确地掌握需求、成本等信息,市场的竞争程度就会提高;相反,如果信息不完全,市场的竞争程度就会降低。

根据上述市场类型划分标准,可将市场大体分成四种主要类型:完全竞争市场、垄断竞争市场、寡头垄断市场和完全垄断市场。这四种类型的市场各有其特点,其竞争程度是依次由高到低。

完全竞争市场是一个理想市场,它是研究其他各类市场的基础。完全垄断市场是另一种极端情况。现实中的市场大多数是介于二者之间的垄断竞争市场和寡头垄断市场。为便于比较，现将四种市场的特征列于表5-1。

表5-1　市场结构及其特征

	完全竞争	垄断竞争	寡头垄断	完全垄断
企业个数	大量	大量	少数	唯一
商品同质性	同质	有差别	同质或异质	无近似的替代品
进入条件	自由	比较自由	困难	封锁
信息完全性	完全信息	不完全信息	不完全信息	不完全信息

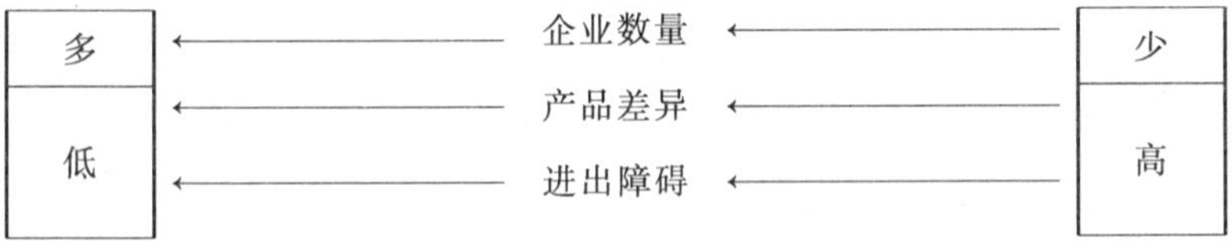

（三）市场运行规则

为了维护市场的健康发展，交易双方都应遵守共同的市场运行规则，在不损害他人利益的前提下，追求自身利益。市场运行规则主要包括三方面内容：

1．市场进出规则

市场进出规则需要市场主体遵循一定的法规和具备一定的条件，满足相关标准，保证市场主体行为的规范性和市场的有序运作，体现市场进出的公正性。

2．市场竞争规则

市场竞争规则要求各市场主体能够在平等的基础上充分竞争，机会均等，防止发生不正当竞争行为，体现市场竞争的公平性。

3．市场交易规则

市场交易规则要求除涉及商业机密外，一切交易要在市场上按照自愿、等价、互惠的原则公开进行。

（四）企业生产决策的一般原理

企业管理的核心内容之一是进行正确的生产决策，而生产决策的基础又在于产量决策和产品价格。由于不同的市场竞争程度不同，因而对企业的生产决策也会产生不同的影响，形成不同的生产决策特点。但不管企业的生产决策有多大的差异，都应该遵循生产决策的一般原理。

1．企业的目标定位

任何企业都有自己的目标，尽管不同的企业在目标方面可能存在着差异，但对所有的企业来说，其目标都不是唯一的，而是由多目标、多层次构成的目标体系，如产量目标、利润目标、生产规模目标、长期发展目标、市场占有率目标、工资福利目标等。在企业的目标体系中,企业常常将“利润最大化”作为首要目标,之所以如此,是由利润的特殊性质决定的,利润既是企业存在的前提和基础,也是企业实现其他目标的条件和保障。

2. 利润最大化目标下的决策原理

企业利润等于总收入减去总成本,所以获得最大利润可以通过增加收入也可以通过降低成本来实现。总收入的提高主要取决于产品价格和产量,总成本的降低主要取决于要素价格、要素使用量等因素。由此我们可以得到两个基本结论:

一是产量越高不等于收入越多。如果产品价格不变,产量越多,收入就越多,但如果产品价格随着产量的增加而下降的话,增加生产反而会使总收入减少。

二是收入越多不等于利润越高。如果产品价格不变,产量越多,收入就越多,但增加产量既增加收入也增加成本。如果成本增长的速度大于收入增长的速度,增加生产反而会使总利润减少。

因此,企业的生产决策并非简单地扩大生产,要实现“利润最大化”,企业必须选择适当的产量与价格。这就要求企业必须遵循“利润最大化”的基本规则。

根据边际分析法的基本原理,企业实现“利润最大化”的基本规则是:

$$边际利润=0$$

即:

$$边际收入=边际成本$$

如果边际利润 >0,即边际收入 > 边际成本,说明增加产量还能增加利润,既然利润还能够增加,表明利润还没有达到最大,所以,此时企业产量不是最优的,企业还应该继续增加产量。

如果边际利润 <0,即边际收入 < 边际成本,说明增加产量反而会使利润减少,既然增加产量会减少利润,相应地减少产量会增加利润,所以,此时企业产量不是最优的,企业应该减少产量。

如果边际利润 =0,即边际收入 = 边际成本,说明增加或减少产量都不会使利润发生变化,这时企业实现了“利润最大化”,产量达到了最优。

二、完全竞争市场

(一) 完全竞争市场的特点

完全竞争市场是指不受外来阻碍和干扰、没有外力控制的自由市场。作为完全竞争的市场,必须同时具备以下几个条件:

(1) 买者和卖者都很多。在完全竞争的市场中有为数众多的买者和卖者,而且他们各自的市场份额都微不足道，以至于买者和卖者都无力影响市场的价格。

(2) 产品是同质的。在完全竞争的市场上，企业生产的产品是完全相同的，不存在任何差异，对消费者来讲，产品既没有主观的差异也没有客观的差异。因此，消费者不需要关心产品是谁生产的，购买哪个企业生产的产品完全是随机的。这样，企业就无力控制市场价格，只能按照供求关系决定的价格进行销售。

(3) 企业进出市场完全自由。在完全竞争的市场中，企业进入或退出市场都十分容易，不存在任何障碍，企业既可以进入这个市场来生产某种商品，也可以随时退出这个市场去生产其他商品，生产要素能够在不同行业之间自由流动。

(4) 信息完全。消费者和生产者都具有充分的市场信息和商品知识，因而能够做出合理的消费选择和生产决策，不会有任何消费者采用高于市场的价格购买商品，也不会有任何生产者采用低于市场的价格销售商品。

很显然，在现实生活中，要完全具备上述条件是不可能的，所以完全竞争的市场结构是一种纯理论的模式，在现实生活中是不存在的。尽管如此，由于完全竞争市场是分析研究其他市场结构的基础，因此研究它的价格和产量决策仍然是十分必要的。

虽然不存在完全竞争的市场，但现实中也有与完全竞争市场比较接近的例子，如农产品市场、股票市场等都可以近似地看做是完全竞争市场。实践中，要判断一个市场是否近似于完全竞争市场，其主要标准有两条：一是市场上竞争对手是否很多，二是企业能否随意提价。

（二）完全竞争市场的需求曲线

在完全竞争的市场中，由于买者卖者很多、商品同质、企业进出市场自由和信息完全，这就决定了任何买者和卖者都无力影响市场价格，只能是市场价格的接受者。市场价格既不是由买者决定的，也不是由卖者决定的，而是由所有的买者和所有的卖者共同决定的，即由市场供求关系决定的。买者只有接受这样的价格，才能买到想买的商品；卖者只有接受这样的价格，才能把想卖的商品销售出去。因此，在完全竞争的市场上，企业不存在价格决策问题，企业所面临的需求曲线是一条水平线（见图 5-1）。

水平的需求曲线表明，按照市场价格，企业想卖多少就能卖多少，但只要稍微高于市场价格，就一点也卖不出去。

由于完全竞争企业只能按照供求关系决定的市场价格进行销售，因此企业的平均收益和边际收益均等于市场价格，即平均收益、边际收益和需求曲线三线相重合，是同一条水平线。

整个行业的需求曲线是单个企业的需求曲线之和，单个企业水平的需求曲线

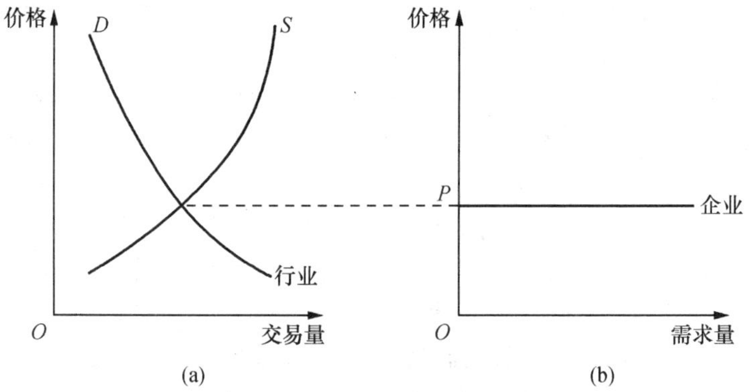

图 5-1　完全竞争企业的需求曲线

仅表示整个行业需求曲线上的一点,因此虽然单个企业的需求曲线是一条水平线,但整个行业的需求曲线则是一条从左上方向右下方倾斜的曲线(见图 5-2)。

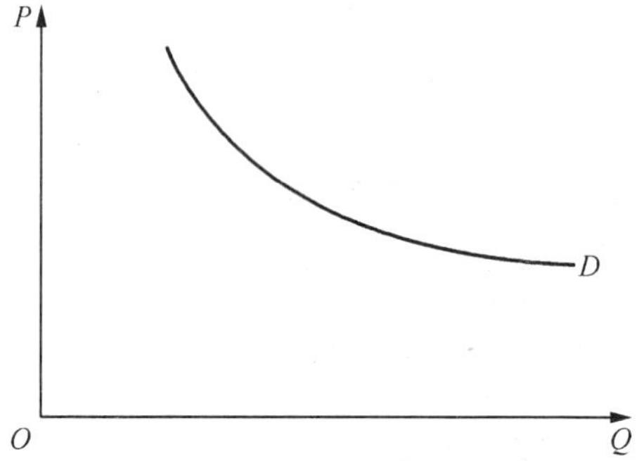

图 5-2　完全竞争行业的需求曲线

(三) 完全竞争企业的短期产量决策

虽然在完全竞争的市场上,企业按照市场价格想卖多少就能够卖多少,但也不表明企业产量越大越好。因为如果企业产量过大,超过了一定限度,会引起生产成本的迅速提高,反而使总利润减少,甚至导致企业亏损。因此在完全竞争条件下,企业为取得最大利润,仍然存在最优产量决策问题。

所谓短期产量决策,是指企业根据供求关系决定的市场价格,在短期生产中确定出一个产量水平,使企业实现利润最大化。值得注意的是,这里所说的短期产量决策,指的是企业数量来不及变化、生产规模来不及调整情况下的产量决策问题。

1. 企业短期盈利时的产量决策

从市场价格和企业平均成本的关系来看,企业盈利的基本前提是市场价格高于企业平均成本。假设产品价格(P)、边际成本(MC)、平均成本(PC)均为已知,如图 5-3 所示。

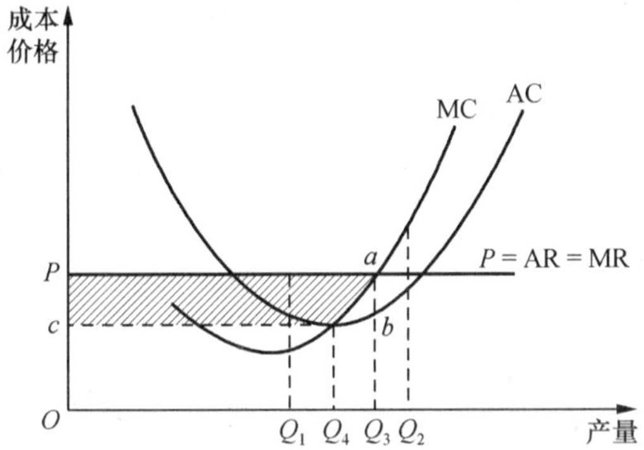

图 5-3　企业短期盈利时的决策

根据利润最大化原理 MR = MC 可知,当产量为 Q_3 时,企业的总利润达到最大,其利润额等于图中阴影部分的面积。因为当企业产量为 Q_1 时,MR > MC,此时增加产量还能够增加利润;当产量为 Q_2 时,MR < MC,此时减少产量也能够增加利润。所以只有当产量为 Q_3 时,MR = MC,此时利润才达到最大。

2. 企业短期亏损时的产量决策

从市场价格和企业平均成本的关系来看,企业亏损的主要表现是市场价格低于企业平均成本。在企业亏损的情况下,企业是继续生产还是关门停产,要视亏损的具体情况而定。

(1) 如果市场价格低于平均成本,但市场价格高于平均可变成本,即 $P <$ AC, $P >$ AVC,如图 5-4 所示。

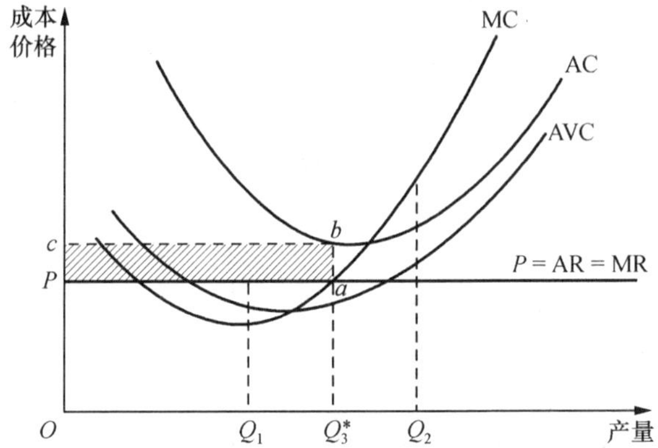

图 5-4　企业短期亏损时的决策

这时,如果企业停产,就要亏损全部的固定成本;如果继续生产,企业获得的收入不仅可以完全补偿可变成本,而且还能补偿部分的固定成本,所以,继续生产的损失会小于停产的损失,在这种情况下,企业应该作出继续生产的决策。

即使企业亏损时应该继续生产,也不表明生产越多越好,也必须确定最优的产量,以便使企业亏损最小。

亏损最小时的产量同样根据 MR = MC 的原理确定。

(2) 如果市场价格既低于平均成本,又低于平均可变成本,即 $P<$ AC,$P<$ AVC,如图 5-5 所示。

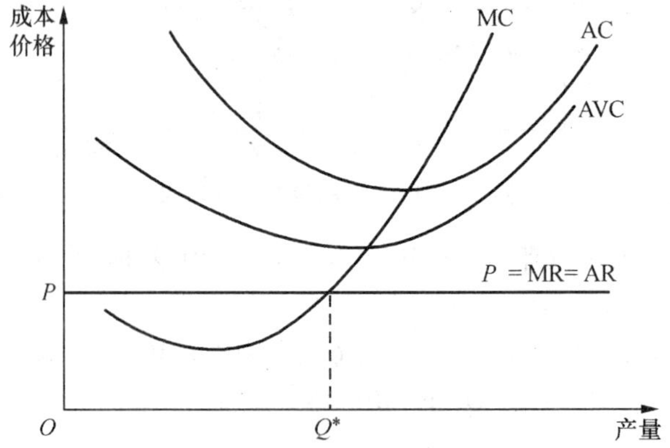

图 5-5　企业关门停产曲线

这时,如果企业继续生产,所获得的收入既补偿不了固定成本,也补偿不了可变成本,继续生产的损失比停产的损失还要大,在这种情况下,企业生产已变得毫无意义,企业唯一的选择就是关门停产。

(四) 完全竞争企业的长期决策

在短期内,企业的生产要素是不能变动的,如一旦投资开业,企业的固定资本在短期内是难以变动的。因此,企业的决策主要集中于是否生产和生产多少的问题上,即使亏损,只要亏损不大于固定投资,企业仍要继续生产;如果盈利,企业在短期内也不能扩大生产规模,所以在短期,企业的利润最大化是受到制约的。但在长期,企业在要素方面的调整是不受制约的,企业既可以调整生产规模、改变要素投入比例、采用新技术,也可以决定是否退出所在行业。企业的长期调整取决于短期的生产经营状况:盈利还是亏损。

1. 盈利企业的长期决策

如果企业在短期内盈利,在长期会继续生产。企业在长期继续生产主要有两种情形:

(1) 简单再生产。企业在原有的规模上经营,既不扩大规模也不压缩规模,进行“简单再生产”,以维持现有盈利水平。

(2) 扩大再生产。企业扩大规模,进行“扩大再生产”,以继续增加盈利。但企业在扩大规模时必须考虑生产的长期成本问题。短期内盈利的企业是否应该扩大生产规模,主要取决于它在长期平均成本曲线上的位置(见图 5-6)。

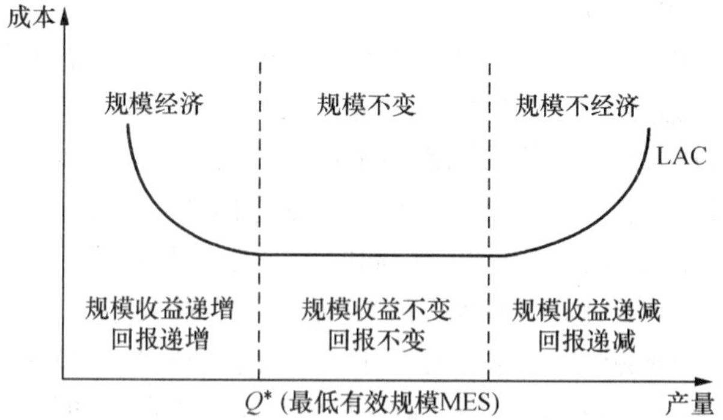

图 5-6 长期成本与规模变动曲线

如果短期内企业生产处于“规模经济”阶段或“规模收益递增”阶段,则扩大生产规模能够使产品的平均成本下降。在市场价格不变的条件下,扩大规模不仅能够增加总利润,而且能够增加平均利润。

如果短期企业生产处于“规模收益不变”阶段。这时,企业仍可通过扩大生产来增加总利润,但产品的平均利润不会增加,因为规模的扩大并没有降低产品的平均成本。

如果短期企业生产处于“规模收益递减”阶段。那么,企业就不应再扩大生产规模,因为,扩大规模的结果会使产品的平均成本上升,总利润减少。

2. 亏损企业的长期决策

对于在短期内亏损的企业来说,在长期有两个选择:“关停并转”或“扭亏为盈”。

(1) “关停并转”。企业退出所在的行业,或者是“关门停产”,或者是转向其他行业。

(2) “扭亏为盈”。由于企业亏损的主要表现是市场价格低于平均成本,所以企业“扭亏为盈”的主要途径是提高市场价格或降低平均成本。

如果企业能够提高市场价格,使市场价格高于平均成本,企业就能够实现扭亏为盈,但在完全竞争的市场上,市场价格是由供求关系决定的,企业单方面无力控制价格,所以,利用提高市场价格来实现扭亏为盈的途径是理想而不现实,企业对此不能寄予厚望。

既然提高市场价格实现扭亏为盈的途径是不现实的,那么,对亏损企业来说,实现扭亏为盈的主要途径只能是降低平均成本,其主要措施有:挖潜增效,技术进步和调整生产规模。当然,调整生产规模也要考虑企业所处的规模经济状态,当企业处于“规模收益递增”时,扩大生产规模能够降低平均成本,当企业处于“规模收益递减”时,压缩规模能够使平均成本降低。

3. 完全竞争企业的长期均衡

在短期分析中,没有考虑企业生产规模的变动及行业内企业数目的变化,在长期均衡分析中必须考虑这些变化。当产品的市场价格高于平均成本时,企业可获得经济利润,这时追求最大利润的企业在长期内必定会扩大生产规模,增加产量。企业在长期内选择的生产规模,是长期边际成本曲线(LMC)和长期边际收入曲线相交点所确定的最优产量。同时由于经济利润的存在,会吸引许多新企业加入这个行业,因此行业供给量将增加,市场价格将下降。只要有经济利润存在,新企业就会不断加入,原有的企业也会继续调整生产规模,直到经济利润消失为止。这时市场价格必然等于企业长期平均成本曲线的最低点,在这一点,企业的经济利润为零,只获得正常利润,企业不再加入或退出该行业,市场因此达到一种均衡状态。

如果企业在短期内是亏损的,这时企业会作出相反方向的长期调整行为:一部分企业将退出所在行业,另一部分企业将缩减其生产规模。当一部分企业退出行业或压缩规模后,该产品的市场供给会下降,在需求不变的情况下,产品的市场价格就会上升,从而使剩下企业的亏损减少;同样地,只要有亏损存在,企业的退出和压缩规模就会持续下去,直到企业不再亏损为止。这时市场价格也必然等于企业长期平均成本曲线的最低点,在这一点,企业不再亏损,并且能够获得正常利润,企业不再退出或加入该行业,市场因此达到一种均衡状态(见图5-7)。

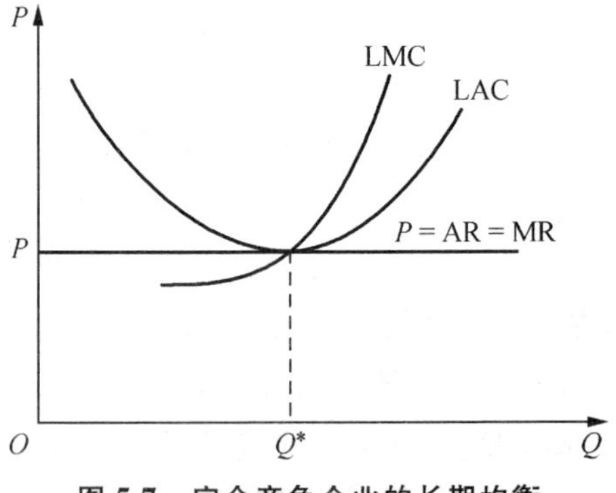

图 5-7　完全竞争企业的长期均衡

因此,当企业处于长期均衡时,其产量水平必定能同时满足两个条件:

(1) 价格等于长期平均成本的最低点,此时经济利润为零;

(2) 价格等于长期边际成本,此时企业的总利润为最优。

(五) 完全竞争市场的评价

经济学家认为市场的竞争程度越高,经济效率就越高,反之,垄断程度越高,经济效率越低。由于完全竞争市场是竞争程度最充分的市场,因此经济学家认为完全竞争市场是经济效率最高的市场。这时因为,只有在完全竞争的市场上,才能同时满足以下两个条件:

(1) $P = \mathrm{AC}$ 的最低点。说明竞争能够驱使企业充分地利用各种资源,实现在平均成本的最低点上生产,因而生产效率达到最高;另外,市场价格定在平均成本的最低点上,也有利于增加消费者的利益。

(2) $P = \mathrm{MC}$。说明从社会资源合理分配的角度,企业的产量水平是最优的。因为价格代表社会对企业产品价值的评价,边际成本则代表多生产一件产品所需追加的资源的价值。如果企业生产某种产品,其产量水平处于 $P > \mathrm{MC}$ 的情况,表明生产出来的产品的价值大于所投入资源的价值,说明企业的产量水平不是最优,因为这时如果企业增加产量,还能进一步增加社会的总财富。反之,若企业生产某种产品,产量水平处于 $P < \mathrm{MC}$ 的情况,表明生产出来的产品价值小于投入资源的价值,这时企业若减少产量,还可以进一步增加社会的总财富。所以只有当 $P = \mathrm{MC}$ 时,企业的产量水平才是最优的,资源在各种产品之间的分配是最合理的。这时,企业能够为社会提供最大的财富。

因此,按照经济学的理论,在完全竞争条件下,只要企业追求最大利润,从长期看,不仅能使企业生产效率达到最高,而且也能使资源配置达到最优。这是市场机制这只“看不见的手”作用的结果。

三、完全垄断市场

完全竞争市场的对立面就是完全垄断市场。完全垄断市场是市场结构的又一极端情形。

(一) 完全垄断市场的特征

在各种市场结构中,完全垄断也是一种极端情况。完全垄断市场具有如下特点:第一,整个市场上就只有一家企业,该企业垄断着某种商品的生产和销售。第二,该企业生产和销售的商品没有任何替代品,产品独一无二。第三,其他任何企业进入该市场都极为困难或不可能。但在现实生活中,由于存在大量替代品,因此严格意义上的完全垄断市场难以找到,只有少数行业接近于完全垄断市场条件。

(二) 完全垄断市场产生的原因

完全垄断市场的产生有多方面的原因,既有经济、技术方面的原因,也有政治方面的原因。但具体说来,造成完全垄断的原因主要有以下几种:

(1) 政府特许。政府往往在某些行业实行垄断政策,如军事工业、航天工业、烟草行业、电台、电视台等,使一家企业在生产经营中具有某种特权,成为这一行业的垄断者。

(2) 显著的规模经济性。有些行业的生产必须要有一定的规模,规模越大,平均成本越低。一家企业独占市场比两家或多家企业分割市场的成本更低,行业内不宜有两家以上的企业存在。一旦一家企业占领市场之后,别的企业不可能以更大的规模、更低的成本进来竞争。这类由于规模经济造成的垄断被称为自然垄断。如电力公司、市政、自来水公司、铁路运输、市内电话等都是典型的具有规模经济的企业。

(3) 技术壁垒。一项新技术发明之后,发明者拥有一段时间的垄断地位。发明专利受到法律的保护,从而使其他企业不能进入该市场。我国专利法规定,发明者拥有制造某种商品或使用某种特殊工艺的独占权可达 15 年(美国是 17 年)。另外,有的老技术(如祖传秘方等),如果不外传,也有垄断性;技术太“高、精、尖”,别人掌握不了,也会造成垄断。

(4) 资源独占。有些垄断产生于对资源的独占,尤其是对某些稀缺原料的控制。如果企业独占了原料供应,势必可以垄断用此原料制成的产品。在旅游业方面,对资源的独占很普遍,如故宫只有一个,张家界的风景也只有一处,如果把它们作为商品的话,也是一种垄断市场。

(三) 完全垄断企业的需求曲线

由于在完全垄断市场上只有一家企业,因此,完全垄断企业的需求曲线就是行业的需求曲线,是一条自左上方向右下方倾斜的曲线,意味着要增加销售量,企业就必须降低价格;要提高价格,就会带来销售量的减少。

在完全垄断条件下,企业的平均收入等于商品的价格,平均收入曲线就是需求曲线;边际收入总是小于平均收入,所以边际收入曲线总是位于平均收入曲线的左下方(见图 5-8)。

(四) 完全垄断企业的短期决策

假定企业以追求利润最大化为目标,企业的需求曲线(D)、平均成本曲线(AC)、边际成本曲线(MC)和边际收入曲线(MR)为已知,那么,它的价格和产

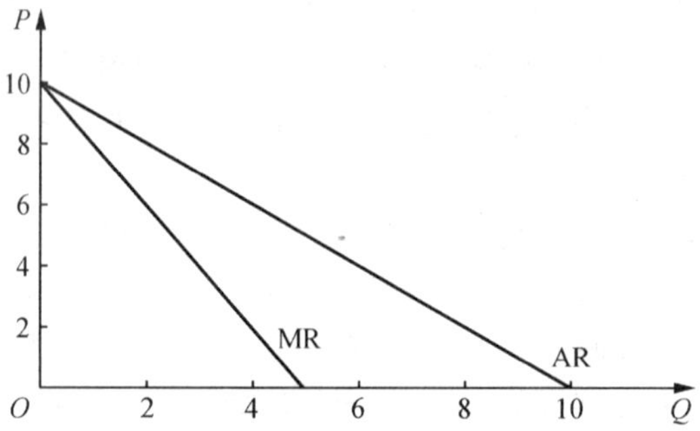

图 5-8 完全垄断企业的需求曲线

量决策应在 MR = MC 处，此时利润达到最大，从 MC 曲线和 MR 曲线的交点，可以求出它的最优产量是 Q^*，最优价格为 P^*，企业获得的超额利润应等于图中阴影部分的面积(见图 5-9)。

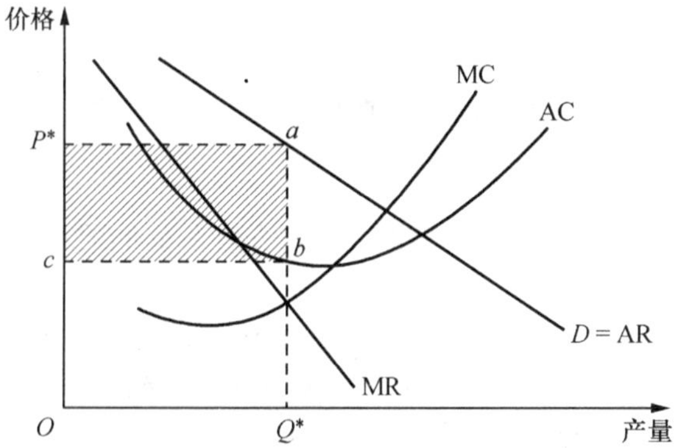

图 5-9 完全垄断企业的短期决策

(五) 完全垄断企业的长期决策

在完全垄断条件下，由于其他企业无法进入这一行业，因此，即使在长期的条件下，完全垄断企业仍能获得超额利润。同时，完全垄断企业还可以通过生产规模调整，选择最优的生产规模来增加自己的利润。

完全垄断企业的长期均衡与短期均衡基本相同，只是企业应将产量定在边际收入和长期边际成本的相交处，即 MR = LMC，此时可使总利润达到最大。

(六) 完全垄断企业的价格歧视

价格歧视是指企业生产的同一种商品在不同的场合索取不同的价格。这里不同的场合可指不同的消费者、不同的市场、不同的消费数量等。例如，旅游景点对外国游客和国内游客收取不同的门票价格；工业用电和生活用电的价格不同;航空公司对学生实行优惠票价,对成人实行标准票价;等等。

垄断企业通过实行价格歧视,可以增加利润。实行价格歧视的条件是:企业是垄断者,它可以操纵价格;各个市场是相互分离的,并且各个市场的弹性是不同的。一般地说,价格歧视主要有以下三种类型:

(1) 一级价格歧视,也称为完全价格歧视。企业索取的价格是购买该商品的消费者所能够支付的最高价格。这样,在单一定价下的消费者剩余就全部转化成了垄断企业的追加收益。典型的例子就是乡村的一个医生,根据不同病人的能力和愿意支付的最高价格,对于相同的治疗收取不同的医疗费用。

(2) 二级价格歧视。垄断企业将商品的购买量划分为多个等级,对不同等级的购买者索取不同的价格。如现实生活中,一些企业采取多买价低、少买价高,实行的就是二级价格歧视。

(3) 三级价格歧视。垄断企业以不同的价格在不同的市场上出售同一种商品。如微软公司的同一种产品,在中国市场上的售价远远高于在其他国家市场上的售价,实行的就是三级价格歧视。

(七) 完全垄断市场的弊端和政府的干预

1. 完全垄断市场的弊端

多数经济学家认为,完全垄断市场是经济效率最低的市场。其弊端主要表现在以下几个方面。

(1) 生产不足。因为在垄断企业里,$P>\mathrm{MC}$,即社会对企业产品价值的评价要高于投入资源的价值,因而,从社会资源合理分配的角度看,说明该企业生产的产品产量不足,应增加产量,才能更好地满足消费者的需要。

(2) 效率不高。垄断企业不能用最低的平均成本进行生产,这就不能最有效地利用生产要素,造成了生产资源的浪费。

(3) 分配不公平。垄断企业能保持垄断利润,是以牺牲全社会消费者的利益为代价的,是对消费者的剥夺。

但一些学者也从规模经济的角度提出了垄断企业的优点,认为许多小企业被兼并为垄断企业后,实行大规模经营,可以降低成本,提高经济效率,这有利于消费者。此外,垄断企业资金雄厚,有利于从事革新生产技术的长期研究。但总的来说,多数学者认为垄断是弊大于利。

2. 政府的干预

由于垄断企业有弊病,就需要政府进行干预。政府对垄断企业的干预措施主要有以下几个方面。

(1) 对垄断企业课以重税。目的是减少垄断企业的超额利润,使分配趋向公平。

（2）制定和执行反垄断法。目的是尽量增加市场的竞争性，防止垄断企业的产生。

（3）对自然垄断企业进行管制。有些企业，如电力公司、铁路公司、电话公司、自来水公司等公用事业企业，规模经济性显著。对于这类企业，政府不实行反垄断法，而是允许实行垄断，但由政府直接控制其价格。其目的是不让它们有超额利润，并促使它们增加产量。

四、垄断竞争市场

完全竞争和完全垄断是市场结构中的两种极端，介于两种极端之间的是垄断性竞争和寡头垄断。与完全竞争和完全垄断不同，垄断性竞争和寡头垄断是在现实生活中大量存在的市场结构。

（一）垄断竞争市场的特点

所谓垄断竞争市场，是指既有垄断又有竞争的市场。垄断竞争市场在现实生活中是常见的，大多数的零售业、服务业、纺织业、食品业以及轻工业、餐饮业等都是垄断竞争型的市场结构。其主要特征如下：

1. 行业中企业数量很多

意味着这个行业由许多中小企业组成，每个企业的产量只占市场总供给量的很小部分，所以，一个企业的行为不会影响市场，每个企业在决策时不必考虑自己的行为会引起其他企业的注意和反应。

2. 各企业生产的是同类产品并且有差别

产品之间既有差别，又有一定的替代性，这是垄断竞争市场的最主要特征。这里的“差别”不仅包括产品在外观、质量、构造等方面的实质性差别，也包括消费者一些主观的“虚幻”的差别，如广告、商标、包装、服务态度，甚至地理位置、销售时间等，这些都能使某些消费者宁愿购买某个企业的产品，而不愿购买另一个企业的产品。

3. 企业进出行业自由

意味着企业进出市场没有人为的障碍，只要具备一定的资本，企业可以随时地进出这个市场。

由于企业的产品存在着差别，因此企业能够形成一定程度的垄断；又由于企业的产品能够相互替代，且同类产品数量很多，因此企业之间又存在激烈的竞争。这样，在垄断竞争的市场上，企业既是垄断者又是竞争者，具有垄断和竞争两个特点，这正是“垄断竞争”名称的由来。

(二) 垄断竞争企业的需求曲线

垄断竞争企业有力量影响价格,因而是价格的决定者,而不是价格的接受者。垄断竞争企业有两种不同的需求曲线,它们是按照两种假设情况得出的(见图 5-10)。

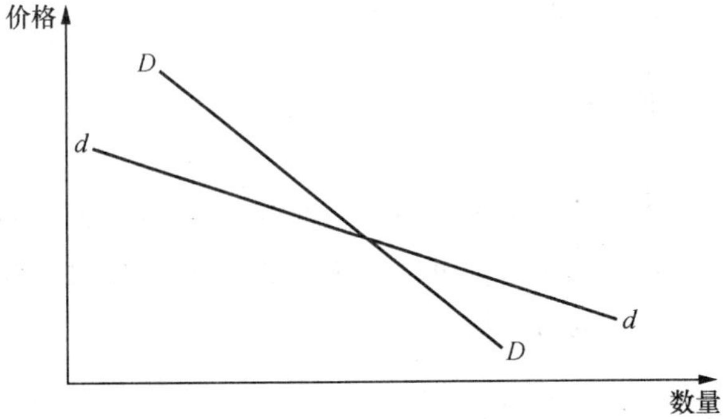

图 5-10 垄断竞争企业主观需求曲线和市场份额曲线

(1) 企业主观的需求曲线(图 5-10 中的 *dd* 曲线)。它表示当该行业中某一代表性企业改变产品的销售价格,它的竞争者并不随之改变价格时,企业的销售价格和销售量的关系。这时若企业降价,其他企业并不降价,那么,该企业不仅能使原有的顾客增加购买量,而且还能把较多的顾客从其他企业里吸引过来,这样就可以大幅度提高销售量;反之,若企业提价时,其他企业并不提价,那么该企业的销售量将会大幅度降低。主观的需求曲线是一条比较平缓的需求曲线,企业往往误认为这条曲线真正反映了它的需求情况。

(2) 市场份额需求曲线(图 5-10 中的 *DD* 曲线)。它表示该行业中某一代表性企业改变销售价格时,其他所有企业也同时改变价格的情况下,该企业事实上会有的销售量与其价格的关系。即当一家企业降价时,由于其他企业也同样降价,因此该企业增加的销售量必然大大低于独自降价时所增加的销售量;反之,若这家企业提价,由于其他企业也同样提价,因此该企业减少的销售量必然大大低于独自提价时所减少的销售量。*DD* 曲线也叫市场份额需求曲线,是因为它表明无论价格为多少,行业中的各企业都占有相同的市场份额。虽然企业可能没有意识到,但 *DD* 曲线是实际反映企业产品需求的曲线,它比 *dd* 曲线更为陡峭,说明在 *DD* 曲线上同样价格变化引起的销售量变化的幅度必然比 *dd* 曲线上的变化要小。

(三) 垄断竞争企业的短期均衡

假定垄断竞争企业的市场份额曲线(*D*)、平均成本曲线(AC)、边际成本曲线(MC)、边际收入曲线(MR)均为已知。若企业以追求利润最大化为目标,那么,它的价格和产量决策应在 MR = MC 处,此时利润达到最大,从 MC 曲线和 MR 曲线的交点,可以求出它的最优产量是 Q^*,最优价格为 P^*,此时企业的总利润就等于图中阴影部分的面积(见图 5-11)。

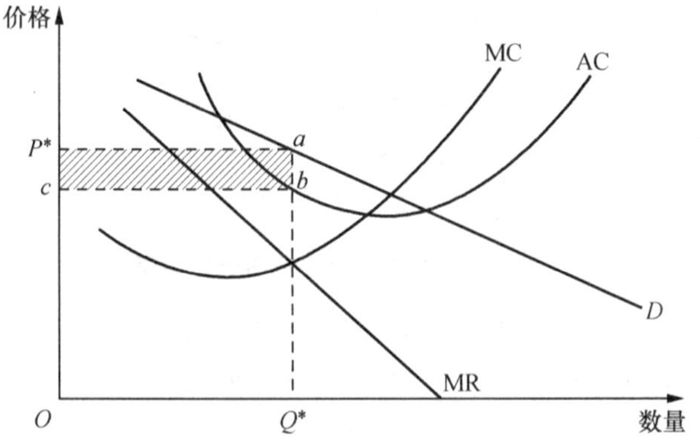

图 5-11　垄断竞争企业的短期决策

值得说明的是,垄断竞争企业决策时,所应该依据的不是企业的主观需求曲线,而是市场份额曲线。

(四)垄断竞争企业的长期均衡

对垄断竞争行业来说,长期均衡分析与短期均衡分析的一个重要区别就是:在短期,行业中企业数目不会改变,因此企业的市场份额曲线不会移动。而在长期中,如果有新企业进入使得行业内企业数目增加,则会使原企业的市场份额曲线向左移动,即在任一价格下的销售量会减少;反之,如果行业中有部分企业因亏损而退出,则其他留在行业中的企业的市场份额线会向右移动。

如果企业在短期内盈利,就会吸引新企业进入该行业,结果会使行业的供给量增加,产品价格下降,从而使企业的市场份额曲线向下移动,使企业利润逐渐消失。反之,如果企业在短期内亏损,一部分企业就会退出该行业,导致行业供给量减少,产品价格上升,从而使企业的市场份额曲线向上移动,使企业逐渐摆脱亏损。

总之,在垄断竞争条件下,只要企业有经济利润或经济亏损,市场就有一种力量促使企业的市场份额曲线与它的成本曲线相切,使经济利润或经济亏损为零。这时,在这个行业里,企业既不进入也不退出,处于长期均衡状态(见图 5-12)。

在长期均衡状态下,垄断竞争企业实现了利润最大化,企业长期均衡的产量 Q^* 应同时满足以下两个条件:

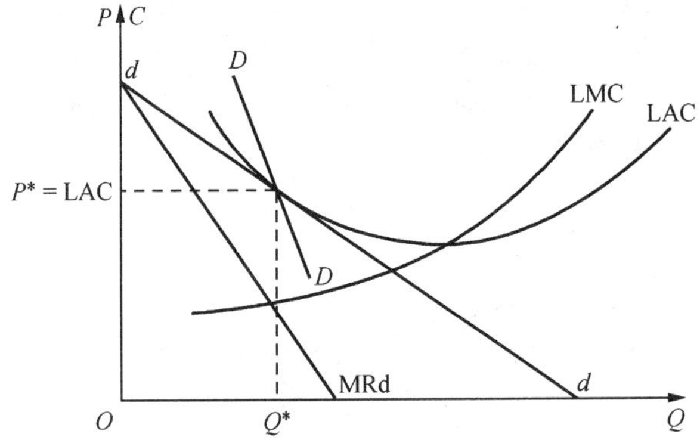

图 5-12　垄断竞争企业的长期均衡

(1) $P = AC$(短期和长期),此时,经济利润为零;

(2) $MR = MC$(短期和长期),此时,企业利润最大。

(五) 垄断竞争企业的非价格竞争

在垄断竞争条件下,由于企业产品之间存在差别,因此,企业在实现利润最大化的过程中,除进行价格竞争外,还常常采用非价格的竞争手段。而非价格竞争的主要手段是努力造成产品的差别,产品有了差别,企业就可以在一段时间内取得垄断的好处。产品的差别可以从两个角度来造成:一是从产品自身品质的变异上下工夫,这就是品质竞争;二是从消费者对产品的心理感觉上下工夫,这就是广告竞争。

1. 品质竞争

品质竞争是指企业在产品上引进新的、与竞争对手不同的、更能迎合顾客需要的特征,以吸引更多的消费者。它包括提高产品质量、改进产品结构、改善产品性能、增加产品用途等,也可以从包装、售后服务、有奖销售方面下工夫。但不管采用什么措施,其主要目的都是为了扩大产品差异,使自己的产品真正做到具有特色,与众不同。如计算机软硬件的不断升级、产品的"三包"服务、买一送一等,都是企业为扩大差异化而采取的措施。

产品品质的变异自然会导致成本的增加,只有当因品质变异而增加的成本小于因变异而增加的收益时,这样的变异才是对企业有利的变异。

2. 广告竞争

垄断竞争企业占领市场的一个重要策略是首先让消费者认识自己的产品,而广告正是实现这一目的的最佳手段。这是因为一般消费者对于产品的结构、性能等品质差异的评价能力是有限的,通过广告来宣传自己产品的品牌、特征、型号和与众不同之处,能够在消费者心目中留下较深刻的印象,并能够起到显示、强化产品差异的作用。当然广告费等支出也并不是越多越好,因为广告支出和效果也符合边际收益递减规律。按照国外统计,广告效果最大的产品一般有汽车、化妆品、饮料、常用药等。

五、寡头垄断市场

除了完全竞争、完全垄断、垄断竞争外,商品市场还有时被少数几家大企业控制,它们生产和销售了整个行业绝大部分产品。这种被少数企业控制的市场被称为寡头市场或寡头垄断市场,从经济分析的角度看,也是最具有魅力的市场。

(一) 寡头垄断市场的特征

寡头垄断是指几家大企业生产和销售了整个行业的绝大部分产品,因此,在这种市场里,竞争只是在几家大企业之间展开。在现代社会里,寡头垄断是最主要的一种市场模式。尤其在西方国家,不少行业如汽车、电子计算机、钢铁、石油等都表现出寡头垄断的特点。如美国的通用、福特、克莱斯勒三大汽车公司的产量几乎等于美国全部汽车的总产量。美国三家铝制品公司(美国铝业公司、雷诺、凯塞)的产量也几乎等于美国的全部产量。寡头垄断市场具有下述特点:① 行业内企业数目很少,只有少数几家;② 产品有很大的差别或没有差别,如钢铁、石油、水泥等产品没有差别,而汽车、计算机、飞机等产品则有很大的差别;③ 企业间利害关系直接,相互关系密切,相互依存;④ 进入该行业存在较高的壁垒。

形成寡头垄断市场的主要原因有:① 企业的规模经济性,某些产品的生产必须在相当大的生产规模上进行才能达到较好的经济效益;② 原材料控制,即行业中少数几家企业控制着生产所需的基本原材料;③ 政府的扶植和支持;④ 掌握某种专利;等等。由此可见,寡头垄断市场的成因和完全垄断市场极为相似,只是程序不同,因此寡头垄断市场是比较接近于完全垄断市场的一种市场组织。

与其他市场结构相比,寡头垄断市场的一个显著特点,就是企业之间的行为相互依存、相互影响。这是因为在一个行业里,只有少数几家企业,任何一家企业的行为都对整个市场产生举足轻重的影响。如果一家企业的价格和产量发生了变化,就会影响到其他企业的销售量和利润,这样势必会引起其他企业作出反应。所以任何一家企业对自己的价格和产量决策,都是在充分考虑了企业间相互影响的条件下作出的。

(二)寡头垄断市场理论分析上的困难

经济学家们认为,分析寡头垄断市场的产量和价格决策是很困难的。因为第一,寡头垄断市场情况复杂,如企业数目可以是两个或十几个;产品可能相同或者有差别;企业可以单独行动,也可以达成协议联合行动;等等。这样,就很难建立一个统一的理论模式来说明企业的行为。第二,由于寡头垄断企业之间存在着相互影响,企业难以准确预测竞争对手的反应,因而也就难以准确地估计自己面临的需求和边际收益,所以企业无法确定获得最大利润的产量及相应的价格水平。一般说来,不知道竞争对手的反应方式,就无法建立寡头垄断企业的模型。因为有多少关于竞争对手的反应方式的假定,就会有多少寡头垄断企业的模型,就可以得到多少不同的结果。此外,寡头垄断企业千变万化的实际行为,也远远超过理论分析的假设条件所涉及的范围。所以,迄今为止,还没有形成一个为多数人所接受的寡头垄断市场的产量和价格决策的理论。

正是因为寡头垄断市场的这种复杂性,所以,在这里只能介绍几种比较常用的寡头垄断市场分析模式。

(三)曲折的需求曲线模式

这个模式的具体假设是:一家企业如果提价,其他企业一般不会跟着提价;但一家企业如果降价,其他企业一般会跟着降价。其原因主要是为了在竞争中能保持乃至扩大自己的销售量。

根据这样的假设,寡头垄断企业的需求曲线会产生如下变化(见图 5-13)。

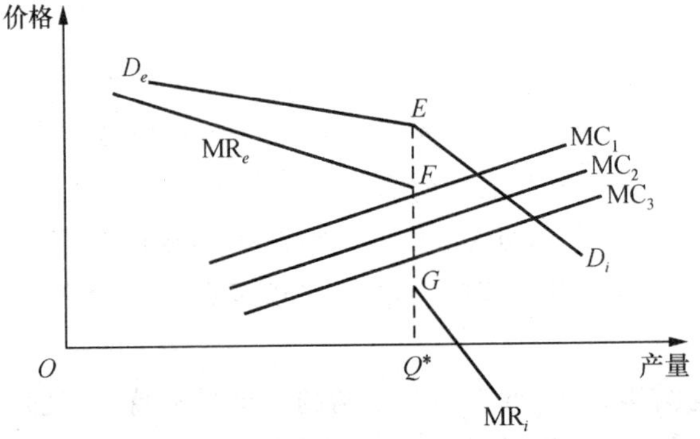

图 5-13　曲折的需求曲线模式

在图 5-13 中,E 点是现在的价格点。如果这家企业打算降价以扩大销路,则其他企业也要跟着降价。结果,这家企业销售量的增加比预期的要少得多。所以,降价后的需求曲线将是一条弹性较小的需求曲线(D_i)。又如这家企业打算提价，但其他企业并不跟着提价。结果，这家企业稍一提价，就会失掉大量顾客。所以，提价后的需求曲线将是一条弹性较大的曲线（D_e）。这样一来，寡头垄断条件下企业的需求曲线由两部分（D_e 和 D_i）组成，它们共同构成一条曲折的需求曲线（见图 5-13）。

已知需求曲线 D_e 和 D_i，可以求得边际收入曲线 MR_e 和 MR_i，由这两部分构成的边际收入曲线是一条中断的折线。

这种边际收入曲线表明，当边际成本曲线 MC 在缺口 FG 之间摆动时，企业的最优价格和最优产量决策不变。只有当技术上有很大突破，企业的成本变化很大，边际成本曲线的变动超出 FG 范围时，才需要对价格重新作出调整。

这种曲折的需求曲线的价格决策模式从理论上说明了为什么在寡头垄断条件下，通常产品的价格具有刚性，一旦企业规定了产品的价格，就不轻易变动。所以，在寡头垄断条件下，企业之间的竞争主要不是通过价格，而是在非价格方面，包括产品差异化和广告竞争等。

（四）价格领导模式

在寡头垄断条件下，为避免价格竞争，在寡头垄断企业之间有时会有一种暗中的默契，采用价格领导模式定价，即行业中的一家企业决定产品价格，其他企业则相应跟着定价或变价。率先确定价格的企业叫领袖企业，它是自然产生的。一般是行业中最大的、实力最强的企业；或者是成本最低、效率最高的企业；或者是对市场信息最灵通、预测最准确的企业。其他企业跟着定价或变价的原因主要是企业小，如果不跟着定价，就可能引发价格战，这对自己是很不利的；另外跟着定价，还可以避免因独自定价失误而可能带来的风险。担任价格领袖的企业根据利润最大化的原则来确定自己的价格，而其余一些小规模企业，则像完全竞争者一样，按照既定的价格来确定自己的产销量。

根据领袖企业的性质，价格领导又可以分为三种模式：即晴雨表型价格领导、支配型价格领导、低成本型价格领导。

所谓晴雨表型价格领导，是指作为领导者的企业像“晴雨表”一样能够对市场变化作出灵敏的反应。这家企业不一定是该行业中规模最大或效率最高的企业，但它能够比较准确地预测市场行情的变化趋势，能够对市场需求的变动或成本条件的变动作出灵敏的反应。

所谓支配型价格领导，是指作为领导者的企业在该行业中占有支配地位，通常所说的领袖企业就是指这种支配型价格领导。

所谓低成本型价格领导，是指作为领导者的企业在该行业中成本最低。

寡头垄断企业除了采用价格领导模式定价外，在不相互勾结的情况下，为了在同行业中形成稳定的价格格局，各寡头垄断企业也常采用成本加成定价法，即在平均成本的基础上加一个固定百分率的利润。如果各企业的成本情况相似,这种定价方法使它们的价格一致,即使各企业的成本情况不同,这种定价方法也可以使它们采取一致的行动。

(五) 卡特尔模式

在寡头垄断市场中,如果几家寡头企业联合起来,共同制定价格,它们就有可能像完全垄断企业一样定高价,使整个行业实现总利润最大。这种联合有公开和暗中之分。签订公开正式协议的叫卡特尔,达成非正式秘密协议的,叫串通。

卡特尔是指生产同类产品的企业之间的一种公开的协议,来共同限制产量、提高价格、控制市场,目的是实现成员企业的最大利益。

假定一个卡特尔中有两家寡头垄断企业,它们的边际成本曲线(MC_a)和(MC_b)为已知,卡特尔的需求曲线为已知(见图 5-14)。

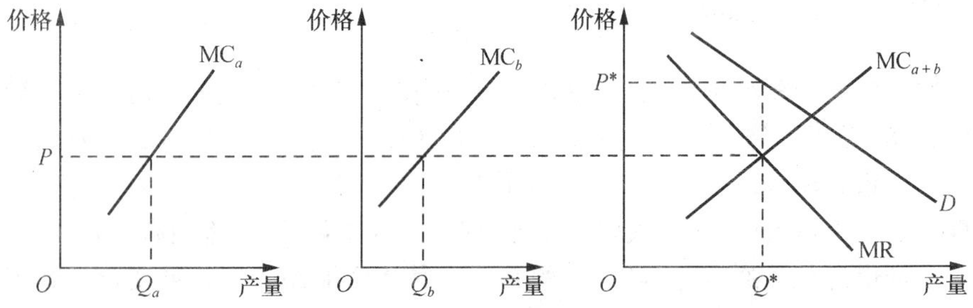

图 5-14　卡特尔的价格决策及产量分配

那么,卡特尔怎样来确定两家企业的共同价格和总产量呢?

根据各企业的边际成本曲线,可以求出卡特尔的边际成本曲线(MC_{a+b}),根据卡特尔的需求曲线可以求出卡特尔的边际收入曲线(MR)。在 MR 和 MC_{a+b} 的相交处,即可得到卡特尔的最优总产量 Q^* 和最优价格 P^*。

当整个卡特尔的价格和产量确定之后,再对所属企业分配产量配额。办法是遵照边际成本相等的原则进行分配,因为这样可使整个卡特尔的总生产成本最低或利润最大。在图 5-14 中,从 MC_{a+b} 曲线和 MR 曲线的交点引一条水平线,分别与 MC_a 和 MC_b 相交,就可使企业的边际成本相等,得到企业 A 和企业 B 的最优产量配额分别为 Q_a 和 Q_b。

在历史上,卡特尔曾经盛极一时,但可以说所有卡特尔的寿命都不长。之所以如此,就在于卡特尔内部的不稳定性和欺骗动机。卡特尔的高价格是通过限制产量来实现的,但每个成员都希望只享受卡特尔的好处——高价格而不付出代价——限制产量。结果是各成员企业虽然表面上都遵守协议,但暗中却偷偷地扩大产量，由此使总产量猛增，价格暴跌，最终造成卡特尔的崩溃。

如盛极一时的石油输出国组织（OPEC），在20世纪70年代至80年代初，曾经有效地控制了世界石油的价格，让世人领教了卡特尔的威力。它们实行的限产保价政策，使世界石油的价格由1973年的2.91美元/桶上升到80年代初的40美元/桶左右。然而从1982年起，形势发生了逆转，部分原因是世界其他地区石油产量的高速增长，同时消费者的节能意识增强也降低了对高价石油的需求。而最重要的原因则是OPEC内部欺骗时有发生，使实际产量大大超过限产计划，并且各国一直为市场份额的分配争吵不休，从80年代起，产量配额对各国的约束力越来越小。可以说目前的OPEC已失去了往日的威风。

（六）博弈论模式

在现实生活中，经常出现这样的现象：即每个人都从自己的利益出发，一心想维护自身的利益，但结果却可能恰恰相反，不仅维护不了自身利益，还可能使自身利益蒙受损失。这就是人们所说的“博弈”。

在寡头垄断市场中，企业也常常会遇到类似的问题。比如有两个企业A、B进行竞争，其不同价格策略下的利润如下（见图5-15）：

		B企业	
	B策略 \ A策略	降价	不降价
A企业	降价	50万 \ 50万	0 \ 100万
	不降价	100万 \ 0	70万 \ 70万

图5-15 寡头企业博弈

共有四种结果：

（1）两家企业都不降价，两家利润都为70万元。

（2）A企业降价，B企业不降价，消费者纷纷购买A企业产品。这样，A企业获利100万元，B企业为零。

（3）B企业降价，A企业不降价，同理，B企业获利100万元，A企业为零。

（4）两家企业任何一家降价，另一家也跟着降价，结果是市场份额没有变，利润都下降，达到50万元。

图5-15表示了各种不同情况下的结果，在博弈论中称为“战略形式”。这种形式在企业决策过程中非常重要，企业在决策前必须把所有可能出现的结果列出，为决策提供必要的信息。在完成“战略形式”之后，就需要作决策。在

这里决策主要分为两类:一种是主动的,即决定是否要通过降价来扩大市场份额;另一类是被动的,决定怎样来对付竞争对手的任何行动。

由上图结果可知,两家都不降价最好,利润都是70万元。如果进行价格竞争,利润都下降为50万元,显然价格竞争对双方都没有好处。然而,在双方没有勾结的情况下,各自考虑的结果就不一样。比如,A企业如果不降价,利润的结果是70万元或0,如果降价,利润的结果是100万元或50万元,这样,决策倾向自然很明显,与其被动应付挑战,不如先下手为强,降价促销,至少可得到50万元利润。

从被动的角度看也是一样,如果对方降价,自己不降价,利润为0,自己也降价,利润为50万元,二者相比,当然应该采取降价措施。

由此可以看出,不管是主动的还是被动的,双方都认为降价划算,结果是双方都采取对彼此没有好处的降价措施,使双方的利益都受到损失。

在这场竞争决策过程中,尽管大家都知道价格竞争的结果是两败俱伤,但与被对方挤出市场相比,损失还算小。除非没有竞争,否则宁可蒙受一些损失也要保住市场。这也是许多企业奉行的"让利不让市场"策略的由来。

(七)对寡头垄断市场经济效率的评价

寡头垄断市场被认为是经济效率较低的市场。它的低效率主要表现在:① 寡头垄断企业产品的价格高于边际成本,资源不能得到有效的利用,生产不足,消费者无法得到最大的满足,社会福利也受到损失。② 寡头垄断企业之间的勾结往往会抬高物价,损害消费者的利益。③ 寡头垄断企业过度地制造产品差别和广告等非价格竞争,造成了资源的浪费。

但一些经济学家认为,寡头垄断企业也存在有利之处,主要是:① 可以实现规模经济,从而降低成本,提高经济效率。这也是一些国家鼓励、刺激企业合并成为少数寡头的主要原因。② 有利于促进科学技术进步。各寡头垄断企业为了在竞争中取胜,就要提高劳动生产率,创造新产品,这就成为寡头企业进行技术创新的动力。此外,寡头垄断企业经济实力雄厚,可以投巨资与人力进行科学研究。

➡练习题

1. 利用市场结构的一般原理,谈谈你对亏损企业"扭亏为盈"主要途径和方法的认识。

2. 完全垄断企业有哪些弊端?政府如何对完全垄断企业进行干预?

3. 垄断竞争企业采用非价格竞争手段的目的是什么?常用的非价格竞争手段有哪些?

4. 联系实际,谈谈你对市场运行规则的理解和认识。

5. 垄断竞争市场有哪些特征?

6. 什么是市场结构?划分市场结构的主要标准有哪些?

7. 联系实际,评析你所在的企业所处的市场类型及其竞争程度。

案例分析

日联盟赶超 IBM

为了在未来的国际竞争中领先,20 世纪 50 年代日本雄心勃勃地选定计算机行业为新的战略产业,指定其为优先融资的对象,使该产业能够优先取得低利率的长期贷款,与此同时,美国的同业厂商在筹措资金上却处于不利地位。

1958 年,日本六家公司——NEC(日本电器)、富士通、日立、东芝、三菱电器、冲电器开始进入新兴的计算机产业,当时,日本计算机生产落后美国 30 年。

日本政府允许 IBM 在日本设立独立子公司,以为日本厂商获得 IBM 技术专利创造条件。同时,这六家日本公司不断研究 IBM、分析 IBM,将 IBM 计算机逐一分解,绞尽脑汁分项研究模仿 IBM。

不仅如此,日本通产省还发布了"购买日货"的政策,号召政府机构、大学、研究机构以及各个产业等订购日本生产的计算机,而且日本政府支持银行以低利率向日本计算机厂商提供信贷,以保证日本公司在国内市场的竞争力。这样一来,IBM 不仅要与日本计算机厂家对抗,还要与日本政府竞争。自 60 年代以后,不断发展起来的日本计算机厂商开始在国内市场上联合采取低价的营销策略,其计算机价格要低于 IBM 等外国竞争者 40% 左右,由此不断地将外国计算机赶出日本市场。此后,日本计算机厂家又开始向国际市场扩张,它们首先选择一些中等国家的市场,因为在那里,以 IBM 为首的计算机厂商的势力较弱,或者尚未染指。例如,雄心勃勃的富士通公司在向国际市场扩张时,它的目标虽然是美国市场,但是它却首先选择了澳大利亚作为其试验市场,因为在那里,竞争还不太激烈,而且它与欧美发达国家的社会文化相似,所以在那里开拓市场,即使发生错误也不会造成很大影响。富士通公司正是在这些市场积累了宝贵的经验,才得以在 70 年代中期顺利将产品打入美国市场。

随着电脑产业的逐渐成熟,以及 1970 年 IBM370 系列大型主机的推出,使得日本政府更加重视计算机产业,在通产省的领导下,为了集中日本计算机产业的资源,共同对付强大的劲敌 IBM,日本电脑厂商被组成三大战略集团,即富士通与日立集团,三菱与冲电器集团,NEC 与东芝电器集团。并且,各战略集团都有明确的战略分工,即富士通与日立集团的主要作战方向是开发能与 IBM 兼容的大型计算机主机;三菱与冲电器集团将集中资源研制较小型的能与 IBM 兼容的电脑;而 NEC 与东芝集团的主攻领域是设计出与 IBM 不同的计算机系统,希冀独树一帜,而三大集团又共同形成一个联盟,试图在国际市场上与 IBM 分庭抗礼。

在合作进行研究时,这三个集团并未成立共同的研究室,相反,研究工作分别在各公司的实验室进行,在经过开会协调之后,把研究成果与对方分享。所有的研究成果最后都送到代表六家计算机公司的研究协会,其基本研究成果可以让每家公司完全分享,再由各公司自行开发出实际的产品,使整个行业都受惠。

日本这六家计算机厂商在国内市场上是互相竞争、势不两立的对手。但是在国际市场上,特别是在欧美市场上却是密切合作的联盟。因为每个企业都深刻地认识到,凭他们单个企业的实力,每个企业都不是 IBM 的竞争对手,只有相互合作,才有可能应对 IBM 等强大竞争对手的挑战。

日本的计算机厂商通过结成战略联盟,在政府的有力支持下,经过企业间的合作与竞争的共同努力,大大地缩短了与美国的差距,到 80 年代中期,日本与美国的差距已由原来的 80 年缩短到了四至五年。

问题讨论:

1. 日本的计算机厂商在国内市场上是竞争对手,在国际市场上则是合作伙伴,你如何理解这种既竞争又合作的关系?

2. 你认为日本的计算机战略联盟会存在哪些矛盾?怎样才能解决这些矛盾?

3. 你如何看待垄断与竞争?你对日本政府采取的支持企业联盟的政策有何评价?

4. 你认为这个案例对于我国企业更好地应对跨国公司的竞争有什么借鉴价值?

第六讲 要素市场

问题讨论与交流

怎样理解企业用工过程中出现的“民工荒”？

您认为对企业发展产生关键影响的要素有哪些？

一、要素市场

（一）产品市场与要素市场

要素市场和产品市场在许多方面是相似的，同样是由供给和需求双方的相互作用，共同决定价格，并据此协调经济资源的有效配置。前面论述的供求理论和边际分析工具一样适用于对要素市场的分析。在不同的市场结构下同样有不同的表现形式。但要素市场和产品市场也有差别，主要表现在以下几点：

1. 供求换位

一般说来，在产品市场上，企业是产品的供给者，作为最终消费者的家庭是产品的需求者。而在要素市场上，要素的需求者是企业，供给者是家庭。例如，劳动力是由社会上的个人所拥有；资金则来自金融机构，间接地也是由家庭提供。它们之间的关系如图 6-1 所示。我国的土地市场则有点特殊，国家和集体是土地的所有者，土地只是使用权在一定期限内交易和转让，不可一次购买，永久使用。

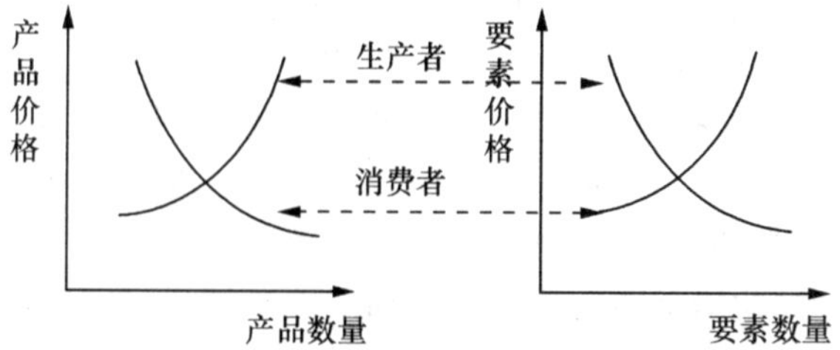

图 6-1　生产者和消费者在不同市场上的不同地位

2. 直接需求和派生需求

在产品市场上消费者对产品的需求来自个人对需要的满足，是直接的需求；在要素市场上，企业对要素投入的需求是因消费者对其产品的需求而引伸出来的需求，是一种派生的需求。人们要穿衣，才派生出纺织厂对纺织工人和资金的需求。人们对穿衣的需求增加了，会带来对纺织工人、资金需求的增力。

3. 所有价格和使用价格

产品市场上的价格是产品本身的价格，购买者不仅对产品有使用权，而且有所有权。你买了一件衣服，是自穿、送人，还是储藏，甚至销毁，一切悉听尊便。而要素市场上的价格仅指使用要素的价格，只有使用权，并无所有权。当你在劳动力市场上雇用了一名工人,你只有对该劳动者的使用权,而并没有对该劳动者占有的权利,劳动者的人身是自由的。

4. 联合的需求

联合的需求是指任何产品的生产都需要多种生产要素互相补充,共同合作。这就是说,任何生产行为所需要的都不是一种生产要素,而是多种生产要素,各种生产要素之间是互补的。任何一种产品都不是一种生产要素单独所能生产出来的,而必须有许多生产要素共同合作。生产要素需求的派生性和联合性,使得它的需求比产品的需求要复杂得多,在分析生产要素需求时要注意以下这些问题:产品市场的结构;生产要素需求的层次;是一种生产要素变动还是多种生产要素变动;生产要素市场的结构是完全竞争市场,还是不完全竞争市场。

(二) 生产要素需求

1. 影响生产要素需求的因素

(1) 市场对产品的需求及产品的价格。这两个因素影响产品的生产与厂商的利润,从而也就要影响生产要素的需求。

(2) 生产技术状况。生产的技术决定了对某种生产要素需求量的多少。如果技术是资本密集型的,则对资本的需求大;如果技术是劳动密集型的,则对劳动的需求大。

(3) 生产要素的需求弹性和可替代性。对生产要素的需求还决定于它本身的需求价格弹性。生产要素需求的弹性,首先取决于使用该生产要素生产的商品的需求弹性。商品需求越富有弹性,则该生产要素的需求弹性就越大。因为当商品需求富有弹性时,商品的需求量变动比率大于商品价格变动的比率。只要商品价格降低,商品需求量就有较大比例的增加,生产这种商品的生产要素的需求量,也随着商品的增加而同比例地增加。其次,生产要素的需求弹性还取决于其他生产要素替代它的程度。某种生产要素替代品的价格越低,质量越好,则该生产要素的需求弹性就越大,从而该生产要素的需求量就会大量减少。例如,对于机器来说,如果劳动工资较低,而且在技术上又有可能的话,生产中就会以劳动替代机器进行生产。反之,如果机器设备价格降低或提高效率成本降低,就会以机器代替劳动。但是,当一种生产要素的替代品的价格非常高时,该生产要素的价格即使有一定程度的上涨,它的需求量也不会减少或者减少得不多,因而该生产要素的需求也就不会增加。例如,资本的价格很高,即使劳动工资有所上涨,厂商也不会以资本来代替劳动进行生产。

2. 生产要素的边际生产力

边际生产力指的是在其他条件不变的前提下,增加单位生产要素投入所增加的产量,即边际物质产品,简称边际产品(MP)。而增加单位生产要素投入带来的产量所增加的收益叫做边际收益产品(MRP)。边际收益产品等于生产要素的边际物质产品和边际收益的乘积,即 MRP = MP × MR。

生产要素边际收益产品（MRP)的变化,即一种生产要素投入量不断增加,而其他生产要素不变,可变生产要素的边际产量在一个时期内可以增加或保持不变,但是最终还是会递减。这个规律也称为边际生产力递减规律。

3. 厂商对生产要素的需求

厂商购买生产要素的目的是为了实现利润最大化,它必须使生产要素的边际成本与其边际收益相等。生产要素的边际收益取决于该生产要素的边际生产力。根据边际收益递减规律,在其他条件不变的情况下,生产要素的边际生产力是递减的,所以,生产要素的需求曲线是一条向右下方倾斜的曲线。

（三）生产要素的供给与价格决定

1. 影响生产要素供给的因素

生产要素的供给就是指居民户在一定的时间内、每一价格条件下愿意而且能够供应的生产要素量。它是供给愿望与供给能力的统一,两者缺一不可。影响生产要素供给的主要有以下因素:

(1) 生产要素的价格。生产要素价格与供给成同方向变动,生产要素价格上升,则供给增加,价格下降,则供给减少。如当劳动力价格增长时,一些原本不愿意受雇而宁可在家赋闲的人就会重新寻找工作。当房屋租金上涨时,很多家庭就会腾出自己的富余房屋出租。

(2) 经济人口的规模与结构。人口规模大,劳动力数量多,劳动力质量高,则劳动这种生产要素的供给充分,反之则短缺。人口结构方面,如果是年轻型社会,则劳动力供给充分,如果老龄化社会,则供给短缺。

(3) 居民的收入和生活水平。居民的收入和生活水平高,会增加其对资本和自然资源的占有,生产要素供给增加,反之,则减少生产要素的供给。

(4) 生产要素的稀缺及替代程度。生产要素缺乏,必然使其供给减少,反之,则会增加生产要素的供给。生产要素替代程度高,则会增加其供给,反之,则减少生产要素的供给。

2. 生产要素的供给规律

在一般情况下,生产要素供给的价格越高,则生产要素供给量就越多。生产要素供给的价格越低,则生产要素供给的数量就越少。生产要素的价格上升,则其供给增加;生产要素的价格降低,则其供给减少。所以,生产要素的供给曲线是一条与价格同方向变化、向右上方倾斜的曲线。

在特殊情况下,生产要素市场的供给是完全没有弹性的,不论价格上升多少,供给量总是保持不变。例如,中华人民共和国 960 万平方公里的国土是固定不可变的,所以土地的供给是一条与纵轴平行的直线。

3. 生产要素价格的决定

在完全竞争条件下,生产要素的价格由其市场的供给和需求自发调节,即生产要素的均衡价格由生产要素的供给曲线和需求曲线的交点决定。当生产要素市场不完全竞争时,生产要素价格受多种因素影响,下面各节将对劳动、资本和土地的价格决定分别论述。

二、劳动力市场

(一) 均衡价格工资理论

以均衡价格论为基础的工资理论认为,工资是劳动的报酬,工资水平由劳动的均衡价格决定,即由劳动的需求和供给共同决定。

1. 劳动力需求

从劳动力的需求看,厂商对劳动力的需求取决于多种因素,如市场对劳动力的需求、劳动力的价格、其他生产要素的价格、经济状况等。但是最主要的还是取决于劳动力的边际生产力。劳动力的边际生产力是递减的。厂商在购买时要使劳动力的边际成本,即工资等于劳动力的边际产品。如果劳动力的边际产品大于工资,劳动力的需求就会增加,如劳动力的边际成本小于工资,劳动力的需求就会减少。劳动力的需求曲线是一条向右下方倾斜的曲线。

2. 劳动力供给

从劳动力的供给看,劳动力的供给取决于劳动力的成本。劳动力的成本包括两类,一是劳动力的实际成本,即维持劳动者及其家庭生活必需的生活资料的费用,以及劳动者受教育、培训的费用。另一类是心理成本,即劳动是以牺牲闲暇的享受为代价的,也就是说,在劳动时,不仅是以付出体力和脑力为代价,还给劳动者心理带来负效用。补偿劳动者这种心理上负效用的费用就是劳动力的心理成本。

随着价格变动,劳动力的供给有三种不同情况:

(1) 工资提高,劳动力供给增加。在一般情况下,工资上升,劳动力供给增加。因为,当工资上升时,一些原来因工资太低而不愿就业的人愿意参加工作,而且工资提高时,劳动者的生活和教育水平会提高,也会造成更多的劳动者就业,劳动力的供给曲线向右上方倾斜(见图 6-2)。一般是指可以自由进入劳动市场,技术要求较低,供给具有弹性的劳动力,如快餐工人、家庭保姆市场的劳动力供给。

(2) 工资提高,劳动力供给不变。工资上升的初期,劳动力供给量逐渐增加,但是,当工资提高到一定程度后,虽然工资继续提高,而劳动力的供给量却不再增加。这是由于工资提高到一定程度后,劳动者对货币工资的需求就不那么迫切了。劳动力供给曲线是先向右上方倾斜,而后与横轴垂直向上延伸(见图6-3)。

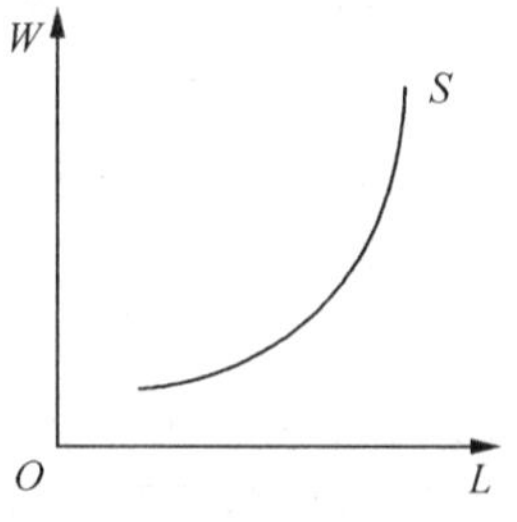

图 6-2 一般情况的劳动力供给

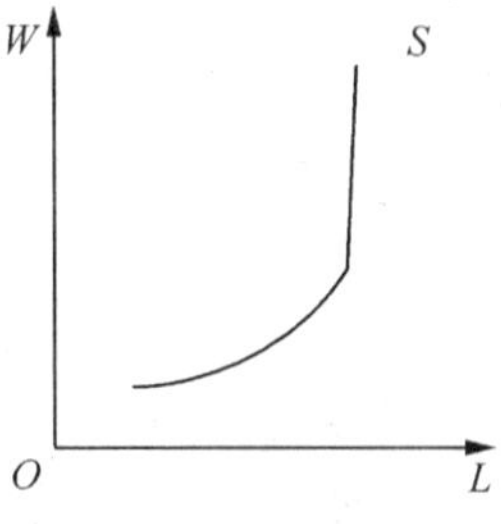

图 6-3 工资提高但劳动力供给不增加

(3) 工资提高,劳动力供给减少。当工资上升到一定高度时,劳动力的供给数量不仅不会增加,反而要逐渐减少。劳动者一天的时间可分为工作和闲暇两部分,工作得到工资,闲暇得到享受。所以工作的代价是牺牲闲暇的享受,而闲暇的代价就是失去工资。因此,工资升高,闲暇的代价增大,人们就愿以较多的时间工作,因而随着工资的提高,人们的劳动力供给将增多。然而,货币收入增多后,货币的边际效用递减,而闲暇时间的减少,使闲暇时间的边际效用增加。于是在工资水平达到一定高度后,劳动力供给反而会减少。这时劳动者宁愿少劳动少拿工资而利用这些时间从事各种娱乐和消遣活动。另外,矿山井下采掘、野外地质勘探等一些危险、繁重、艰苦、肮脏、劳累的工作也会在工资提高到一定程度后,反而减少劳动力供给(见图6-4)。

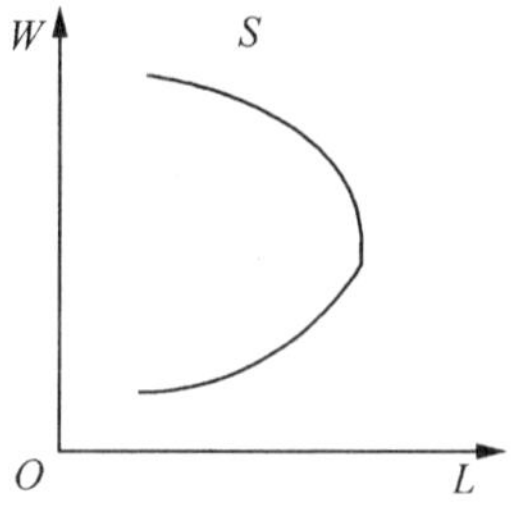

图 6-4 向后弯曲的劳动力供给

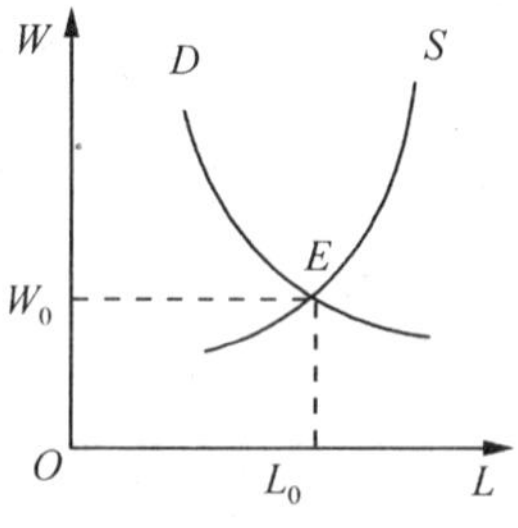

图 6-5 一般情况下工资的决定

3. 工资水平的决定

劳动力需求曲线和劳动力供给曲线的均衡点决定,分为三种情况。

(1) 劳动力需求曲线与第一种劳动力供给曲线相交时,工资水平的决定如图6-5所示,横轴 *OL* 为劳动力数量,纵轴 *OW* 为工资水平,*S* 为劳动力供给曲线,

D 为劳动力需求曲线,S 与 D 相交于 E 点。E 点为均衡点,它表示厂商愿以 W_0 的价格支付工资,劳动者也愿以 W_0 的价格来提供 L_0 数量的劳动。于是劳动力供需处于均衡状态,决定了工资水平为 W_0。

(2) 劳动力需求曲线与第二种劳动力供给曲线相交,工资水平的决定如图6-6所示,S 为劳动力供给曲线,D_1、D_2 为劳动力需求曲线,劳动力供给曲线 S 与劳动力需求曲线 D_1 的交点 E_1 即均衡点,决定工资水平为 W_1,劳动量为 L_0。劳动力需求增加,劳动力需求曲线由 D_1 移到 D_2,其与 S 相交于新的均衡点 E_2,决定了新的工资水平为 W_2。这时尽管工资水平由 W_1 提高到 W_2,但劳动力的供给量仍然为 L_0。

(3) 需求曲线与向后弯曲的供给曲线相交,工资水平的决定如图6-7所示,当劳动力需求曲线 D 与劳动力供给曲线 S 相交于 E 点时,均衡劳动量为 L_0,工资水平为 W_0;当 D 与 S 相交于 E_1 点时,均衡劳动量为 L_1,工资水平为 W_1。虽然 $W_1 > W_0$,但 $L_1 < L_0$。这说明,当工资水平大大提高后,劳动力的供给量不仅没有增加,反而减少了。

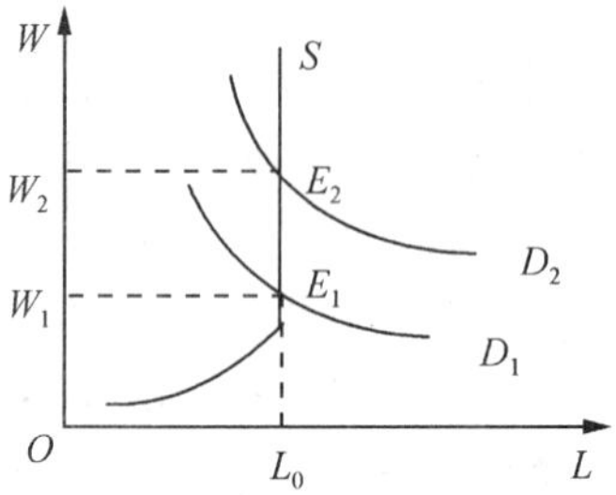

图6-6　劳动力供给不变情况下工资的决定

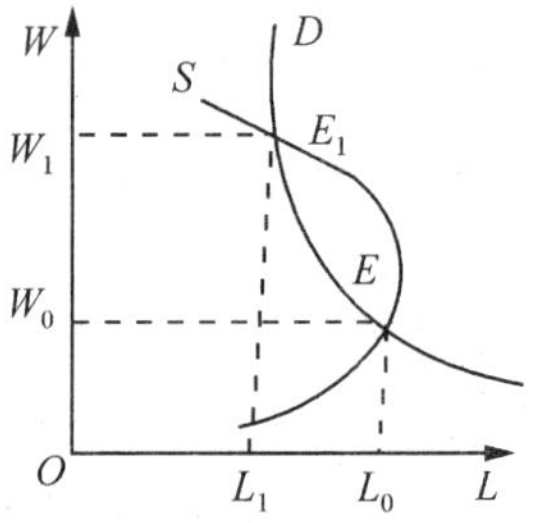

图6-7　劳动力供给向后弯曲情况下工资的决定

(二) 工资和收入差别形成原因

厂商对不同的劳动者所付的工资差别很大。在美国,许多不熟练工人的工资是政府规定的最低工资;还有一些人因对雇主的贡献很小,以致即使想拿最低工资也找不到工作。相比之下,高级律师每小时的收入可高达200美元或更多,熟练的外科医生一次甚至不到两小时的手术可以收入几千美元,而且有些职业运动员每次比赛的收入可高达几万美元也不是少见的。为什么不同人的工资会有这么大的差别?是不是由市场的不完全性引起的?例如,是不是因价格信息不足,或其他经济上的原因所致?实际上,投入要素市场中需求和供给两方面许多重要因素是导致这些差别的主要原因。下面我们就来看看这些经济因素。

1. 需求方面

并不是所有的人生来就是平等的。才能、智力、身体强壮程度和其他个人特征上的差别,说明有些工人比另一些工人能产出更多的东西。多产的工人能增加企业的产量和收入,即他们的边际产量收入要高于其他工人。因此,他们应当得到较高的工资。

有些工作者,如销售人员和组装线上的工人的工资是直接与销售量或产量挂钩的。因此他们的报酬直接与边际产量收入联系在一起,产量较高的工人得到的工资会自动地高于产量较少的工人。即使有的地方工资与产量没有正式直接挂钩,企业一般会对多产工人支付较高的工资和薪水。

当然,在有些企业里,有全厂性的甚至全行业性的工资制度,它规定对于一定类别工作的所有工人,都支付同一工资。这样,人们可能会看到生产率不同的工人其工资却是一样的。但即使是这种情况,从长期看,多产的工人仍能期望得到更高的工资。这些工人会首先被要求加班来得到额外的工资。较好的工人更容易提升到工资更高的工作岗位。此外,如果产量较少的工人对企业的贡献明显小于他的同事,就会被辞退。因此,即使在有的企业里,所有干同类工作的工人的工资是固定的,多产工人的收入一般总要比少产工人高。

2. 供给方面

工人供给方面的因素也会导致不同的工作工资不同。假定有两种工作,A和B,它们对技术和训练的要求差别很大。例如,工作A可能是一家服装零售店的售货员,只需要受过高中教育,而工作B则需要大学电机系毕业。显然,为了能从事工作B,人们必须花更多的钱去做准备。上四年或更多年大学的费用,包括在这期间失去工作收入的机会成本是很高的。除非期望能比工作A工资高,否则人们是不会从事这笔教育投资的。

为这一必需的训练而做出的工资调整是在市场的供给一侧进行的。如果不能期望将来能有高收入,许多中学毕业生就不会上大学。也就是说,除非有希望在将来比不需要这种训练的工作能获得更高的收入,否则就会很少有人进行这一必要的投资。

导致在供给方面调整工资的其他因素是伤亡风险、工作条件、工作的满意程度和工作时数等。对身体有害、工作条件差、工作时间长、使人厌烦或十分紧张的工作一般要付较高的工资。例如,如果其他因素相同,一个工作要求在很脏的地方值夜班(从半夜到次日凌晨8点)或举很重的东西,就必须支付高工资才能吸引人们来做。与上一个例子一样,因这些工作特点而做出的工资调整是在市场的供给一侧进行的。在任一给定的工资水平上,有的企业提供的工作具有人们所需要的特征,就会比提供较少具有这些特征的工作的企业得到更多的劳力供应。经理们必须了解这些因素,并为那些人们认为不称心满意的工作提供较高的工资。

阅读资料

高风险的工作要求高工资[①]

“你的生命值多少钱?”对这样的问题,一般的回答是:“它是无价的”。除非特殊的情况,很少有人愿意为获得一笔钱而放弃自己的生命。事实上,对军队征兵制度的争论之一是认为部队服务风险很大,因此不可能用高工资和高福利来吸引足够的志愿者。但是,在美国全面实行志愿兵的成功反驳了这一观点。

对个人行为,特别是对职业选择的看法是,为了获得经济上的或其他性质的回报,人们会承受各种各样的风险。有些惊险的娱乐活动,如空中俯冲、垂直滑行和滑雪等,都有一定的伤亡风险。许多司机为了节省时间而超速行驶,事实上,即使按限定的车速行驶也是有危险的。如果要完全消灭交通死亡事故,可能要求车速低于每小时10英里,并把车辆造得像坦克一样坚实。对多数人来说,完全消灭交通死亡事故的机会成本实在太高,他们情愿碰碰运气按限定的车速甚至超速行驶。另外,人们一般能接受有很高伤亡风险的工作。例如修理核电站蒸汽系统的工人,几分钟的工资就高达100美元,原因是接触核幅射会增加得癌症和其他疾病的风险。

许多民间职业比战争时期在军队工作的风险还要大。在越南战争时期,美军死亡7 000人。那时候,在美国军队中服役的约有300万人。死亡比率为2.33∶1 000。撒勒和罗森对在高风险工作中,死亡率和收入差别之间的关系作了研究。有些工作,如警卫和伐木工人的死亡率要比战时在军队服役还高!而像消防员和警官的工作(它的风险是经常公布的),实际上风险比许多其他工作要小。下表列出的是这些职业中有些职业每千名雇员每年的死亡率。

职业	每千名雇员每年死亡率	职业	每千名雇员每年死亡率
消防员	0.44	矿工	1.76
警官	0.78	伐木工	2.56
电工	0.93	警卫	2.67
起重机司机	1.47		

撒纳和罗森还分析了这些工作之间的工资差别,并用这些差别来度量人们在风险和收入之间的权衡。他们发现,平均来说,为了抵消因每年每千人中多发生一个死亡事故而带来的风险增加,需要每年增加工资约700美元。伐木工人的死亡率为2.56,与死亡风险接近于零的工作相比,他们就需要平均每年多付工资1 800美元,才能接受这一风险。

① 赵坚:《现代管理经济学》,北京:中国铁道出版社2000年版,第157—158页。

（三）工会对工资决策的影响

在工会势力较大的国家，工会的存在使得管理当局与工人之间的谈判具有一定的特点，工会的存在与否直接影响到工资、福利和工作条件的决定。

1．工会的作用与目标

现代西方国家通常都有工会组织，工资不是单方面由企业管理当局根据市场条件来确定，而是由管理当局与工会代表进行谈判来确定的。在工会与管理当局进行谈判时，工会代表工人，扮演的是垄断者的角色，成为向企业出售劳动的唯一卖者。当然，一般的劳动市场条件，如其他企业和行业中做类似工作的工人（包括有工会和没有工会的）的工资率，会影响谈判结果。

工会可以有多种目标，例如，使其就业成员的总收入最大，或所有工会成员都能就业，或所有成员的总收入最大等。我们可以用图 6-8 来分析这些不同目标的影响，图中画出了劳动需求曲线 D 和相应的边际收益曲线 MR。假定工会中的工人数为 L_2。为了让所有工人都能就业，就要求企业在谈判中能把工资定为 W_2，即需求曲线上工人人数为 L_2时的工资率。

而如果目标定为使其成员的总收入最大，工会就会把工人就业数定为相当于 L_1的水平，这是 MR 曲线与水平轴相交的点。根据需求曲线，与这一点对应的工资率为 W_1。但这时就存在失业问题，即有相当于$(L_2 - L_1)$的工会会员将找不到工作。哪些会员会失业呢？是资历最低的，还是技术最差的？这些问题将由工会领袖来解决。

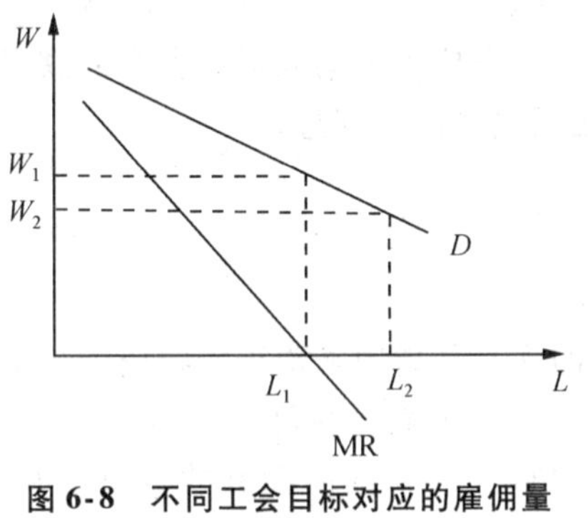

图 6-8　不同工会目标对应的雇佣量

2．双边垄断

如果要素市场上买卖双方都是垄断者，就形成了要素的双边垄断市场。如有些行业，工资往往都是通过集体议价的方式来确定。所谓集体议价的方式是指由工会代表该行业内劳动者与各主要公司的代表组成的谈判组通过谈判达成工资率的协议。这就导致了双边垄断这种情况，即唯一的买者面对唯一的卖者。

公司代表扮演买方垄断者,在该行业中是唯一的劳动力需求方;工会则被看成是劳动供给的卖方垄断者,在该行业中完全由它提供劳动,它可以控制劳动供给量。一旦劳资双方达成协议,则为工会组织的全体会员所接受,他们不得私自以低于协议价的工资率接受雇用,资方也不得付给工会成员低于协议规定的工资率。集体议价所形成的工资率,一般都高于市场均衡的工资率。

在这种双边垄断的条件下,要素的垄断购买者和垄断出售者所要实现的要素的均衡价格和要素使用量是不相同的。究竟能在什么价格上成交,成交量为多少,具有不确定性,只能由买卖双方讨价还价的实力决定,即工资水平取决于公司与工会的力量对比。如果前者的谈判实力大于后者,最后的工资率可能低一些,如果工会的谈判实力大,那么最后的工资率就会高一些。除了谈判桌旁双方的谈判技巧外,还有其他因素也会影响谈判结果。例如,当经济正处于衰退期,企业有大量库存时,工会就处于劣势。因为工人如果罢工,他们将很难找到其他工作。反之,当经济处于繁荣时期,罢工就意味着企业会损失大量利润,这时公司就处于劣势。

三、资本市场

资金市场(又称资本市场、金融市场)在市场体系中占有极为重要的地位,因为在现代市场经济中,资金是所有资源的一般代表形式。资源的分配,首先表现为资金的分配。

资金市场是借款人和贷款人之间关系的总和。资金市场是使社会最有效地分配和使用资金,让那些最需要资金的人得到资金,让那些提供资金的人得到最高的报偿。调节借贷之间关系的是利息率。

(一)资金的供求

1. 资金、货币与市场

在经济学中,资金的含义是指用来购买实物资本(如厂房、机器、原材料)的货币,但货币不一定是资金。从微观的角度看,有了货币就可能买到资本品,货币就是资金。从宏观的角度看,一国所拥有的货币量并不代表同量的资本品。这里主要从微观的角度来分析。

资金要通过资金市场才得以融通。如果没有资金市场,人们缺少动力去积累资金,需要资金时也没有很好的途径去借贷资金。一对一的借款者去寻找贷款者,贷款者去寻找借款者,寻找的成本也是极为昂贵的。在我国改革开放以后,人们的收入普遍地增加,但由于没有相应的资金市场,资金或被挥霍浪费,或用于抢购囤积商品,或滞留于手中;另一方面,商品生产和交换的迅速扩展所需要的大量资金却得不到供给。资金市场是商品经济发展的产物，商品经济的出现和发展，就必然促进信用制度的形成和发展。货币从直接借贷的初级信用形式逐渐转化为以银行为中介的间接借贷形式，资金市场得到逐步的完善和成熟。

资金市场可分为短期资金市场和长期资金市场。短期资金市场是指融通短期资金的市场，又称货币市场，一般期限在一年以内，融通的资金主要用做再生产过程中所需要的流动资金。长期资金市场是指提供长期运营资金的市场，又称资本市场，期限一般在一年以上，融通的资金主要作为扩大再生产所需的投入资金。

资金转移的方式大体有三种：

直接转移。不经过任何中介机构，企业直接向储蓄者发行股票和债券，资金直接从储蓄者手中流向企业，证券则从企业流向储蓄者。

通过投资银行的间接转移。企业把自己的股票和债券卖给投资银行，投资银行再把这些股票和债券转卖给储蓄者。

通过金融中介机构（例如商业银行）的间接转移。例如储蓄者把钱存在银行里，从银行得到定期存款单；银行再把这笔钱以抵押贷款的形式借给企业。

2. 资金的时间价值

资金的时间价值是指资金随着时间的推移而要发生增值。即使没有通货膨胀，今天的钱比未来同样面值的钱价值更高。这对于企业家来说是明白易懂的，因为，现有的资金能够立即投资，同时也就带来了机会，未来有可能获得比现有的投资更多的货币量。这是由于资金投入到生产或流通领域，和劳动者的劳动相结合，不断地运动，随着时间的推移，会增加收益。今年，你投资 100 万元在一特定的生产经营过程中，明年你可获得 10 万元的净收益，这 10 万元货币就是在该特定生产经营过程中的时间价值。

利息率是资金时间价值的一种表现形式，你今年借了 100 元，如果年利息率是 10%，明年就得归还 110 元；若拖到后年才归还，就得归还 121 元。换句话说，明年的 110 元或后年的 121 元和今年的 100 元现值是相当的。利息率越高，同样数额的未来资金的现值就越低；而且，未来的时间越长远，同样数额的未来资金的现值也越低。

计算未来资金的现值，一般可利用下面的公式：

$$P = F/(1+i)^n$$

其中，P 是未来资金的现值，F 是第 n 年结束时得到的货币量，i 是年利息率。

3. 资金需求

资金的需求主要来自三个方面：企业进行经营需要大量资金；居民的超前消费，特别是耐用消费品的购买，也需要通过信贷取得资金；政府为了公共投资和财政收支平衡，常以公债形式向民间借贷资金。其中，企业是资金最主要的需求者。

因为企业的各种固定资产,机器、厂房、设备等需要更新。这些固定资产达到了物理寿命(已经磨损),或者达到了经济寿命(已经过时),都必须及时进行更新;当企业的产品需求增加时,派生出来的对固定资产的需要量增加,也要增加对固定资产的投入;在劳动工资上升时,企业会以资本来代替劳动,增加资金的密集度;当技术进步,新技术出现,企业需要提前更新设备,以改进产品质量或降低成本;企业的经营规模扩大,占用的流动资金数也要增加。所有这些的实现都必须要有资金。

资金是派生需求,是与未来资金边际生产收益的现值有关。由于资金的时间价值,利息率越高,未来的边际生产收益的现值越低。也就是说,利息率越高,投资所赚利润的现值越低,投资越不值得。因此,在一般的情况下,利息率和投资需求与对借贷资金的需求有一种反向变动的关系:利息率越高,对资金的需求就越少。对资金的需求曲线在一般情况下,是一条向右下方倾斜的曲线,如图6-9中的 D 曲线。

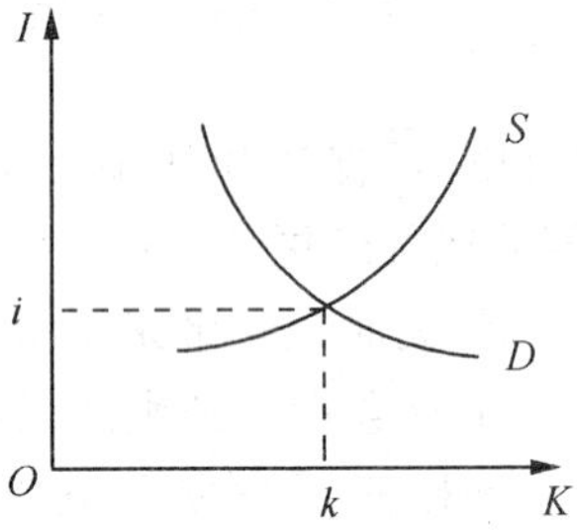

图 6-9 资金市场的均衡

4. 资金供给

资金的供给主要来自消费者,部分也来自企业,银行只是一个中介机构。人们之所以推迟了现时的消费,并放弃了手中现金流动性的好处,是因为期待着得到利息的好处。过一段时间,可以连本带利的收回,这利息就是所得到的收益。一般说来,利息率越高,人们愿意提供的资金也就越多;利息率越低,人们愿意提供的资金也就越少。这样,资金的供给量与利息率呈正向变动的关系,资金供给曲线是一条向右上方倾斜的曲线,见图6-9中的 S 曲线。

5. 资金利息率

资金的市场利息率是由资金的供给和需求决定的,图6-9表明了资金的需求曲线和资金的供给曲线在市场均衡时决定了市场的利息率。当资金的需求量大于供给量时,利息率就会上升,从而减少资金的需求,增加资金的供给;而当资金的需求量小于供给量时,利息率就会下降,引起资金需求的增加和资金供给的减少。利息率会自动调节资金市场的均衡。

以上分析的是无通货膨胀下的无风险利率。但现实中存在着通货膨胀的风险,由于未来的不确定,还会有其他诸多风险。因此实际的市场利息率是等于无风险利率加上各种风险的补偿,即市场利息率＝无风险利息率＋其他风险补偿。

(二) 投资决策分析

1. 投资决策的基本过程

投资决策过程,实质上是一个从确定目标开始,到调查研究、收集资料、分析探索有关信息、拟订各种方案的可行性研究报告,最终对方案进行评价选优的过程。这个过程一般包括以下几个阶段。

(1) 确定投资目标与投资方案。投资方案是来自于投资目标,所谓投资目标是指在一定环境条件下,企业投资希望达到的目的和结果,它包括一定的量化目标、一定的时间限度以及相对明确的责任。例如某计算机企业生产的家用计算机占全国市场的8%,而计算机的销售量又以12%的速度增长,为了保持它的市场占有率就必须扩大生产能力,而要扩大生产能力就需要投资。这时企业可选择的投资方案可能有:方案一,新建厂房,增加新的设备,进行固定资产投资;方案二,对原有设备进行更新改造,而不新增固定设备;方案三,通过资产重组,兼并、收购一些相关企业达到扩大生产能力的目的。这些方案都可以扩大生产能力。因此,在这一阶段仅仅是提出能达到投资目标的各种可能方案,只有在充分提出各种可能方案的基础上才有可能作出正确的决策。

(2) 收集资料估计数据。提出各种可能投资方案的目的就是要对这些方案进行评价。在评价方案以前必须先收集和估计评价方案所需要的数据。只有所收集和估计的数据是准确的、可靠的,依此作出的决策才可能是正确的。在投资决策中,所需要的数据资料很多,一般说来,所收集的资料应着重包括以下几个方面:

第一,反映生产技术水平、工艺先进程度的技术资料及经济资料;

第二,国内外同行业的相关指标资料;

第三,市场供求方面的资料,包括过去、现在及未来的供求变化;

第四,原材料、劳动力等各种生产要素的成本状况;

第五,有关国家的政策资料,包括这些国家的宏观政策、产业政策的最新动态。

虽然在投资决策中所需要的资料很多,但是与决策直接有关的资料主要有两类:一是与决策相关的现金流量,即因实施投资方案而引起的货币收入与支出;另一类是资金成本,即企业为了获得资金而必须支付的成本,由于获取资金的方式可以是多种多样的,因此必须以最小的成本取得资金。

(3) 对投资方案进行评价。与投资方案有关的数据评估出来以后,就可以根据这些数据评价不同的方案,以便选出最有利于企业价值最大化的方案。首先应从技术、经济和社会效益等方面进行总体评价。其次,对方案的经济性进行详细评价,如盈利是否可靠、成本是否合理以及有多大的风险等。再次,由于投资引起的费用和效益往往发生在不同的时间,在评价一个方案对企业价值的影响时,必须要考虑货币的时间价值。从评价阶段上看,应分为初步评价和详细评价,在列出的可能方案中,可能没有一个方案能够合理地一次就满足预定的目标。因此,通过初步评价阶段,可以发现问题,淘汰不合理的方案,或者在某方案基础上补充、修正、优化方案,然后再进行详细评价,只有这样,才能最后达到满意的目标。

(4) 对方案的实施进行监督评价。最优的投资方案选出之后,在实施的过程中还必须进行监控。所谓监控就是把实际完成的情况与预期的数据进行比较,看是否有偏差,检验决策是否科学、预测是否准确,如果有偏差,应分析和解释出现这些偏差的原因,并针对这些问题采取必要的改进措施,以保证投资目标的实现。

2. 现金流量的估计

对一个投资方案的评价,首先要估计和确定投资方案在各个时点的现金流量。只有在正确地估计现金流量的基础上,才能进一步地计算其货币的时间价值,比较投资方案的成本和效益,从而正确地评价投资方案的优劣。一般而言,一个投资方案的现金流量是由以下三个部分构成的。

(1) 净现金投资量。净现金投资量,是指因投资决策引起的投资费用的增加量。它一般包括以下内容:

一是固定资产投资估算。固定资产投资包括工厂设施和设备的购买、安装调试以及人员培训费,这笔费用是净现金投资量的主要组成部分。与厂房有关的费用估计来自于建筑工程概算。设备的购置费按需要安装或不需要安装,国外引进的或国内配置的分别进行计算,其中应包括与设备有关的各种工具、器具的配备。

二是流动资金的估算。流动资金的估算是指净流动资产的变化。一个新投资方案的实施是为了增加产量和销售收入,因而也会引起流动资产的增加。流动资产一般包括现金、存货和应收账款等。估算流动资金有两种基本方法:一种是按其构成,依据各种定额逐项计算,这种方法计算较为准确,但需要有足够的资料。另一种方法就是按比例进行估算,如按经营成本一定比例估算;按固定资产投资的一定比例估算;按年销售收入的一定比例估算;按每百元产值占用的流动资金估算等,然后计算净流动资产的增量。

三是折旧与残值计算。固定资产在使用过程中逐渐产生有形和无形磨损,其价值会逐渐转移到产品成本中去，耗损掉的固定资产的货币表现就称为折旧费。折旧费虽然不是实际的现金流量，但它对项目的净现金流量有直接的影响，其中两个重要方面的影响涉及折旧，一是利用现有设备的机会成本；二是变卖被替换下来的设备收入。如果某一投资方案需要利用原有设备，若该设备出售可得到50万元收入，那么该设备的机会成本便是50万元。如果投资方案属于设备更新的性质，则被替换下来的设备将被变卖，其变卖的收入应从净现金投资量中扣除。由于利用了旧设备的变卖收入，使实际的净现金投入量减少。

四是税金对净现金投资量的影响。税收对净现金投资量的影响主要体现在对某些项目的增减。有些国家为了鼓励投资、鼓励培训工人，对这类支出有纳税优惠。有的国家对出售资产时的资本利得部分征税，对资本损失减税。由于税收的变化会引起净现金投资量的变化，这类问题在计算时也要考虑进去。

例如某公司进行一项投资，其中购买新机器的买价为2万元，运费为800元，安装费为1 000元。购买新机器之后需追加流动资金2 000元，操作人员的培训费为600元，培训费可按40%减征企业所得税。则净现金投资量的计算方法是：

净现金投资量 = 买价 + 运费 + 安装费 + 新增流动资金 + 培训费 − 培训费减税 = 24 160 元

即企业购买新机器的净现金投资量为24 160元。

（2）净现金效益量。净现金效益量是一种经营性的现金收入，说明投资方案在经营期内每年用现金流量衡量的效益大小，它反映了一笔投资的回收状况。净现金效益量等于因投资决策引起的销售收入的增加量，减去因决策引起的经营费用（不包括折旧）的增加量。注意，这里的经营费用不应包括折旧，因为折旧不属于现金流量。所以，净现金效益量与利润增加量不是一个概念，因为计算利润时所用的经营费用包括折旧。利润的增加量加上折旧的增加量才等于净现金效益量。净现金效益量的计算公式为：

若NCB为净现金效益量；ΔS为销售收入增加量；ΔC为经营费用增加量；ΔP为利润增加量；ΔD为折旧增加量。

则
$$\mathrm{NCB} = \Delta S - \Delta C$$
因为
$$\Delta S = \Delta C + \Delta D + \Delta P$$
所以
$$\mathrm{NCB} = (\Delta C + \Delta D + \Delta P) - \Delta C$$
即
$$\mathrm{NCB} = \Delta D + \Delta P$$

一般而言，企业还要缴纳所得税，那么评价方案时所用的净现金效益量应当是税后效益量，也就是原来的利润纳税以后变为税后利润。则：

$$\mathrm{NCB}' = \Delta P' + \Delta D = \Delta P(1-t) + \Delta D$$
或
$$\mathrm{NCB}' = (\Delta S - \Delta C - \Delta D)(1-t) + \Delta D$$

式中,NCB′为税后净现金效益量;$\Delta P'$为税后利润增加量;t 为税率。

在投资决策中,ΔC 不包括折旧,也不包括利息支出。因为在计算货币的时间价值时,现金流量每一年都要贴现,贴现的过程实际上就是支付利息的过程,如果在计算 ΔC 时也包括利息因素,那么贴现就不必要了,否则就会导致利息支出的重复计算。

(3) 方案的残余价值。方案的残余价值是指投资方案寿命结束之后剩余资产的清算价值,主要包括设备的残值和流动资产增加量的变卖收入。一般说来,对于投资期较长的项目,其残值可以忽略不计,但对经营期较短的方案而言,这部分价值对决策则具有重要意义。

3. 资金成本估计

任何一个投资方案的实施都需要有资金,为了获得资金就需要付出一定的代价,这个代价就是资金成本。即使是企业自有资金,也有机会成本。资金的成本一般按每年一定的百分率来表示,从资金需求者的角度讲是取得资金需要付出的代价,从资金供给者的角度是投资者所要求的必要收益率,只有达到这一必要收益率才能提供这笔资金。

正确估计资金成本对于正确地进行投资决策是十分重要的,资金成本就是评价一个投资方案、计算货币的时间价值时所用的贴现率。如果对贴现率估计过高,就会低估投资方案的回报;如果对贴现率估计过低,就会高估投资方案的回报。无论哪一种情况都会导致投资决策的失误。最佳的资金来源组成,应当使企业的资金成本最低。

一般说来,企业的资金来源主要有两个渠道:一是企业的自有资本,包括权益资本和自有留存盈余;另一类是向外举债,包括向金融机构借款和发行债券。任何企业,不会是百分之百地举债,那样会带来较大的财务风险;也不会百分之百地用自有资金,那样就不能发挥财务杠杆的作用,一般都有一定比例的负债。因此企业既要估计自有资本的成本,也要估计举债的资金成本。

(1) 债务成本。借款是企业筹集资金的一个重要来源,举债筹资包括从银行借款、发行企业债券。其中又可以按借款时间的长短分为短期负债与长期负债。债务成本就是债务人付给债权人的利息收入。

如果企业要缴纳所得税,利息支出就可以从纳税收入中扣除,从而可以减免一部分税金。故税后的负债成本就会低于利息率。因此:

$$税后债务成本 = 利息率(1 - 税率)$$

例如某企业发行债券 100 000 元,利率为 12%,该企业所得税率为 40%,则税后债务成本为:12% ×(1 - 40%) = 7.2%。

(2) 普通股的成本。普通股股东在企业中拥有的财富(或价值)等于他将来从企业预期获得的收益,按股东的必要收益率进行贴现而得到的总现值。这里，股东的必要收益率是指股东愿意投资的最低限度必须获得的收益率，低于这个收益率，投资者就会把资金投于别处。这个收益率对企业来说就是资金成本。

假定股东的必要收益率为 k_s，在 t 期内，将来预期每期的股利收入分别为 $R_1, R_2, \cdots, R_t$，股东在企业中的财富为 W，则普通股的期限为无穷年限，则该股票的价值为：

$$W = \sum_{t=1}^{\infty} \frac{R_t}{(1 + k_s)^t}$$

现假定公司每年的股利增长率 g 保持不变，那么上式可推导为：

$$W = \frac{D_1}{k_s - g} \quad (D_1\text{ 为下年度发放股利})$$

上式也可改写为：$k_s = \dfrac{D_1}{W} + g$

由此可以看出，股东的预期收益由两部分组成。一部分是股利，它的收益率称为股利收益率，等于 D_1/W；一部分为资本利得，即由股票涨价给股东带来的收益，其收益率称为资本利得收益率，在股利增长率保持每年不变的情况下，它等于 g。

例如某企业现在普通股的市场价格为每股 20 元，下一期的股利预期为每股 1.6 元，每年股利增长率预期为 6%，那么该普通股的资金成本为：

$$k_s = \frac{1.6}{20} + 6\% = 14\%$$

普通股的成本是以股利形式从税后利润中开支的，它不影响应纳税人收入，从而不影响税金大小，所以，估计普通股的资金成本时，不必计算税后资金成本。

（3）优先股的成本。优先股的一个最大特点是每年的股利是固定不变的，即股利增长率为零。而且优先股的股利同普通股股利一样，不涉及税款扣减问题，因此在计算优先股成本时，无需经过税赋的调整。

假定优先股的资金成本为 k_p，每年的股利为 D_p，发行优先股的每股净收入为 N_p，则计算优先股的资本成本公式为：

$$k_p = \frac{D_p}{N_p}$$

（4）留存盈余的成本。留存盈余就是把公司的一部分盈利留在企业作为再投资之用。所以它本身不需要有外显成本支出，但有机会成本。因为如果把这部分盈利作为股利发放给股东，股东就可以利用这笔钱在其他地方进行投资，从而获得收益。现在企业把留存盈余用于再投资，股东就失去了投资获益的机会。股东失去的这种收益，就是留存盈余的机会成本。它的大小是公司普通股的收益率，因此，公司留存盈余的成本（k_r）为：

$$k_r = \frac{D_1}{W} + g$$

留存盈余用于再投资,是一个送红股或转赠股本的过程,因此不需要支出股票的发行费用,故在计算它的资金成本时,不必考虑它的发行费用。

4. 投资方案的评价方法

对于投资方案的基本数据作出估计以后,就可以对投资方案进行评价。基本方法是用货币的时间价值原理将投资方案在不同时间发生的费用和效益,换算为同一时间的费用和效益。这样既为投资的经济性分析提供了科学的依据,又使不同的投资方案之间具有了可比性。其常用的投资方案评价方法有:返本法、净现值法、盈利指数法、内部收益率法。

(1) 返本法。这种方法主要是计算投资所需的返本期的长短,假设每年的净现金效益相等,可以用下列公式计算返本期。

$$返本期 = \frac{净现金投资量}{每年的净现金效益量}$$

例如某企业投资方案的净现金投资量为 15 000 元,第一年的净现金效益为 9 000 元,第二年为 7 000 元,第三年为 5 000 元,问它的返本期是多少?

由于 $9\,000 + 7\,000 = 16\,000 > 15\,000$,可见该投资方案不到两年就可以收回全部投资。

利用返本法评价投资方案时,首先需要确定一个标准返本期,然后将实际返本期与标准返本期进行比较,如果所提出的投资方案的返本期小于标准返本期,则该方案就是可以接受的。返本期较短的方案就是较好的方案。返本法的优点是计算简便,缺点是返本法不考虑货币的时间价值,因而精确性不高。

(2) 净现值法。净现值是指投资项目所获得的净现金效益量扣除净现金投资量的现值。利用净现值法评价投资方案,需要预先确定一个可以接受的收益率,这个收益率通常应等于资本市场上的长期贷款的利息率。其计算公式为:

$$净现值 = 净现金效益量的总现值 - 净现金投资量$$

或

$$\mathrm{NPV} = \sum_{t=1}^{n} \frac{R_t}{(1+i)^t} - C_0$$

式中:NPV 为净现值;R_t 为第 t 年的净现金效益量;n 为投资方案的寿命;C_0 为净现金投资量;i 为资金成本。

净现值法就是根据净现值的正负或大小来判断投资项目的经济性。净现金效益量的总现值是指因投资方案引起的按现值计算的收入,净现金投资量是指因投资方案引起的期初支出,两者的差额表明方案能给企业净增加多少价值。所以,如果净现值是正值,说明方案能够为企业增加价值,因而是可以接受的;如果净现值是负值,说明方案会使企业价值减少,因而是不能接受的。对于投资额相同的方案,净现值越大,其经济效果越好。

例如某企业投资方案的净现金投资量为15 000元,第一年年末的净现金效益为9 000元,第二年年末的净现金效益为7 000元,第三年年末的净现金效益为5 000元,贴现率为10%,问它的净现值是多少?这个方案能否接受?

$$\begin{aligned}\text{净现值} &= \frac{9\,000}{1+10\%}+\frac{7\,000}{(1+10\%)^2}+\frac{5\,000}{(1+10\%)^3}-15\,000\\ &= 9\,000\times 0.909+7\,000\times 0.826+5\,000\times 0.751-15\,000\\ &= 2\,718(\text{元})\end{aligned}$$

由于净现值是正值,说明这个方案是可以接受的。

净现值法的计算步骤可归纳如下:

第一,确定一个目标收益率作为基准贴现率;

第二,计算出投资项目在整个投资期间的现金流量表;

第三,将投资期内发生的所有现金流量按基准收益率求出净现值;

第四,根据净现值对投资方案进行判断。

净现值法的主要优点体现在:① 已经考虑了资本的时间价值,并且全面考虑了项目在整个投资期间内的经营状况,故比较精确。② 直接以金额表示投资项目的收益率,比较直观。净现值为正值表示该投资项目可以接受,投资者可获得利润;净现值为负表示投资项目不可以接受,投资者将出现亏损。

(3) 盈利指数法。盈利指数法又叫净现值指数法,它是利用净现值与净现金投资量的比,即盈利指数来对投资方案进行评价。其计算公式为:

$$\text{盈利指数}=\frac{\text{净现金效益量的总现值}}{\text{净现金投资量}}$$

或

$$\text{PI}=\frac{\sum_{t=1}^{n}\frac{R_t}{(1+i)^t}}{C_0}$$

盈利指数表明每元投资所能提供的现金效益的现值是多少,它常用来衡量不同方案投资效益的大小。盈利指数大于1,说明方案的效益大于成本,因而是可以接受的。盈利指数小于1,说明方案的效益小于成本,因而是不可以接受的。

(4) 内部收益率法。内部收益率法是国内外企业广泛采用的一种对投资效果进行动态评价的方法。该方法特别适用于建设周期长、使用期限长的大中型项目的投资效果衡量。

内部收益率法也是一种对未来的现金流量计算现值的方法,但它与净现值法的不同之处在于:净现值法是先根据投资方案所需的资金成本确定贴现率,然后根据这个贴现率计算方案的净现值。内部收益率法则是计算能使净现值为零的贴现率,即当投资方案的净现金效益量的总现值与净现金投资量相等时的贴现率,这个贴现率称为内部利润率。如果该内部利润率大于资金成本,方案是可取的;否则,就是不可取的。内部收益率的计算公式为:

$$\sum_{t=1}^{n} \frac{R_t}{(1+r)^t} - C_0 = 0$$

如已知各年的净现金效益量 R_t 和期初的净现金投资量 C_0,就可以求出内部利润率 r 的值。不过,计算内部收益率的这个公式是一个 t 次方程,要求出内部收益率 r 的值,最好利用计算机来求解。

(三) 投资决策的不确定性分析

投资要冒风险,有风险就要有补偿。在进行投资前,必须进行不确定性分析。这里简要介绍风险分析和经济敏感性分析。

1. 风险分析

风险分析是通过有关指标衡量投资方案的风险程度。首先找出投资风险之所在,以及引起风险的主要因素,并对其后果作出初步的定性估计。再对风险发生的概率及后果作出定量的估计,最后评价风险的影响以及应采取的措施和决策。企业在作投资决策时,视风险分析确定的不同风险程度,要加上一定的“风险补偿率”。以不包含有风险的内部报酬率为基础,要内部报酬率大于市场利息率。再考虑在有风险的情况下,内部报酬率必须至少要大于一个“风险补偿率”才能考虑投资。例如,市场利息率为8%,当没有考虑风险时,只要投资项目的内部报酬率大于8%,就可以考虑投资。但该投资项目有一定的风险,需要根据风险程度增加“风险补偿率”,比如说4个百分点的风险补偿率,这样只有当该投资项目的内部报酬率大于12%时,才可以考虑投资。

2. 经济敏感性分析

影响企业投资目标的实现有诸多不确定的因素。经济敏感性分析是测定并分析这些因素对目标的影响程度,以判定这些因素的变化对目标的重要性。

任何投资方案的经济效益都是通过具体经济效益指标(如利润、国民生产总值、投资回收期、净现值、内部收益率等)反映出来的。在诸多不确定因素中,如项目投资额可能变化的幅度、项目服务寿命年限、项目寿命末期的残值、经营的变动成本、产品价格、市场销量、项目建设年限、投产年限、折现率等,其中有些因素稍有变动,即可引起某一经济指标发生明显的变化;而另一些因素发生变化,引起该经济指标的变化不明显,甚至看不出有什么变化。这反映了各种不确定因素变动对经济效益指标影响的敏感程度是不一样的。我们称前者为敏感性因素,后者为一般性因素。当然,不同经济效益指标的敏感因素是不一样的。

敏感性分析,就是在诸多的不确定因素中,找出对经济效益指标反应敏感的因素,并尽可能地计算出敏感性因素变化的范围,及由此引起的经济效益指标变化的数量,以保证投资方案的正确选择。

正因为不同投资项目的风险发生的概率不一样,不同经济效益指标的敏感因素不一样,企业同时投资不同性质的项目,采取风险分散的方法,是减小总体风险的有效手段。

➡阅读资料

中国资本市场的起步与发展①

随着市场经济体制在中国的逐步建立,对市场化资源配置的需求日益增加,中国资本市场从起步到逐渐成长壮大。

20世纪80年代初,一些小型国企和集体企业开始进行股份制尝试,最初的股票开始出现。1986年8月14日,邓小平会见以美国纽约证券交易所董事长约翰·范尔霖为团长的代表团,范尔霖向邓小平赠送纽约证交所证章和证券票样后,邓小平将一张上海飞乐音响股份有限公司的股票回赠给客人。范尔霖获得“中国的第一张股票”后非常兴奋,亲自到中国工商银行信托投资公司上海静安证券业务部办理了过户手续。该股票一直珍藏在纽约证券交易所。

随着证券发行的增多和投资者队伍的逐步扩大,证券流通的需要日益强烈,1990年12月上海证券交易所、深圳证券交易所先后开始营业。1991年年底,上交所共有8只上市股票,深交所共有6只股票。1991年4月4日,深交所以前一天为基期100点,开始发布深证综合指数。1991年7月15日,上交所以1990年12月19日为基期100点,开始发布上证综合指数。

1990年10月,郑州粮食批发市场开业并引入期货交易机制,成为中国期货交易的开端。1992年10月,深圳有色金属交易所推出了中国第一个标准化期货合约——特级铝期货标准合同,实现了由远期合同向期货交易的过渡。

1992年10月,国务院证券管理委员会和中国证监会成立,标志着中国资本市场开始逐步纳入全国统一监管框架,全国性市场由此形成并初步发展。1998年4月,国务院证券委撤销,其职能归入中国证监会。1998年12月颁布《证券法》并于1999年7月实施,以法律形式确认了资本市场的地位。

中国证监会不断加强稽查执法基础性工作,严格依法履行监管职责,集中查办了琼民源、银广厦、中科创业、德隆、科龙、南方证券、闽发证券等一批大案要案,打击各类违法违规行为,保护广大投资者合法权益,维护“公平、公正、公开”的市场秩序。

---

① 资料来源:“中国资本市场的起步与发展”,http://news.xinhuanet.com/fortune/2008-08/07/content_9016474.htm。

随着《证券法》的颁布,相关法规体系和会计规则日益完善,上市公司数量快速增长,中国资本市场得到较快发展。1999 年共有上市公司 949 家,2007 年增加到 1 550 家。投资者开户数 1999 年 4 810 万户,2007 年增加至 13 887 万户。到 2007 年,A 股筹资 7 728.2 亿元。上市公司日益成为中国经济体系的重要组成部分。截至 2007 年年底,上市公司市值达 32.7 万亿元,相当于 GDP 的 132.6%。宝钢、中石化、工商银行、中国人寿、中国平安、中国石油、大秦铁路等一批规模大、盈利能力强的企业日益成为资本市场的骨干力量,上市公司的行业布局也日趋合理。

中国资本市场是一个新兴市场,早期制度设计有很多局限,改革措施不配套。一些在市场发展初期并不突出的问题,随着市场的发展壮大,逐步形成市场发展的障碍,如股权分置,上市公司改制不彻底,机构投资者规模小,以及监督缺乏经验等,导致资本市场不稳定,大起大落。从 2001 年开始,市场步入持续四年的熊市,股票指数大幅下挫。2001 年 6 月 14 日,上证综合指数创历史最高 2 245.44 点,2005 年 6 月 6 日,跌到 998.23 点,跌幅达 55% 以上。从 2007 年 5 月 30 日起,又一次大起大落,上证综合指数从 6 124 点,到 2008 年 3 月 31 日跌至 3 357 点,半年多时间跌幅 45%。这种大起大落现象,严重影响投资者的信心,对于经济发展也有着不利影响,说明中国资本市场还是一个不够稳定和不够成熟的市场。

境内外的实践表明,强大的稳定的资本市场对于调整产业结构,转变经济增长方式,提高经济附加值,构筑自主创新型经济体制至关重要,中央政府应把发展资本市场作为一项重要战略任务,不断提高对资本市场重要性的认识,采取有力措施,实现资本市场与中国经济和社会的协调发展。

四、土地市场

土地是经济活动中最基本的生产要素,土地市场是市场体系的重要组成部分。地租是使用土地(包括地面、矿藏、水域等)而支付的报酬。

(一) 土地的供给

土地供给有一个显著的特点:它是一种不可再生性资源,无论土地的租金如何变化,土地的总供给是大体上给定不变的。这就是说,土地的总供给曲线是一条接近于垂直横轴的直线,如图 6-10 中的 S 线。虽然当前通过移山填海来扩大土地面积,世界上已不少见,但毕竟十分有限。因此可以说,土地的总供给几乎是完全无弹性的。

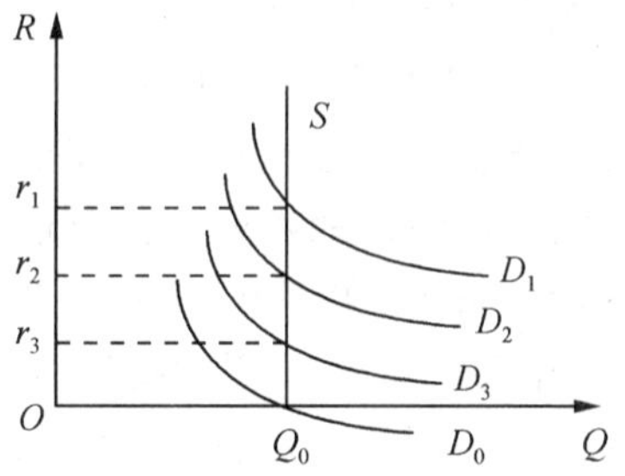

图 6-10　土地市场的均衡

尽管土地的总供给几乎完全无弹性,但这并不意味着某个行业的土地供给也是完全无弹性的。事实上,很可能是相当富有弹性的。我国一度出现经济开发区热,开发区的土地供给一时大幅度增加,体现了经济开发区土地供给富有弹性。

(二)土地的需求

对土地的需求同样也是派生需求。企业对土地的需求取决于土地的边际生产收益。因此,也就像一般的生产要素的需求曲线那样是向右下方倾斜的。土地的需求曲线取决于土地的边际实物报酬和对产品的需求。在土地的边际实物报酬发生变动或对其产品的需求发生变动时,土地的需求曲线就要发生移动,如图 6-10 中的一组 D 线。

(三)地租和级差地租

地租是使用土地的价格。它是由土地的供给和需求所决定的。但由于土地的供给曲线是一条几乎垂直的线,地租实际上几乎是完全由需求曲线单方面决定的。如果对土地的需求减少,需求曲线下降,地租就下降;土地的需求增加,需求曲线就上升,地租也就上升。图 6-10 中,当需求曲线分别为 D_1、D_2、D_3时,地租分别为 r_1、r_2、r_3。若土地的需求曲线下降到 D_0,就不发生地租,土地成了自由品。我国有些地区鼓励农民开发三荒(荒山、荒坡、荒滩)土地,就是这些三荒土地的边际生产收益很低,需求曲线几乎已降到 D_0的情况。

土地的质量是不一样的。土地的质量既体现在土地的土质,也体现在土地的地理位置。土地的土质不同,地理位置不同,地租也就不同。北京市区繁华商业地段的地租就要比市郊的地租高,而市郊的地租又要比远郊的地租贵,这就形成了级差地租。那么,形成地租差别的原因是什么呢?

首先,是由于土地市场上的竞争。投资者对不同土地投资所期待的报酬率是一样的。如果报酬率有高低,就会有一部分投资者把资金从报酬率低的土地上转移出来,投向报酬率高的土地,增加了对高报酬土地的需求,抬高了高报酬土地的地租,从而也就使其投资报酬率降低,直到在所有土地上投资报酬率都一样。例如,有甲乙两块土地,土壤的肥力不一样,要获得同样的收入,乙地的生产成本要比甲地高500元,那么,乙地的地租就应比甲地的地租低500元,两地的报酬才能一样。如果乙地的地租仅比甲地低400元,就没有人愿意去租乙地,在竞争的压力下,必须由乙地降低地租,或由甲地提高地租。

其次,一般情况下,对土地的利用,总是从优到劣的顺序排队。也总会有一些土地,质量太差,使用它不需要付费,经济学把那些处于可用可不用边缘的土地称为边际土地。边际土地的生产成本最高,而其他可用土地的生产成本就相对低一些。一块土地的地租就可定义为边际土地的生产成本与该块土地的生产成本之差。土地越好,土地的生产成本越低,因而相应的地租也就越高,这就形成了级差地租。

土地的需求若不断增加,人们会努力去开垦更多的荒地,这些新开垦的处女地就成了边际土地。它们的生产成本比原有的边际土地的生产成本更高,于是原有的土地就不再是边际土地了,也需要缴纳地租。由于新的边际土地质量更差,推动了最高生产成本的上升,从而所有土地的地租都要上升。人们对土地的需求总是在不断地增加,土地的地租也总是在不断地提高。

土地的需求有增无减,最劣的土地也被迫使用。当全部土地都使用以后,边际土地就脱离边际状态,任何土地都要发生地租。最劣土地的地租称为绝对地租,它没有级差地租,而其他土地兼有绝对地租和级差地租。

(四)经济租金

对地租的分析还可以推广到其他一些同样缺乏供给弹性的生产要素分析。有许多稀缺的要素,如体育明星、歌星等,报酬可分为两部分:一部分是对该要素必须支付的最低限度的报酬,比如说补偿运动员在训练过程中所付出体力、辛劳的报酬。这部分报酬增加,要素的供给会有所增加;这部分报酬不足,要素的供给也会减少。另一部分是对要素特殊的高质量的奖励,如对破世界纪录的优秀运动员给予特殊的奖励。这部分多出的特殊奖励就是经济租金,经济租金的变动不会影响这稀缺要素供给数量的变动。这可以用来解释名演员、名歌星超高额报酬的原因。

经济租金涉及政府的税收政策,对经济租金应征收较高税率的所得税,这不会影响要素的供给。

五、利润的决定

劳动、资本、土地等生产要素并不能自己创造出利润，必须要企业家有效地把他们组织起来。企业家才能的高低，直接影响企业的资源配置效率，进而影响企业利润。所以，企业家才能是一种特殊的生产要素，正常利润是企业家才能的价格。

（一）正常利润

企业家才能的需求不同于其他生产要素的需求。其他要素的需求都是厂商及企业家的需求，因而都是通过企业家的购买来实现的，在这种情况下，劳动、土地、资本等生产要素的供给者和需求者分属不同的人。所以，它的需求表现为直接的需求。而企业家的需求则属于企业家自己。企业家既是组织管理才能这个生产要素的供给者，同时又是需求者。所以，企业家的需求是社会的需求，企业家才能的需求表现为间接的、社会的需求。

对企业家才能的需求是很大的，因为企业家才能是生产好坏的关键。使劳动、资本与土地结合在一起生产出更多产品的决定性因素是企业家才能。

而企业家才能的供给又是很小的。并不是每个人都具有企业家的天赋，能受到良好的教育。只有那些有胆识、有能力，又受过良好教育的人才具有企业家才能。企业家才能的供给成本是指企业家为获得组织和管理企业能力而支付的费用。培养企业家才能所耗费的成本也是很高的。

企业家才能的需求与供给的特点，决定了企业家才能的收入——正常利润必然是很高的。可以说，正常利润是一种特殊的工资。其特殊性就在于其数额远远高于一般劳动所得到的工资。

由于正常利润包括在成本之中，而且往往是作为一种隐含的成本，因此，收支相抵就获得了正常利润。在完全竞争条件下，利润最大化实际上就是获得正常利润。超过正常利润以后的那一部分利润在完全竞争之下并不存在。

企业家的收入如果高于正常利润，就会增加企业家的供给，有更多的企业家进入该行业。如果低于正常利润，就会减少企业家的供给，使一些企业家退出该行业。

正常利润是成本的一个组成部分。它通常包括企业家才能的报酬、平均的分摊收益和风险的报酬三个部分。

平摊收益是指自有资本的报酬，即股息（股利、红利）。它必须大于同额货币在同一时间内所能取得的利息，否则，企业家就不愿去投资经营企业了。

风险报酬，是指投资风险的收入。风险是指投资者所面临亏损的可能性。

投资者总是宁愿少冒风险,投资于有把握利益的事业中,但某些投资是需要冒风险的,为了消除人们对风险的厌恶,就必须给承担风险者以一定的报酬,这部分报酬必须计在正常利润之内,作为企业家必不可少的一部分收入,否则就没有人愿意去冒风险,以致那些需要冒风险的事业就没有人去投资经营了。

各个行业的情况不同,风险也有大有小,因而风险的报酬就有多有少。例如,从事证券买卖风险较大,风险报酬就较多;兴办航运、采矿风险较小,风险报酬也就少。风险报酬既然是正常利润的组成部分,风险报酬又有多有少,所以各行业的正常利润率必然有差异。

(二)超额利润

超额利润是指超过正常利润的那部分利润,又称为纯粹利润或经济利润。

在完全竞争的条件下和静态社会中,不会有超额利润。只有在动态的社会中和不完全竞争条件下,才会产生这种利润。一般来说,超额利润主要有以下几种情况:

1. 创新的超额利润

创新超额利润是一种超过正常利润的利润。经济学家认为,创新超额利润是由于企业家具有特异的天赋才能对企业进行创新的结果,因此应该归企业家所有。

创新,就是建立一种新的生产函数,即把一种从来没有过的生产要素和生产条件的新组合引入生产体系。这种"新组合"包括五方面的内容:第一,引进一种新产品;第二,引进一种新技术;第三,开辟一个新市场;第四,获得一种原材料的新的供给;第五,生产组织方法上的一种新发明及其应用。这五个方面"创新"的实质,就是把新的科学技术发明和新的经营管理方法应用于生产实践,把科学技术由实验室转移到大批量的生产。

这五种形式的创新都可以产生超额利润。引进一种新产品可以使这种产品的价格高于其成本,从而产生超额利润;采用一种新的方法和新的企业组织形式,均能够提高生产效率和降低成本;获得一种原料的新来源当然能够降低成本。这样,产品在按市场价格出售时,由于成本低于同类产品的成本,就获得了超额利润;开辟一个新市场也可以通过提高价格而获得超额利润。

创新是要冒风险的。因为在实验室能够成功的科学技术,在大批量生产中未必能取得同样的效果,或者一个新产品大量生产后,未必就有足够的市场。特别是在新产品出现时,人们对它的性能、用途都不了解,就打不开销路,这些情况都要给企业带来亏损。因此由创新而获得的利润,也是风险的报酬,但这种风险报酬与上面谈到的根本不具有创新意义的风险报酬不同,因为这种创新的风险报酬只存在短期之内,而上述风险报酬则具有长期性,所以,把它列入正常利润之中。

创新是社会进步的动力，因此，由创新所获得的超额利润是合理的，是社会进步必须付出的代价，也是社会对创新者的奖励。

但是，这种创新的超额利润只能存在于开始采用的一定时期。在长期中，由于企业之间的竞争，必然会或普遍采用这种先进的科学技术和先进的管理方法，或争夺新的市场，超额利润就会消失。但是，长期内，还会不断涌现更新的科学技术和管理方法，所以，超额利润虽然只能在短期内存在，从长期看来，却是一个不断涌现，不断消失，又不断涌现的过程。

2. 承担风险的超额利润

风险是从事某项事业时失败的可能性。许多具有风险的生产或事业也是社会所需要的。例如，当粮食丰收时，某人可以大量低价收购，以便在以后粮食缺乏时高价售出。这种活动有利于平抑物价，对社会是有利的。但也有风险，当以后的粮食仍然丰收时就会亏本。但如果情况与他的预测一样，以后出现了粮食缺乏，他就可以用高价卖出而获得超额利润。这种超额利润就是低价与高价之间的差额减各种成本的余量。

社会中充满了不确定性，风险需要有人承担，所以，由于承担风险而产生超额利润是当然合理的，可以作为社会保险的一种形式。

3. 垄断的超额利润

垄断利润也是一种超正常利润的利润。但它与上面讲的超额利润不同，不是由于创新的结果，而是由于厂商或企业的专卖或专买的垄断而产生的超过正常利润的那部分利润。

专卖是指垄断厂商从商品的出售方面来看，由于有很多买者，而卖者只有他一家，于是，他可以在购买者的支付能力所能支付和愿意支付的限度内，抬高销售价格，由此而获得超过正常利润的收入部分就形成了垄断利润。

专买是指垄断厂商从购买某种生产要素方面来看，由于有很多卖者，而买者只有一家，于是他可以在供给者所愿意接受的范围内压低价格，从而获得垄断利润。

➡阅读资料

美国人如何看待“按劳分配”[①]

“按劳分配”的概念有其理论基础，这就是从斯密到李嘉图，又到马克思的劳动价值论，这个理论认为一切价值都是劳动创造的，因此收入的分配应依劳动

① 茅于轼：《生活中的经济学》，广州：暨南大学出版社2003年第二版，第35—40页。

支出的多少而定。

但是在美国,人们除了劳动收入还有其他收入,例如将钱存入银行可获得利息,拿来买股票可得到股息,将房子或土地出租则可获取租金等,这些都是劳动之外的收入,非但在美国如此,在其他资本主义社会也是如此,甚至在中国这样的社会主义国家,同样存在利息、租金等非劳动收入。可见这是一种普遍现象。如果我们不拘泥于传统的劳动价值论的话,就会想到:除了劳动,是否还有别的产生价值的要素?现代经济理论的结论是:劳动、资本、自然资源是产生价值的三大要素。这倒不是说资本和自然资源会自动创造出价值来,而是说,有了资本和良好的自然资源,可以帮助劳动创造出更多的价值。这一部分额外的价值不能归功于劳动,而应归功于资本和资源。只有这样,人们才会努力积累资本,改进资源的可利用程度,并从中得到非劳动报酬。所以美国人不但有"按劳分配"的概念,还有资本报酬和资源报酬的概念,认为这三种报酬都是合情合理的,当然也是合法的。

绝大多数美国人以劳动报酬为生,或主要依靠劳动收入。根据统计,美国的劳动收入占总价值创造的81%,非劳动收入只占19%。过去半个多世纪以来,劳动收入在整个国民生产总值中所占的份额一直在缓慢稳定上升,从20世纪30年代的75%左右上升到现在的81%。

美国的工资标准是凭什么确定的呢?要回答这个问题,首先要了解不同职业的人实际收入是多少。在美国很忌讳去打听别人的收入,但各种招聘广告却能够透露出一些信息。美国各大城市的报纸都设有这类广告专栏,有些学术性杂志出有征聘专业人才的消息;马路两边的墙上,商店的橱窗里也都可以看到"聘请帮手"的招贴,不过后者多数是请临时工,不是订正式的长期录用合同。这些广告有的明码标价,说明每小时报酬若干;有的则只给出一个报酬范围,确切数字留待面议,不过也有一字不提的。一般情况下,短期雇佣多为明码,长期录用则有待双方商议。因为确定工资数额是一种费时间精力的谈判,只有对涉及重要职务的长期录用才值得花成本去作仔细的调查和比较。

在美国,收入最高的阶层既不是科学家也不是国家领导人,而是经理阶层。他们的年收入可从十几万到百万美元,个别的杰出人物竟达一二千万美元。这不仅包括他的薪俸,还包括股票增值、分红等收益。由于经理阶层收入最高,美国最豪华的住宅的主人多是腰缠万贯的经理们。

在美国,获得诺贝尔奖的教授的年薪也只15万美元,通常正教授年薪为7万美元左右。在大公司的科研单位任职的科学家薪俸稍高些,在政府任职的官员薪俸相对要低一些,他们之中总统的薪俸最高,也仅20万美元。而一位女秘书的年薪一般仅2万多美元。女售货员的薪水还不到2万美元。薪水的高低不仅与职务所需的知识水平和所受的训练有关,也与职业的稳定性有关。正教授和政府官员近乎铁饭碗，所以待遇较低。经理们的报酬波动很大，其职位也远不如铁饭碗，所以待遇较高。美国的警察待遇很高，可与教授相比，不但因为这一职业要求很高的文化业务知识（警察常常代表政府），而且在执行公务中常有危险。井下矿工的待遇则超过大学教授，其原因也是不言而喻的。以上所指的薪水都是未扣所得税的毛收入。为了防止贫富差距过大，美国实行累进所得税制，即收入高的那一部分的税率较最初的几千元的收入税率高。近20年来美国不断降低了所得税的最高税率，在1986年的一次减税中，将最高档的税率从50%降到27%，和欧洲一些国家相比，美国的税率是很低的。克林顿总统提出增税方案，将年收入18万美元以上的个人所得税税率从31%提高到36%，而且年收入超过25万美元的那部分还要再增收10%的税。除了政府官员的薪水由其上一级决定（政府官员也有各州统一的工资标准），其他工资基本由市场供需决定。而且，官员的工资也要受市场制约。因为如果高于市场，人们趋之若鹜，会超过政府的需求；如果过低，则会出现无人应聘的情况。

我在波士顿的那一年（1986），圣诞节市场购销两旺，一方面有大量商品应市，一方面有巨大的购买力，可是商店没有足够的售货员。在这种情况下，售货行业的临时工工资竟抬高了将近一倍，连一些加减法还算不大清的小青年都被召去临时帮忙。在闹市的商店里贴着大幅招请帮手的广告，标明的待遇一天比一天高，使人感到赚钱的机会多，赚钱也容易。

一位在哈佛大学读书的青年朋友，曾当过清道夫、图书馆管理员、宿舍的夜间值班员，最后到剧场里带座兼当纠察，专门监视观众中抽烟的人。事实上美国人非常注意公共道德，在剧场抽烟的事简直是闻所未闻，所以他的工作便成了拿钱看戏。当然，找工作中倒霉的事也不少。1986年以前美国的移民法规定，不符合法规私自找工作的外国人要被罚款，在纽约和旧金山这些外国人多的城市里，一些雇主（特别是餐馆老板）借此机会把外来人的工资压低到低于法定的最低工资标准，而受雇者只能忍气吞声，不敢去告发。1986年以后规定雇方同样要被罚款，这大大减少了非法找工作的机会。

工资是劳动在市场上的价格，正如我们所熟知的，价格可能是扭曲的。为使价格不致扭曲，必须有供方和需方的平等自愿的谈判和公平的竞争。和别的国家一样，对一切人平等对待、保证同工同酬，远不是件容易的事。美国历史上就存在着对黑人和妇女的歧视，为了保障基本人权和消除劳动市场上的不公平竞争，美国从20世纪60年代以来通过了不少禁止歧视的法律。受到政府资助的机关必须明确宣布本单位提供“同等雇佣机会”，并把这一行字印在公用信笺上。

夏威夷大学经济系系主任、华裔教授洪家骏先生说，他在当系主任期间招聘教授时，不敢问应聘者的种族、性别，甚至年龄，否则出了纠纷可能被人以歧视罪起诉。美国有些州规定要优先录用黑人,或者黑人和妇女比例高的单位在拨款等方面享有特殊优惠。此项政策类似我国少数民族地区的干部政策。但它引起了经济学家和社会学家之间的争论,前者认为优先照顾任何一类人都破坏了公平竞争的原则,后者认为黑人和妇女本来的地位就比白种男人低,他们之间表面上的平等竞争,实际上是承认了黑人和妇女原来的不平等。这种分歧的实质是经济学家强调效率,而社会学家强调公平。

在我国,按劳分配中的"劳",大家都认为既包括体力劳动,也包括脑力劳动。但分配是取决于投入劳动的数量和质量,还是取决于劳动产生的效果,在这一点上看法是有差别的。而这两者有时的确是不同的。对于竞争性的商品而言,价格最终将趋近于成本。把这个理论推广到劳动这种商品,就会认为劳动的价格(或报酬)取决于劳动的数量和质量,包括劳动者维持家庭、生儿育女的开支,以及培养此劳动技能所必需的教育开支,而与劳动所产生的效果无关。所以"没有功劳有苦劳"的人也应得到同样的报酬;而创出的价值大大地超过所支付的劳动价值的部分就成为没有原因的财富,谁得到这一部分谁就有剥削之嫌。赞成劳动的报酬应该由劳动所创造的价值决定时,这报酬就和投入的劳动无关。无效劳动将得不到报酬,而创造价值高的劳动可以得到极高的报酬。显然,后一种原则更有利于提高劳动的效果。在美国,报酬是明确地取决于劳动创造的财富而不是投入劳动的成本。歌星凭他的歌喉,影星舞星凭她们的相貌身段,都可得到几十倍于常人的收入,这些收入与直接投入的劳动无关,但没有人说他们是剥削。经理们的高收入也与支付的劳动关系不大,而主要与他们的创新精神,在不确定条件下作出决定并敢于承担风险的勇气以及他们的运气好坏有关。这样一种分配观念有利于进取革新,提高社会的生产率,但显然并不公平。好在美国人已习惯于这种是非观念,过高的收入又有累进所得税加以限制,所以这种分配原则还会继续下去。

➡练习题

1. 简述要素市场和产品市场的差别。
2. 什么是生产要素的边际生产力,请举例说明。
3. 请解释劳动的供给曲线为什么向后弯曲。
4. 资金利息率是如何决定的,请用均衡理论说明。
5. 请举例说明什么是级差地租。
6. 请举例说明什么是经济租金。
7. 什么是超额利润,有哪几种类型。

案例分析

上海沃尔玛员工工资年均增长8%①

日前，随着沃尔玛华东百货有限公司工会方首席协商代表陆剑利和公司方首席协商代表陶红在《集体协商规则》上郑重签字，上海沃尔玛集体协商机制宣告正式确立。同时签订的沃尔玛集体合同，就上千名员工的劳动报酬、工作时间与休息休假、保险福利等核心问题作出了明确约定，明确今明两年工资平均增长幅度为8%。

作为世界500强企业，上海沃尔玛2006年成立工会后，一直积极推进建立集体协商机制。为推动沃尔玛尽快建立集体协商制度，并签订规范的集体合同，上海市总工会和浦东新区总工会专门建立了沃尔玛集体协商工作推进小组和法律顾问团，为沃尔玛工会开展集体协商提供咨询指导。

在双方协商确立的《集体协商规则》中，明确"集体协商是指公司与工会就签订集体合同以及劳动关系有关的事项依法进行商谈"；"集体协商遵循相互尊重、平等协商、兼顾双方合法权益等原则"；"集体协商代表有表述权和表决权、了解公司情况等权利，同时要履行遵守平等协商规则纪律、保守公司商业机密等义务"。

"建立了集体协商机制，就意味着企业方和职工方就协调劳动关系建立了制度平台。"上海市总工会法律部部长吴萌告诉记者。

该《协商规则》特别明确了关于员工工资水平的协商问题，确保了员工增资的长效性："公司一方和员工一方应当依据已签订的工资集体协议就员工年度工资水平、年度工资调整办法等事项进行平等协商，公司视效益状况，不断提高员工工资收入、福利待遇。"

经过第一次集体协商后，沃尔玛诞生了第一份集体合同，覆盖了沃尔玛华东百货有限公司以及该公司南浦大桥店、五角场店、江桥店的上千名员工。据了解，这份集体合同内容包括劳动合同、劳动报酬、工作时间与休息休假、保险福利和员工培训等5个方面。其重点是建立工资协商机制，每年12月工会与公司就下一年度工资整体增长幅度进行协商；2008年、2009年工资平均增长幅度为"8+1"，即工资平均增长8%，同时公司提供1%用于升职和特别调薪；公司的最低工资要明显高于上海市政府公布的最低工资标准；在沃尔玛工作满3年的员

① 资料来源："上海沃尔玛员工工资年均增长8%"，http://acftu.people.com.cn/GB/121801/8083650.html。

工可签订无固定期限劳动合同。

沃尔玛所在的上海浦东新区总工会相关负责人表示,由于劳资双方在协商谈判中找到了利益平衡点,因此这是一份双赢合同,也是沃尔玛集体协商机制建立并发挥作用的一个重要成果。上海市总工会认为,这是企业和工会贯彻《劳动合同法》、《上海市集体合同条例》等法律法规的结果,是实现企业和员工利益双赢的好开端。市总工会副主席茆荣华指出,和谐稳定的劳动关系,必将有利于企业更快更好地发展。上海沃尔玛集体合同的签订,将产生强大的示范效应,有力地促进在沪外资企业集体协商工作的开展。

问题讨论:

1. 沃尔玛的工会和公司谈判是不是属于双边垄断的情况,为什么?

2. 集体合同的谈判结果取决于哪些因素?这些因素哪些有利于工会,哪些有利于公司?

3. 你认为这个合同是双赢的合同吗?为什么?

第七讲 企业风险决策

问题讨论与交流

风险越大是否收益一定越大？应该怎样对待风险？

人们能否识别并防范风险？怎样才能抓住机遇，迎接挑战？

一、风险含义和特点

风险是客观存在的一种现象,不管人们如何对待风险,它都不以人们的主观意志而转移,并且时时刻刻都在影响着人们的行为,正所谓“天有不测风云,人有旦夕祸福”。同样,处在市场竞争中的企业,由于内外环境的复杂多变,风险也是无处不在、无处不有。正是由于风险存在的这种客观必然性,决定了企业在决策过程中,必须要树立正确的风险反映态度,客观地对待风险,既不能惧怕风险、逃避风险,更不能无谓地冒险。而做到正确对待风险的关键,在于企业既要有风险的意识,又要了解风险的基本规律和特点,掌握风险识别、防范的程序和方法,只有如此,才能不断提高企业的风险防范能力,降低或减少风险给企业带来的威胁,使企业更好地抓住机遇,迎接挑战。

(一) 风险的基本含义

风险与机会是两个相对应的概念,人们常说一定要“抓住机遇,迎接挑战”,其实就是要抓住机会,迎接风险的考验。为了更好地理解风险的基本含义,有必要将风险与机会两者结合在一起加以分析。

1. 风险的概念

尽管人们在日常生活中对风险并不陌生,但要准确地表述风险的含义却并不那么容易。不同的主体、从不同的角度或在不同的时空状态下,对于风险的内涵都有不同的看法。但是,不管人们怎样来理解风险的内涵,有一点却是共同的,这就是风险总与损失有关,由此,我们便可以简单地将风险定义为:风险就是指可测定的事物发生损失的可能性。事物发生损失的可能性越大,风险越大;反之,风险则越小。但不管风险大小,风险总与损失有关,而且发生损失的可能性是能够事先进行估计和测算的。

2. 机会的概念

与风险相对应的概念是机会,简单地说,机会就是指可测定的事物获得收益的可能性。事物获得收益的可能性越大,机会越大;反之,机会则越小。但不管机会大小,机会总与收益有关,而且获得收益的可能性也是能够事先进行估计和测算的。

3. 机会与风险的联系

由于风险总与损失相联系,机会总与收益相伴随,人们总想获得收益而不想遭受损失,因此人们总愿意要机会而不愿意要风险。但是,风险与机会不是相互孤立的,它们常常存在着某种程度的关联,即在事物获得收益的机会背后可能隐藏着发生损失的风险,在发生损失的风险背后也可能隐藏着获得收益的机会。这就要求人们必须认真研究事物活动的规律,科学地预测可能出现的结果,只有这样,才能做到避害而趋利。

4. 事件的分类

尽管风险与机会之间常常存在着联系,但也不表明风险越大机会就一定越大。为了更好地理解和判断某种事件的风险或机会大小,有必要对事件进行简单的分类。一般情况下,按照事件发生损失与获得收益的可能性,可以将事件大致分成以下几种类型:

(1) 纯风险事件。这类事件发生只会带来损失的可能性,而没有任何收益的可能性。一般来说,这类事件是风险越大损失越大,如火灾、被盗、地震等都是如此。但是,这类纯风险事件有时是在利益的掩盖下出现的,这就是骗子行骗时惯用的伎俩。对这类纯风险事件,一定要保持清醒的头脑,绝不能盲目冒险。

(2) 风险较大事件。这类事件既有发生损失的可能性,也有获得收益的可能性,只不过发生损失的可能性要远远大于获得收益的可能性。一般来说,这类事件也是风险越大损失越大,但也不排除获得收益的可能。对于这样的事件,是否应该冒风险,关键取决于对预期风险损失的承受能力。如购买福利彩票就是如此,尽管人们购买福利彩票的中奖机会微乎其微,损失的可能性几乎是百分之百,但由于损失的数额人们能够承受,因此人们也愿意去购买福利彩票,以碰碰运气,能够中奖当然更好,不能中奖也损失不大。

(3) 风险与机会对等事件。这类事件发生损失的可能性与获得收益的可能性几乎相等。对这样的事件,严格意义上讲,冒一次风险的结果是要么受益、要么受损,但长期冒这样的风险结果则是盈亏平衡,即不赔不赚。

(4) 机会较大事件。这类事件既有获得收益的可能性,也有发生损失的可能性,只不过获得收益的可能性要远远大于发生损失的可能性。这就是人们常说的机会,但是,在这样的机会中仍然隐藏着风险。如企业签订了一批订货合同,只要企业能够按照合同的要求及时交货,就能够获得相应的收益。但不能说企业签订了订货合同就获得了收益,因为从签订合同到按时交货需要一段时间,时间是风险的源泉,如果企业在这段时间内不能生产出合同所要求的数量与质量,企业就无法获得相应的收益,甚至有可能蒙受损失。

(5) 纯机会事件。这类事件只有获得收益的可能性,而没有发生损失的可能性。对于这样的纯机会事件,人们一般有两种态度,一种态度是主动地争取机会,主要是因为机会能够给人们带来较大的收益,如出国、提升、加薪等;另一种态度是主动地放弃机会,主要原因是机会给人们带来的收益较小,如把钱存入银行的利息率低,人们常常不愿意把钱存入银行,而愿意去投资。

（二）风险的构成要素

1. 风险因素

风险因素，是指能够引起或增加风险事件发生的机会或影响损失的严重程度的因素。它是事故发生的潜在条件和导火索，一般又称风险隐患或风险条件。风险因素主要包括：① 客观风险因素。是指增加某一风险发生机会或损失严重程度的客观条件。如恶劣的气候、地壳的异常变化等。它属于有形因素。② 道德风险因素。与人的品德修养有关，是指由于个人不诚实或有不良企图，故意使风险事件发生或扩大已发生的风险事件的损失程度的因素。如故意纵火以索取保险赔款等。它属于无形因素。③ 主观风险因素。是指由于人们主观上的疏忽或过失，如不够谨慎小心等，使风险发生机会增加或扩大损失严重程度的因素。如违章作业、玩忽职守、下班时忘记关掉电源等。它也属于无形因素。

2. 风险事故

风险事故，指直接导致损失发生的偶然事件，并可能引起经济损失或人身伤亡。换言之，风险事件是指风险的可能变成了现实，以致引起损失的后果。如火灾、水灾、地震、爆炸、碰撞等均是典型的风险事件。

3. 风险损失

损失又称风险后果，是指非故意的、非预期的、非计划的经济价值的减少，这种减少可以用货币来衡量。一般而言，风险和损失构成一对因果关系：风险为因，损失为果。可见，风险并不是损失的同义语。风险往往也就是指发生损失的可能性，而损失是指实际上发生的财产、物资等的消耗或损耗。风险只有转化为现实，才能造成损失，但它本身并不是损失。风险损失有两种形态：一是直接损失，包括财产损失、收入损失、费用损失等。二是间接损失，包括商业信誉、企业形象、业务关系、社会利益等的损失。

（三）风险的一般特征

1. 客观性

风险的存在是不以人的意志为转移的客观事物。从根本上说，这是因为决定风险的各种因素都是客观存在的，不管风险主体是否意识到它们的存在，这些风险因素都始终存在于一定的时空状态之中，一旦条件具备，它们就可能转变为现实的风险。风险的客观性还表现在它是无处不在、无时不有的。对企业来说，只要从事具体的生产经营活动，发生人、财、物等资源要素的流通和转换，就必定会面临风险的威胁。风险的客观性要求我们必须承认风险、接受风险，并采取相应的措施来对待风险，以此达到消减风险影响的目的。

2. 突发性

风险的爆发往往是偶然的,具有极大的随机性。因此,当人们面对风险时,常常会有一种突如其来的感觉。突发性是指风险的实际发生时间很短,以至于让人在尚未意识到时就已处于风险状态之中。由于风险具有突发的特点,我们在防范风险时就应该更加关注和识别风险的变化前兆,及早发现和判断事物发展过程中的风险诱因,以便提前做好防范的准备,减少企业可能遭受的风险损失。

3. 多变性

风险的多变性是指风险本身具有极强的不确定性。它的种类、大小、性质等内在要素均随着企业内、外条件的变化而呈现动态变化的特征。例如,企业面临的市场风险就是一个动态的变量,当市场容量、消费偏好、竞争结构等环境要素发生变化时,风险的性质也将随之改变,风险的多变主要和其产生的条件有关,由于风险本身就是源于内、外环境的不确定性,因而它难以具有稳定的形态。把握风险的多变性特点,要求我们在应付风险威胁时,应该准备多种不同的应对方案,一旦风险要素发生变动,便选择相应的对策以处理不同类型的风险影响。

4. 无形性

风险是看不见、摸不着的一项无形要素。尽管人们能够意识并且感觉到风险的存在,但是却又无法精确地将其描绘出来,想要对它进行定量的预测和考察则更加困难。因此,我们在分析风险时,一般只能采取估计的办法,即用比较模糊、弹性的概念来对它加以界定。风险的无形性增加了人们认识风险的难度,但是,只要认真地把握风险产生的内外条件,了解并且识别风险的发生仍是可能的。

5. 损失与收益的交互性

风险会对事物造成损失,因而它常常是和不利性联系在一起。但是,和风险相伴随的,不仅有潜在的损失,也有获益的可能。风险是利益的代价,利益是风险的报酬,换言之,风险具有双重的影响,一方面,它会对事物的正常发展产生不利作用,因而人们唯恐避之不及;另一方面,它又隐藏着获利的可能,所以才有人愿意去冒险。风险损失与收益的交互性要求风险主体在建立利益机制的同时,也要考虑风险防范机制,使两者制约平衡,这样方能更好地实现化患为利。

(四) 风险的成因

正确地分析风险产生的原因有助于强化风险观念,把握风险来源,更好地识别风险。风险产生的原因来源于主观和客观两个方面,归纳起来,主要有以下四种原因:

1. 信息的不充分性

信息在质和量两个方面都不能充分地满足决策的需要。充分的信息只是一种理想化的假设,在现实生活中是不存在的。同时,获取充分的信息要花费大量的时间与费用,信息与资源一样也是不充分的、稀缺的。不充分的信息使决策者不可能对决策方案有一个全面的认识和把握,所以,也就不可能完全洞察决策方案未来的必然走势,风险的发生是不可避免的。因此,对充分信息的任何偏离都会给决策带来风险。

2. 人类的有限理性

经济学中的理性人的假设是一种理想状态。在现实生活中,由于人的知识水平、认识能力及各种主客观因素的影响,决定了人只能是有限理性的。人的有限理性不可能准确无误地预测未来的一切,人类认识世界的局限性再加上预测工具的限制,决定了决策结果与实际情况肯定是有偏差的。

3. 世界的复杂性和多变性

世界是瞬息万变的,任何事物都处于发展变化之中,而且影响事物变化的因素纷繁复杂。尽管事物的发展都有一定的规律,但在事物发展的过程中,由于社会、政治、文化、经济等各种因素影响,会带来很多的不确定性,以致使事物的发展与自身的规律常常存在很大的偏离,从而增加了人对事物未来发展趋势预测的难度。

4. 现实生活的偶然性和随机性

运用先进的方法和手段固然可以更好地预测未来,但随机性、偶然性因素却难以消除,由于影响决策的条件本身就具有随机性,决策的结果就必然会带来风险。

正是由于存在风险产生的诸多不可控原因,决定了风险的产生是不可避免的,在现实生活中要完全消除风险也是不可能的,人们所能做的就是科学地分析风险,研究应付和避免风险的办法,使决策更趋优化。

(五)企业风险的分类

所谓企业风险,是指企业在其生产经营活动的各个环节可能遭受到的损失威胁。由此可见,企业风险是一个广义的概念,它涉及的范围相当广泛。不管是在采购、生产、销售等不同的经营过程,还是在计划、组织、决策等不同职能领域,企业所遇到的风险都统称为企业风险。

不同的企业风险具有不同的特征,为了更全面地掌握企业风险理论,增强风险研究的针对性,有必要对不同的企业风险进行分类。

(1) 按风险产生的原因分类,企业风险可分为自然风险和人为风险。自然风险是指自然界中客观因素的变化对企业生产经营活动造成损失的可能性。如雷电、雪崩、风暴、地震和洪水等。人为风险是指由于人们主观行为对企业生产经营活动造成损失的可能性。如盗窃、抢劫、玩忽职守和故意破坏等。

（2）按风险的性质分类，企业风险可分为静态风险和动态风险。静态风险又称纯粹风险，是指只有损失机会而没有获利可能的纯损失风险。如火灾、地震、汽车碰撞等。动态风险也称为投机风险，是指既有损失机会又有获利可能的风险。如新项目建设、新产品开发等既可能给企业带来收益，也可能带来损失。

（3）按风险的对象分类，企业风险可分为财产风险、人身风险和责任风险。财产风险是指财产所遭受的损毁、灭失和贬值的可能性。人身风险是指由于人员的变动或工作能力的丧失而造成企业收入损失的可能性。与财产风险相关的损失有两种类型：财产直接损失和间接损失或后果损失。责任风险是指因侵权行为而使侵权人的收入遭受损失的可能性。

（4）按风险承受能力分类，企业风险可分为可接受的风险和不可接受的风险。企业在研究本身承受能力、财务状况及心理承受能力的基础上，确认能够接受最大损失的限度，低于这一限度的风险称为可接受的风险，高于这一限度的风险称为不可接受的风险。

（5）按风险产生的企业内外环境分类，企业风险可分为环境风险、过程风险和决策信息风险。环境风险是指由企业外部环境因素所产生的风险。过程风险是指企业在生产经营过程中，由于各种内部原因而产生的风险。决策信息风险是指企业在决策过程中，由于信息不完善或决策人的能力有限性而造成的风险。

除此之外，企业风险还可以按照业务类型，分为本金风险、通货膨胀风险、存货风险、流动性风险、利率风险或信用风险、外汇风险和新产品开发风险等。

二、企业风险识别

企业现实的或潜在的风险都会给企业带来巨大的损失，因此企业必须高度关注本企业的风险状况，学会识别风险。所谓风险识别是指企业采取各种方法，在企业的风险出现前或出现时系统、连续地识别它们。企业如果不能有效识别所面临的各种风险，就无法找到处理风险的最优方法，这样，企业很可能在不知不觉中就承担了风险带来的损失，而这样做往往是很危险的。

（一）风险识别的内容

识别风险是企业风险管理的必要程序。只有准确地判断、识别所存在的风险，企业才有可能更加有效地防范风险的发生，减少经营损失。风险识别的重点在于找出风险点和判断风险类型。根据对企业风险成因的分析，企业可以发现基本的风险区域，找出关键的风险点，并在此基础上判别风险类型。风险点可能潜藏于企业外部环境、内部条件以及资源配置的任何方面，但其中最常见也是最重要的企业风险主要涉及以下几类：

1. 环境风险

这是指由于企业外部环境的意外变化打乱了企业预定的生产经营计划而产生的经济风险。引起这类风险的关键因素主要有三个方面:① 国家宏观经济政策的变化,如税收政策、货币政策、汇率的调整等,使企业受到意外的风险损失。② 企业的生产经营活动与外部环境的要求相违背而受到的制裁风险,如企业的生产污染了环境。③ 社会文化、道德风俗习惯的改变使企业的生产经营活动受阻而导致企业经营困难。

2. 市场风险

这是指市场结构发生意外变化,使企业无法按既定策略完成经营目标而带来的经济风险。导致市场风险的因素主要有:① 企业对市场需求预测失误,不能准确地把握消费者偏好的变化;② 竞争格局出现新的变化,如新竞争者进入,所引发的企业风险;③ 市场供求关系发生变化;等等。

3. 技术风险

这是指企业在技术创新的过程中,由于遇到技术、商业或者市场等因素的意外变化而导致的创新失败风险。其原因主要有:① 技术工艺发生根本性的改进;② 出现了新的替代技术或产品;③ 技术无法有效地商业化;等等。

4. 生产风险

这是指企业生产无法按预定成本完成生产计划而产生的风险。引起这类风险的主要因素有:① 生产过程发生意外中断;② 生产计划失误,造成生产过程紊乱;等等。

5. 财务风险

由于企业收支状况发生意外变动给企业财务造成困难而引发的企业风险。这类风险一般是由于企业的资金运作过程遇到问题而引起的。如因投资项目失败使企业投入的资金无法收回等。

6. 人事风险

凡是涉及企业人事管理方面的风险就称为人事风险。如高级管理人员或重要技术人员跳槽使企业生产经营活动受到影响,或者企业员工泄露企业秘密而使企业利益受到损害等。

(二) 风险识别的程序

风险识别的实质是应用有关知识、方法,对风险因素、风险事故和风险损失进行推断和认识的过程。这个过程包括筛选、监测和诊断三个紧密相连的环节。

第一,筛选。所谓筛选,是按一定的程序将具有潜在风险的产品、过程、事件、现象和人员进行分类选择的风险识别过程。利用筛选识别风险,可以分析潜在的各种不确定因素,研究可能引起风险损失的因素,弄清可暂时排除的因素,分析对产生风险及损失的影响不甚明了的因素,对已经有所识别的潜在风险作更深入的分析,对风险发生的可能性和后果进行筛选归类,从而有利于风险管理者以不同的方式处理各种不同的风险。

第二,监测。监测是在风险出现后,对事件、过程、现象、后果进行观测、记录和分析的过程。监测应在筛选的基础上进行。在对引起风险的因素进行筛选的前提下,对引起风险的因素进行监测,密切关注其发展和变化,以便及时提示人们下一步应该采取的行动,如地震监测、台风监测和环境监测等,对风险的识别具有非常重要的意义。现代自然风险监测工作已跨越国界,形成全球性的风险监测网络,这对于及时传递、交流信息,准确监测各种风险事件,减少和消除风险发生的可能性有着十分重要的作用。

第三,诊断。诊断是对风险及损失的前兆、风险后果与各种原因进行评价与判断,找出主要原因并进行仔细检查的过程。诊断也是风险识别的一个重要环节。对企业风险进行诊断,主要是对企业的一般状况以及收益性、生产性、成长性、安全性、流动性进行评价分析。目的是为了在企业制定和实施决策前能够更好地了解风险情况,如哪些环节最容易发生风险,风险可能引起的最坏后果是什么,等等,以便于正确地判断风险、防范风险。

(三) 风险识别的方法

为了有效地识别风险,风险管理人员应该注意采用多种识别风险的方法。一般说来,比较常用的风险识别方法有以下几种:

1. 财务状况分析法

财务状况分析法是依据企业的资产负债表和损益表等财务资料,对企业的固定资产和流动资产进行分析,以发现其潜在的风险。这些风险主要包括三种:资产本身可能遇到的风险,因遭受风险引起生产或业务中断可能带来的损失,造成人身伤害和财产损毁应付的赔偿金等。财务报表能综合反映企业的经营状况,通过财务报表能够发现企业风险存在的主要环节,从而有助于识别与财务活动有关的各种潜在风险。

2. 生产流程图法

生产流程图法是指通过建立流程图来分析潜在损失的一种风险识别方法。这里的流程是指生产流程,包括工艺流程和加工流程。流程是指投料后,通过一定的生产设备和管理顺序连续地进行加工,直到生产出产成品的全过程。按照流程图法,应首先将生产过程按顺序排成流程图,然后对每一阶段、每一环节,逐段进行调查分析,从中发现潜在的风险,挖掘产生风险的根源,分析风险发生后可能造成的损失及其对整个企业造成的不利影响。采用流程图法,有利于发现生产流程中的薄弱环节和生产流程受阻时可能给企业造成的损失。

3. 环境分析法

环境分析法是根据对企业面临的外部环境和内部环境的系统分析，推断环境可能对企业产生的风险与潜在损失的一种识别风险的方法。企业外部环境主要是指原材料供应情况、市场供需状况、企业筹资渠道、贷款难易程度、与顾客和竞争对手的关系等。企业内部环境是指企业的生产条件、规章制度、员工素质及企业管理水平等。采用环境分析法，首先应全面系统地分析企业的外部环境和内部环境，以及环境变化对企业生产经营的影响；其次应分析企业与内部环境和外部环境的相互关系及其稳定程度。通过这些分析，就能够使企业发现许多引起潜在损失的风险因素，更好地识别风险。

4. 德尔菲法

德尔菲法是一种集中众人智慧进行科学预测的风险分析方法。德尔菲法是美国咨询机构兰德公司首先提出的，它主要是借助于有关专家的知识、经验和判断来对企业的潜在风险加以估计和分析。具体做法如下：

第一，根据所要研究的风险问题，邀请一些能够提出意见的经济专家、管理专家、技术专家等，请他们以匿名方式参加某项风险的讨论分析。

第二，向各有关专家提供所需研究的风险问题的相关资料，或按专家要求提供各种补充材料。

第三，拟订关于某项风险分析的调查提纲，请专家各自回答有关问题，并提出自己的意见和依据。

第四，对专家意见进行统计整理，然后将汇总情况再反馈给专家，请他们在此基础上对企业风险作新一轮的判断分析。这一过程可反复进行多次，直到总体意见的分布离散度达到某一确定的标准。

第五，根据专家的最终意见进行归纳总结，提出企业风险分析报告。

5. 幕景分析法

幕景分析法是指通过利用数字、图表、曲线等，对企业未来的状态进行描绘，从而识别引起风险的关键因素及其影响程度的风险识别方法。幕景分析法研究的重点是：当引发风险的条件和因素发生变化时，会产生什么样的风险，导致什么样的后果等。幕景分析法既注意描述未来的状态，又注重描述未来某种情况发展变化的过程。例如，它可以向决策者提供未来某种投资最好的、最可能的和最坏的前景，并可详细给出这三种不同情况下可能发生的事件和风险，供决策时分析参考。

幕景分析法是一种扩展风险分析人员视野、增强分析能力的思维程序，其主要作用是：提醒决策者注意某项变化可能引起的风险和后果；研究某些关键因素对未来过程可能产生的影响；对风险的范围提出合理性的建议；对各种情况进行比较分析，选择最佳结果。

(四) 企业风险评估

企业风险评估,也称为风险估计,就是在风险识别的基础上,运用概率论和数理统计的方法对可能发生的风险的预计、度量和估测工作。如果说风险识别是为了判断会出现何种风险的话,那么,风险评估就要研究风险究竟有多大,会带来什么程度的损失后果,风险评估是风险管理中最重要的环节之一,它直接决定着风险控制和管理的成败。

1. 风险评估的内容

概括起来,风险评估主要包括以下内容:

(1) 对风险本身的界定。具体包括:风险发生的可能性;风险的强度;风险的持续时间;风险发生的区域及关键风险点。

(2) 对风险作用方式的界定。主要包括:风险对企业的影响是直接的还是间接的;此类风险是否会引发其他的相关风险;风险对企业的作用范围等。

(3) 对风险后果的界定。在损失方面:如果风险发生,对企业会造成多大的损失?如果避免或减少风险,企业需要付出多大的代价?在冒风险的利益方面:如果企业冒了风险,可能获得多大的利益?如果避免或减少风险,企业得到的利益又是多少?

只有进行了尽可能准确的风险评估,才有可能决定是否值得冒险,应该冒多大的风险,否则,将会给企业造成重大的损失。

2. 风险评估的程序及方法

对风险进行评估,实际上就是运用概率统计的方法对事物出现的各种结果进行相关的计算分析。具体来说,主要包括以下一些方法和步骤。

第一,确定每项事件各种结果的发生概率。应当尽可能地结合历史资料进行推断,以保证结果的准确与客观。

第二,计算各项事件的期望值。期望值反映的是事件结果的集中趋势,也就是人们所期望的结果的平均值。其计算公式如下:

$$期望值(E) = \sum_{i=1}^{n} P_i X_i$$

式中,P_i 表示 X_i 事件结果发生的概率。

第三,计算方差、标准差和变差系数:

$$方差(\sigma^2) = \sum_{i=1}^{n} (X_i - E)^2 P_i$$

$$标准差(\sigma) = \sqrt{\sum_{i=1}^{n} (X_i - E)^2 P_i}$$

$$变差系数(V) = \frac{\sigma}{E}$$

第四,比较标准差或变差系数,判断风险大小。

一般来说,标准差越小,概率分布就越密集,有关方案的风险性也就越小。相反,标准差越大,风险性也越大。在各方案期望值相同的情况下,变差系数越大,风险越大;变差系数越小,风险也越小。在备选方案风险相同的情况下,应选择期望值大的方案。

三、风险影响分析

企业生产经营活动的每一个环节无不受到风险的影响。风险影响分析就是在风险识别、评估的基础上,就风险对效用、成本、收益及决策主体等方面的具体影响进行分析考察。

(一) 风险成本与风险收入

1. 风险成本

众所周知,风险会给人们带来多方面的不利影响。例如,市场风险可能导致产品的销售受阻,技术风险会使新产品半路夭折。因此,现实生活中,人们总是想方设法力图避免或者减少风险的影响,但是,由于风险的客观性,任何人、任何企业想要完全摆脱风险,实际上都是不可能的。而要面对风险并且消减风险,就必须付出相应的代价,这种因风险引发的企业费用就叫风险成本。风险管理的一项重要任务,就是要不断降低企业的风险成本,提高风险管理的效果。

风险成本有广义和狭义之分。从广义来说,它既包括风险本身所造成的损失费用,也包括对风险的前期预防费用以及后续的风险处置费用。可用下式表示:

广义风险成本 = 预防费用 + 实际损失 + 处置费用

显然,这是一个着眼于整体的概念,它从风险的发生过程入手,将预防费用、实际损失、处置费用都包容其中,从而反映了企业风险的全过程影响。

狭义的风险成本就是指风险引发的实际损失,公式如下:

狭义风险成本 = (风险)实际损失

狭义风险成本的大小主要取决于风险的性质,如风险的影响强度和影响范围等。如果风险对事物造成的破坏较大,则风险成本就高;反之则小。狭义角度的风险成本具有较强的针对性和实用性,它建立在风险的实际损失基础之上,以局部为着眼点。

以上两种类型的风险成本都各有其特定的作用和特点。一般来说,在风险的防范管理中,较多的是从广义角度来理解风险成本,而在衡量企业的实际成本时,则主要将狭义的风险成本作为考虑对象。

2. 风险收入

众所周知,风险的一个重要特征就是损失与收益的相连性,人们之所以愿意冒险,最重要的一个原因就是风险能带来相应的回报,而且,鉴于风险的特殊作用,它所产生的报酬不同于一般收益。风险收入的最主要特征是它比正常收益具有更高的数额。比如,在无风险条件下,如果企业对某项目的期望收益是1万元,那么在风险条件下企业的期望收益就会高于1万元,显然,其中多余部分是用来抵补风险损失的,也就是说,当企业决策者在风险条件下制定某项决策时,不仅会希望获得正常的回报,还会要求一定的补偿风险的收益,这部分多出来的收益又称为风险溢价。风险收入也有广义和狭义之分,广义的风险收入可用下式表示:

$$\text{广义风险收入} = \text{正常收入} + \text{风险溢价}$$

狭义的风险收入就是指补偿风险的收益,即:

$$\text{狭义风险收入} = \text{风险溢价}$$

一般而言,风险越大,风险溢价就越高,反之则越小。可见,风险收入与风险成本是成正比的,风险成本越高,风险收入也就越大;风险成本越低,风险收入也就越小。这与一般常识也是一致的,如果没有较高的风险报酬,谁也不愿支付较高的风险成本,在高科技领域这一点得到了最好的证明。由于高科技开发具有极大的风险,因而其投资成本相对较高,但若开发成功,其收益便远远高于一般的投资活动。风险企业家之所以乐于投身此道,看中的正是高额的风险收入。

(二)风险价值链

价值链概念是美国管理学家迈克尔·波特在《竞争优势》中提出的。一般来说,企业的运作主要包括设计、生产、销售、服务等环节,在其中的每一个环节,都会发生相应的投入产出活动,从而导致价值的创造与转移,因此,所有这些活动的连接就组成了一个价值链。价值链反映了企业生产经营过程中各个环节之间的联系和作用。

但是,迈克尔·波特提出的价值链概念并没有考虑风险的影响。事实上,企业生产经营活动的每一环节都潜藏着风险,它所进行的每一项活动都是与风险密不可分的。因此,有必要在价值链分析中增加风险的影响和作用。所谓风险价值链,就是在一般价值链的基础上,将风险影响注入其中,从风险角度考虑各项活动的价值创造和转移。由于风险价值链突出了风险对企业生产经营活动的影响,因而这一概念更加具有现实意义。

从竞争的角度来看,价值是通过成本与收益的比较来衡量的,因此风险价值链实际上反映了风险成本和风险收益的关系。运用风险价值链分析企业行为，首先必须对某项活动的风险成本进行评估，然后再计算可能实现的风险收益，其中的差额就是这项活动或这个环节所新增的价值，即：

差额 = 风险收益 - 风险成本

如果此值大于预定标准，则表明该项活动达到了目标要求；如果此值小于预定标准，则说明该项活动应当加以调整和改善。具体计算时，必须注意风险成本与风险收益内涵的一致性。总之，风险价值链是一种诊断企业经营行为有效性的有力工具，也是风险管理不可或缺的手段。

（三）风险效用

效用就是人们从消费商品中所获得的满足程度，它是与人的主观心理感受相联系的一个概念。效用在日常生活中是非常普遍的，如一本课本对一名学生的效用很大，但对一个文盲来说，效用就很小或几乎没有效用。物品是否有效用及效用的大小取决于消费者对该物品的主观感受和评价。因此效用具有随时间变化而变化、因人而异以及受人们经济条件制约等特点。

1. 风险与效用

效用理论运用到企业风险分析中，有极其重要的应用价值。一个企业资金雄厚，实力强大，有能力承担更多的损失，勇于承担风险，即使产生了较为严重的损失，企业也能承受和弥补。但对于中小企业来说，由于受到资源规模的限制，它们的抗风险能力较弱，在面对可能取得较大盈利但也可能亏损的选择时，它们一般难以决断，犹豫不决，这时，效用标准就将发挥重要作用。

消费者消费商品的目的是为了满足自身的需要，但同样能够满足需要的商品消费者也要作出选择，其选择的主要依据就是消费者对商品效用的不同认识和感受。在没有风险的情况下，任一商品对消费者的效用取决于消费者消费商品的数量。总效用随消费商品数量的增加而增加，边际效用随消费商品数量的增加而递减。但是，在有风险条件的选择情况下，消费者的效用状况则将视具体的效用值而定。同样道理，在企业经营决策的风险影响分析中，运用效用标准去选择决策方案，也必须比较效用的大小。效用的具体度量称为效用值，可以通过计算“效用系数”和绘制“效用曲线”来测定。效用值是对几种方案相比较得到的相对值。一般来说，当某一个条件或结果变成现实时，就会使决策者产生一定的心理感受，或高兴，或不满意，这样，每一个条件或结果都对应一个效用值，通过比较总体效用值的大小，决策者就能够决定对方案的取舍。

效用值具有双重属性，一方面具有客观性，即效用大小与一定的客观条件有关，可以通过测算其相对数量值，用于决策的比较；另一方面，它也有主观性，即效用大小还受到决策者个人对风险的主观感受的影响。因此，在确定效用值时应注意这两方面的特点及要求。

2. 风险反应态度

人们对待风险的态度,或者说人们的风险偏好,是指人们承担风险的意愿。不同的决策主体对于承担风险的意愿是不同的。根据个人承担风险意愿的差别,可以将决策主体的风险反应态度分为三类:厌恶风险者、喜欢风险者和风险中性者。

假定决策主体在无风险条件下所获得的确定性收入与其在有风险条件下所获得的期望收入值相等,那么,如果决策主体对于确定性收入的偏好大于有风险条件下期望收入的偏好,则该决策者就是厌恶风险者;如果决策主体对于确定性收入的偏好小于有风险条件下期望收入的偏好,则该决策者就是喜欢风险者;如果决策主体对于确定性收入的偏好与有风险条件下期望收入的偏好是无差别的,则该决策者就是风险中性者。这三类不同的风险反应态度具有不同的效用曲线(见图 7-1)。

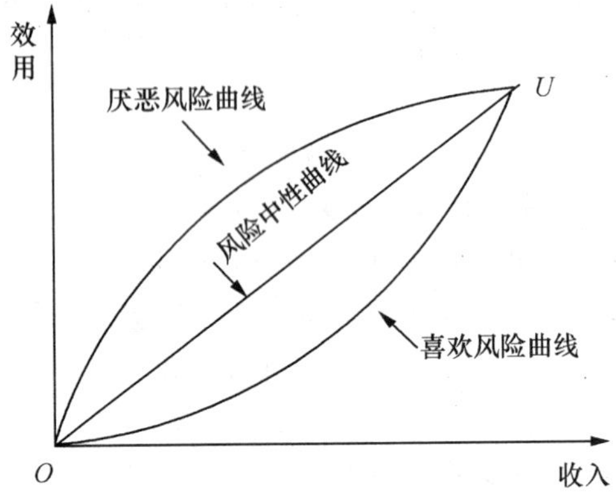

图 7-1　三种类型的效用曲线

(1) 上凸曲线为厌恶风险曲线。对于厌恶风险者而言,确定性收入的效用高于同样数额有风险条件下期望收入的效用。也就是说,在可获得的确定性收入与有风险条件下的期望收入相等的情况下,厌恶风险者偏爱确定性收入而不是有风险条件下的期望收入。

(2) 下凹曲线为喜欢风险曲线。对于喜欢风险者来说,有风险条件下期望收入的效用高于确定性收入的效用。也就是说,在可获得的确定性收入与有风险条件下的期望收入相等的情况下,喜欢风险者偏爱有风险条件下的期望收入而不是确定性收入。

(3) 从原点出发的射线为风险中性线。表明对风险中性者而言,有风险条件下的期望收入与确定性收入所产生的效用是相同的。

对应于三种不同类型的效用曲线,风险主体的决策行为也是各不相同的。喜欢风险者对收益比较敏感,喜欢追逐高收入,这种人有较强的进取心,为了追求较大的利益,即使要冒较高风险也在所不惜,当面对风险程度不同而且收益各异的决策方案时,往往会选择预期收益大、风险也大的方案,现实中常表现为冒险型决策者。厌恶风险者对损失较为敏感,只要能少冒一些风险,哪怕少获得一些收入也愿意,这类风险主体在进行决策时,总是力图追求稳定的收益,而不愿冒较大的风险,在选择各种投资机会时,往往倾向于预期收益小但风险也小的项目,决策行为比较保守。风险中性者的决策行为介于上述两种情形之间,他们常常在决策中表现出一种无所谓的态度,认为有风险和没有风险的结果不会有多大差别,但现实中,真正的风险中性者并不多见。

显然,在实际决策活动中,上述三种极端的态度和行为都是不正确的。过于保守可能使企业坐失获利良机,过于冒险又会给企业造成巨大损失。对于一名理性的决策者来说,既要敢于大胆决断,不为风险所惧,又要善于利用合适的手段和措施,规避或者减少风险损失。也就是说,应该采取一种非极端化的趋险与避险的态度来进行风险决策。

四、企业风险防范

风险防范是风险管理的重要环节,也是实施风险管理的最终目的。但由于风险存在于企业生产经营活动的各个环节,不同的企业对风险又持有不同偏好,因此很难找到一个标准的模式来防范企业所面临的所有风险,只能根据企业风险管理的共性,提出风险管理的思路,明确风险防范的重点。

(一) 风险防范的整体思路

企业风险的产生受到一系列因素的影响,它贯穿于企业决策行为的全过程。因此,防范企业风险应该运用系统思想的指导,从整体、全程的角度考虑企业决策行为的风险控制,建立风险“过滤区”,并对各种可能的风险诱因细细筛选,认真剔除,为企业正常经营活动的开展“保驾护航”。

1. 控制风险源

控制风险的起源,将各种可能的风险因素消灭在萌芽状态,这是防范风险发生的有效途径。风险源的控制实质上是对风险进行事先性防范,通过提高企业“肌体”的健康水平,减少风险因素的产生。

从企业风险的成因分析中,可以看到,企业风险的产生是与它所处的外部环境和内部条件密切相关的,企业内外条件不同,则风险发生的状态概率也不同。其关系如图 7-2 所示。

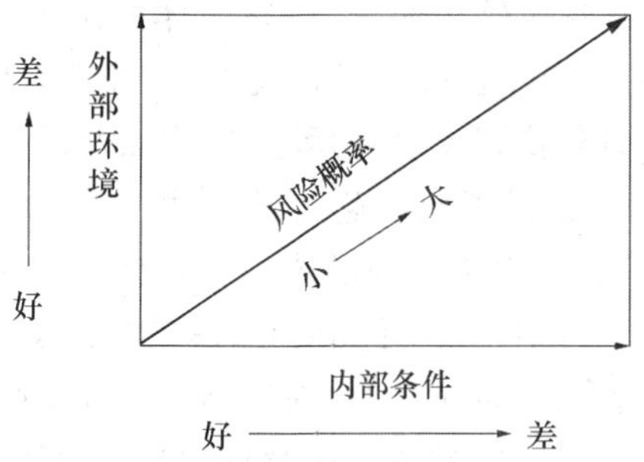

图 7-2 内外环境与风险关系

图中反映,企业的自身实力越强,外部环境越好,则企业发生风险的可能性就越小,反之企业发生风险的可能性就越大。这就说明,在企业的风险防范中,应该注重对风险源头的控制。通过事先的设计,一方面不断强化企业内部优势,提高自身实力,从而消除企业内部的风险隐患,另一方面,则通过超前设计,努力调整和改善外部环境状况,并引导环境往有利于企业的方向发展,最大程度地减少外部环境中的风险诱因。在企业对风险源头控制的事前设计中,应特别重视创新思维的作用,要依靠富有创意的企业策略来创造和加强企业优势,达到"强身健体"的目的。

2. 优化决策行为

优化决策行为是防范企业风险的必然要求。结合现代经营环境出现的新特点,优化决策行为应把握以下原则:

(1) 重视"顾客满意"。满足顾客需要是每一个企业生存发展的基础,也是企业必须坚持的一条准则。然而,近年来随着市场竞争的日益加剧,仅仅依靠满足顾客需要已经不能给企业带来更多的竞争优势,只有依靠提高顾客的满意度,才能使企业具有长盛不衰的优势地位。重视"顾客满意",就是要求企业从原来的满足顾客需要的被动地位转变到主动去寻找、发现甚至创造顾客的行为中来。事实上,企业的一切决策行为最终都将体现在顾客的购买选择上,顾客对企业的满意度提高了,则企业的决策风险就自然减少了。

(2) 重视无形资源与有形资源的集成开发。在知识经济时代,知识、技术、管理、创意、策略、商标品牌等无形资产的作用日益增加,它们在企业整体资源的配置中,常常扮演着粘合剂和催化剂的角色,即具有粘合功能和催化激活功能。以往企业只重视对有形资源的开发利用,在知识、智力因素日渐重要的新时代,这种做法已经远远不够了。现实中不少企业的资产之所以缺乏活力,关键原因就在于资产配置中出现"对称破缺",即无形资产和有形资产结构比例失调。只有提高对无形资产和有形资产集成开发的重视,将企业的竞争焦点逐渐转移到品牌、知识、智力的较量上来,才能使企业跳出传统运营的巢穴,迈入崭新的发展轨道。

（3）重视动态学习。面对日新月异的经营环境和市场竞争的不断加剧，学习新的经营规则、更新决策知识已经成为当今企业的一项重要任务。坚持动态持续地学习，提高知识技能的积累和储备是优化企业决策行为的关键。美国著名学者彼德·圣吉预言：21 世纪是学习的世纪。他指出，企业唯有通过持续的学习才能适应 21 世纪的竞争要求。显然，动态学习是企业避免环境变化风险的一条捷径。

3．消减风险影响

由于风险是客观存在的，因而想要完全避免风险是不可能的。为此，企业应该采取一定的措施，尽可能地减少风险的影响，将风险损失控制在最小限度内。消减风险影响可通过以下三个系统来完成：

（1）预警系统。主要功能是监控可能的风险因素，尤其是重点监测风险值较大的关键要素，及时、敏锐地发现异常征兆，并准确预报风险。风险预警一般通过模糊控制来实现，即设置模糊临界值区间，当企业内外条件变化处于临界值区间以内，说明此时处于安全状态，当变化超出临界值区间时，则表明状况异常，应发出警报。

（2）分析处理系统。主要功能是抑制风险的爆发，降低风险发生的机会。其主要作用方式是：当收到预警系统发出的警报后，详细分析潜在问题的成因，进行创新对策筹划并将创新措施及时付诸实施，以消除风险成因，防止风险发生。

（3）应急系统。这是一旦风险发生后企业可以启用的应急措施。它的主要功能是，在风险发生后，能有效地处理风险、应付危机，最大程度地消减风险影响的范围和程度，并以最快速度恢复企业正常运营。应急系统一般采用备选方案的形式预先准备，即根据预测的未来变化状态和企业可能遇到的风险，事先设计相应的备选方案，当风险发生后，则依据实际状况选择与之对应的应急措施加以实施，以便及时补救，变被动为主动，使风险损失降为最小。

（二）风险防范的重点环节

由于风险存在于企业生产经营活动的各个环节，无处不在、无处不有，因此企业在防范风险时，既要注重每个环节的风险防范，又要抓住风险防范的重点，只有这样，才能将企业所面临的风险降低到最低限度。

1．战略定位风险防范

企业战略是规范和指导企业整体行为的总纲。所谓战略风险，就是指企业战略与实际状况相脱节，从而导致企业发展方向出现偏离或错误的风险。战略风险的产生和战略定位有着直接的联系。定位不当或定位失误，都会埋下战略风险的隐患。例如，IT 界的霸主 IBM 公司就曾遭遇过战略定位不当的风险。早在个人电脑初露端倪之时，由于 IBM 的高层决策者对个人计算机的前景判断失误，仍然将公司战略定位于工业用大型机之上，结果使 IBM 公司走了一段弯路，在个人计算机市场上曾一度落后于苹果电脑公司。

一般而言,企业战略定位的主要方式有:竞争导向、市场导向、成本导向和创新导向等。企业的战略定位方式取决于战略目标,战略目标不同,战略定位方式也不同。但不管哪一种战略定位方式,都是既存在优点,同时也存在着风险。竞争导向定位的重点在于根据竞争对手的变化,不断调整自己的进攻或努力方向,其目的是建立起企业自身的竞争优势。但是,如果企业不能准确了解竞争对手的实际情况,正确认识自身实力与竞争对手的差别,同样也会存在定位失误的风险。市场导向定位的重点在于突出产品的适销性,扩大企业的市场占有率。显然,对市场需求判断失误是引发市场导向定位风险的主要原因。成本导向定位的重点在于通过低成本谋求竞争优势,其目标是实现低成本竞争。但由于这种定位方式过分强调产品成本的减小,因而往往在产品其他方面难以顾及,容易在质量、性能及服务等方面对企业构成威胁。创新导向定位是一种风险最大但同时收益也最可观的战略定位方式。青岛海尔集团奉行的就是创新导向的战略定位,通过在冰箱领域的一系列创新,使其产品始终领先于竞争对手,从而赢得了持久的竞争优势。无疑,采取创新导向的战略定位方式,要求企业必须具有雄厚的创新实力和勇于开拓的进取精神,否则就无法保证创新战略的实施和成功。

2. 技术创新风险防范

风险性是技术创新活动的一项根本性特征。所谓技术创新风险,就是指企业在从事技术创新的相关活动时所遇到的风险。它主要包括:① 技术风险,即技术开发从调研立项到样品试制成功阶段的风险。其风险主要来源于技术成功的不确定性、技术效果的不确定性和技术寿命的不确定性。② 生产风险,即成果中试和批量生产阶段的风险。这种风险的根源在于企业的生产能力、设备条件与创新技术产品化之间的适应状况。③ 市场风险,即在技术项目调研及新产品上市过程中所遇到的风险。其风险主要来源于对市场需求判断的不准确和新产品销售前景的不确定性。

降低技术创新风险,提高技术创新效果,是每一个企业必须面对的重要问题。具体思路表现为:① 技术集群化。要求企业在进行技术创新时,应围绕核心的成熟技术展开相关的创新活动,或者将各种不同的成熟技术进行“杂交”,形成技术综合体。显然,这种创新方式可以有效地发挥技术知识积累的作用,创新难度相对较小,能够有效地降低创新风险和成本。如北大方正集团,在其完成的第一代黑白激光照排系统基础上,开展了一系列的相关创新,推出了诸如彩色激光照排、卫星远程传版、网络化等系统,采取的就是这种技术集群化的创新模式。② 组织集团化。通过多个创新主体的联合,扩大主体覆盖范围,以达到资源共享、优势互补的目的,从而有效地减小和分散技术创新风险。这是一种借力整合的策略。如我国推行的“产学研”合作模式就是一种集团化策略,通过企业、学校及科研院所的联合,生产、技术、市场优势得到有机结合,提高了创新的成功度,同时也有效地分散了创新主体所承担的风险压力。③ 管理集成化。这是一种全新的管理理念及方法,它强调运用集成的思想和观念指导企业的技术创新实践,激发各项创新要素的活力,以实现创新系统的全方位优化。对技术创新实施集成管理的具体要求是:创新实施前突出超前策划,创新过程中强调整体优化。超前策划的重点在于系统地分析创新机会,并有组织、有目的地利用这些机会。整体优化就是要从整体出发来考虑和解决创新过程中遇到的问题,分析、调整各项流程之间的信息传递,加强有机衔接,保证创新效果最优化。

3. 产品风险防范

要进行产品风险防范,就必须了解产品的寿命周期。所谓产品寿命周期,就是指产品从投入市场开始到被市场淘汰为止的整个时期。它一般包括四个阶段,即投入、成长、成熟和衰退。由于各个阶段产品面临的市场结构及竞争状态不尽相同,因此产品在不同阶段表现出来的风险和防范措施也不一样。

(1) 投入阶段。当一项新产品刚刚投放市场时,由于市场中尚未出现同类的替代性及模仿性产品,市场竞争相对较弱,因而其遭到的竞争风险一般较小。此时产品的风险主要来自两方面:一是产品的知名度太低,产品信息尚未被市场充分有效地接受;二是由于产品刚刚投产,在性能、品质、结构等方面存在较大的不稳定性,产品成本也相对较高。此时企业风险防范的重点是加强产品宣传,加快产品信息传播速度,尽快扩大产品影响和知名度。同时还应根据市场的反馈信息,对产品进行相应的调整和完善,增强产品的适销性。

(2) 成长阶段。此时产品已经逐渐为市场所认识和接受。产品信息迅速向市场的各个层面渗透,产品本身的性能、质量也稳步提高,市场占有率不断增加,从整体来看,该阶段的产品风险相对较小,是产品获得快速发展的一个有利时机。此时企业应主要致力于扩大生产规模,提高产品产量,以便能充分、及时地满足日益增长的消费需求,不断扩大产品的市场占有份额,使企业迅速收回产品投资。

(3) 成熟阶段。随着产品的销售量逐渐趋于一个相对稳定的状态,成熟阶段便开始来临。此时产品的性能、质量、品牌等特点已在消费者心中形成各自的固定模式,消费群体相对固定。在这一阶段,消费者对产品已相当熟悉,并且已逐渐对产品本身的性质、结构方面的缺陷流露出越来越多的不满,产生了对功能更全、结构更优的创新产品的渴求。成熟阶段的营销竞争已经超越了价格、质量等产品自身具备的要素,逐渐向品牌、服务等更高层次的要素延伸。在这一阶段,企业应采取的主要对策是:改进设计、增加性能、提高质量、扩大用途等。其中关键的是要突出产品特色,力求在众多的产品中独具一格。同时企业还应加强产品营销服务,增加诸如技术、文化、情感等方面的含量,提高产品附加值,以维持产品的市场吸引力。

(4) 衰退阶段。这个阶段的典型特征是,消费者的偏好已经发生变化,市场对产品的接纳程度越来越低,产品销售量急剧下降。此时市场上已出现大量的替代产品和新型的竞争产品,产品的市场风险达到最大化,事实上,这一阶段的风险已转化为一种显而易见的产品危机,也就是说,产品遭淘汰的命运已无法逆转,只不过时间早晚而已。在这一阶段,企业的目标已不是如何防范风险的发生,而是要尽力削减风险导致的损失。此时对企业来说,最主要的是决策者应具有决断的勇气和魄力,对于已无市场前景的产品,要坚决地转产、淘汰,并及时推出新的换代产品,或者开辟新的市场领域,以抢占制胜先机。

4. 投资风险防范

投资是企业的一项重要活动。但由于投资活动过程中存在着许多难以预测的干扰因素,因而投资行为是有风险的。所谓投资风险,就是指在企业的投资过程中或投资完成后,企业发生经济损失和不能收回投资、获得预期收益的可能性。投资风险是一种客观现象,只要发生投资,就必定伴随着风险,这是由于投资结果的不确定性所导致的,投资时间越长,数额越大,不确定性就越大,投资风险也就越大。

企业投资的类型多种多样,可以是物质形态的投资,如建造厂房、购买设备等;也可以是无形投资,如高技术、信息等;还可以通过股票、债券等参与证券市场投资。不同的投资方式,有不同的特点及适应条件,因此企业在从事各种不同类型的投资活动时,所面临的风险也是不一样的。这就给我们提供了一个有益的启示,即可以通过合理地选择、配置不同种类的投资活动,来达到降低投资风险、提高企业投资效果的目的。其中投资组合便是达到这一目的的一种有效手段。所谓投资组合,就是企业根据投资方案的特点及风险状况,结合自身条件和外部环境的要求,选择几种不同的投资项目,从整体上加以协调优化,进行“组合式”投资。这样,即使在某个项目上遭到失败,企业无法收回投资成本,但只要在其他项目上获得成功,企业仍可以获取较高的投资报酬,同时也可在一定程度上弥补失败项目的投资损失。通俗地说,投资组合的实质就是“不要把所有的鸡蛋都放进一个篮子里”。一般而言,投资者都希望能躲避风险,追求获益,而如果将所有投资都集中在一个项目,那么风险将过于集中。一旦这个项目投资失败,无法产生回报。或者投资收益率不理想,则企业将遭受较大损失。进行“组合式”投资,将资金合理地配置于多种具有良好获利前景的投资活动上,则可以有效地分散风险,资金安全性也得到了提高。

➡练习题

1. 风险识别的主要内容有哪些?

2. 简述风险识别的一般程序。
3. 风险评估包括哪些内容?
4. 企业风险有哪些特征? 风险的主要成因是什么?
5. 风险成本、风险收益的含义是什么?
6. 简述产品风险防范的基本思路。

案例分析

海尔集团的扩张风险防范

兼并扩张是企业快速发展壮大的必由之路。但是,扩张也有风险,盲目扩张很可能给企业埋下致命的隐患。但海尔集团却走出了一条成功扩张的快速发展之路,十几年来,海尔先后合并、兼并了多家企业,产品从冰箱扩展到冰柜、空调、洗衣机,又从"白色家电"扩展到"黑色家电"领域。海尔集团之所以能够取得多次兼并、扩张的成功,其主要原因之一就在于海尔集团注重了扩张过程中的风险防范。

一、海尔扩张的思路:"吃休克鱼"

所谓"休克鱼",张瑞敏的解释是:鱼的肌体没有腐烂,比喻企业的硬件很好,而处于休克状态,比喻企业的思想、观念有问题,导致企业停滞不前。这种企业一旦注入新的管理思想,有一套行之有效的管理办法,很快就能够被激活起来。

"吃休克鱼"的理论为海尔选择兼并对象提供了现实依据。海尔看重的不是兼并对象现有的资产,而是潜在的市场、潜在的活力、潜在的效益。如同在资本市场上买期权而不是买股票。海尔 15 件兼并案中有 14 件是按照"吃休克鱼"的模式进行的。14 家被兼并企业的亏损总额达到 5.5 亿元,而最终盘活的资产为 14.2 亿元,成功地实现了 1 + 14 > 15 的低成本扩张目标。

二、海尔的扩张形式

1. 整体兼并

这是指依托政府的行政划拨实现企业的合并,比如对红星电器公司的兼并。红星电器曾是我国三大洗衣机生产企业之一,年产洗衣机 70 多万台,拥有 3 500 多名员工,但由于经营不善,企业亏损 1 亿多元。1995 年 7 月,青岛市政府决定将红星电器公司及所属 5 个厂家整体划归海尔。兼并 3 个月后扭亏,半年后盈利 151 万元。

2. 投资控股

整体兼并更多地出现在同地区、同一行业企业间的兼并中,而跨地区、跨行业的兼并则主要依靠投资控股的形式。1995年12月海尔收购武汉冷柜厂60%股权,迈出了跨地区经营的第一步。1997年3月,海尔再度挥师南下,出资60%与广东爱德集团公司合资组建顺德海尔电器有限公司,并创下了"一个月投产,第二个月形成批量,第三个月挂牌"的"海尔速度"。

3. 品牌运作

品牌是一种标识,代表的是以企业文化为内涵的无形资产。在通过运作资本实现兼并扩张的同时,海尔开始以无形资产调控、盘活有形资产的尝试。山东莱阳家电总厂生产的"双晶"牌电熨斗曾名列行业三大名牌之一。1997年1月,海尔与莱阳家电总厂以"定牌生产"的方式合作推出了海尔"小松鼠"系列电熨斗。8月,又进一步组建了莱阳海尔电器股份有限公司,海尔首次以无形资产折股投入合资企业,开辟了低成本扩张的新途径。

4. 虚拟经营

所谓"虚拟经营",既是品牌运作的一种高级形式,又是海尔"先开市场、后建工厂"经营理念的具体体现,这种重组方式已经超越了"吃休克鱼"的模式,而是通过强强联合,优势互补,新造一条活鱼。与杭州西湖电子集团的合作就是海尔虚拟经营的成功尝试。从这个意义上说,海尔不仅是市场的探路者,也是扩张重组新形式的探路者。

三、"克隆海尔鱼"

海尔兼并扩张的一条基本原则就是"总体一定要大于局部之和"。它体现了海尔扩张的宗旨:求强,而不仅仅是为了做大。因为是求强,所以海尔必须兼并一个成功一个,必须最大限度地优化资源配置,挖掘企业重组后的潜能。海尔兼并重组的过程,实质上是海尔自我复制的过程。用时髦的话说,就是"克隆海尔鱼"。

张瑞敏认为,兼并能不能成功,就看你自己有没有一个过硬的经营模式。如果你自己的经营模式不成功或者不成熟,那么兼并别的企业只会是一种灾难。

其他企业在接收被兼并企业时,一般情况下,第一个派去的总是财务部门,而海尔第一个派去的却是企业文化中心。由企业文化中心的人去讲海尔精神、海尔理念。当年海尔兼并红星电器公司时就是如此,没有一分钱的投入,靠海尔精神、海尔理念激活了一个企业。

四、海尔扩张风险防范的对策

所谓扩张风险,即企业在扩张时必然遇到的问题。这可能来自多方面,其中最主要的是多元化风险、组织风险和人事风险。

1. 多元化风险的防范:"东方亮了再亮西方"

"东方不亮西方亮"企业采取多元化发展时,一般都在打这个"如意算盘"。实践的结果显示,往往并不都灵验,失算者并不比胜算者少。面对企业多元化扩张实践中出现的种种风险,有些人开始对它产生了疑问,甚至提出:"谁家的多元化成功了?”

海尔采取的多元化发展战略是:“东方亮了再亮西方。”张瑞敏认为“问题不在于企业需不需要搞多元化,而在于企业自身有没有能力搞多元化”。显然,对于企业的多元化扩张,海尔人持的态度是:有前提、有条件、讲方针的谨慎的肯定。这是一种有风险意识、有风险防范措施的立场。

海尔已经“亮了”的东西是什么?它自身的优势是什么?一是以“日清日高”管理法为核心的独具特色的企业文化;二是靠质量享誉的名牌效应;三是覆盖面广泛的市场网络和星级服务体系。

这三张“王牌”,主要是无形资产。“以无形资产盘活有形资产”,是海尔兼并扩张、资产重组的特色,也是其实现低成本扩张的秘诀。

2. 组织风险的防范:五阶段对策

企业扩张的主要目标是实现规模化。而经营规模化的必然要求是组织上的集团化。对于大企业集团来说,组织风险可是一种致命的风险。

如果规模化的结果是 $1+1<2$,就是规模不经济。这种情况,一般源于企业组织结构、运行机制的不科学。因此如何把握好分权和控制力的度,历来是大集团最头疼的难题。分权不到位,所属的企业容易缺乏主动性、积极性和活力。分权过度,缺乏必要的控制力,总体上又形不成 $1+1>2$ 的效果。海尔集团总裁张瑞敏提出的“联合舰队”模式,既有效地防范了企业组织风险,又为实现 $1+1>2$ 效果奠定了组织保障。

分权与控制力这对矛盾,在企业组织成长的不同阶段,其所处的地位是不同的。

(1) 初创阶段(1984—1988 年)。规律性的问题:企业组织不正规。海尔采取的对策:确立名牌战略,使企业从无序走向有序。

(2) 定向发展阶段(1989—1992 年)。规律性的问题:低层管理者要求自主权。海尔采取的对策:及时提出并实施“权力分散”。

(3) 分权发展阶段(1992—1996 年)。规律性的问题:因分权形成多个利润中心,协调、控制问题日益突出。海尔采取的对策:提出“允许各自为战,不允许各自为政”。

(4) 协调发展阶段(1996 年至今)。规律性的问题:管理部门出现官僚作风。海尔采取的对策:提出协调发展。

(5) 合作发展阶段(目前正向此过渡)。规律性的问题:职工因创造性工作而感到紧张、压力。海尔采取的对策:提出“实现个人价值”,以期达到好的效果,“感情和体力上都精疲力尽,但心理上十分满足”。

3. 人事风险的防范:“赛马”、“用亦疑”

企业管理的核心问题是对人的管理。这就涉及选人、用人的观念,标准、制度和机制等内容。其中某个环节搞得不好,就会出现人事风险。

企业经营规模的扩张,必然伴随着员工和管理人员的膨胀。人事风险也会随之加大。海尔在人的管理方面,形成了一套很有特色的做法,有效地防范了可能的人事风险。这主要表现在如下几个层面:

(1)“人人是人才”。“优秀的产品是优秀的人干出来的。”这种尊重人的理念,有助于调动员工干好本职工作、在本职岗位上成才的积极性,防范离心力风险。

(2)“事事有人管,人人都管事”。这可以有效防范“无事找事”的组织风险。在风险管理理论中,“无事找事”是组织人事风险的一个定律。

(3)“赛马不相马”。“管事凭效果,管人凭考核。”这就把竞争机制引入了人才选拔中,从观念上消除任人唯亲、用人凭领导好感的组织人事风险。

(4)激励机制。工人实行“三工并存,动态转换”。所谓“三工”,即在全员合同制基础上,把员工的身份分为优秀员工、合格员工、试用员工(临时工)三种。根据工作态度和效果,三种身份之间可以进行动态转变。管理人员实行“届满轮流,升迁靠竞争”。这种机制,可以有效防范铁工资、铁饭碗、铁交椅所带来的怠惰风险。

(5)“用亦疑”的用人理论。张瑞敏有一个高论:所谓“用人不疑,疑人不用”,是对市场经济的反动。通过“赛马”方式“赛”出来的人就用,但用了的人不等于不需要监督。封建社会以道德力量约束人,如忠义之士为知己者死,市场经济则靠法制力量。目前法规还不健全,需要强化监督。市场是变的,人也会变。有些人权力大了就把握不住自己,监督就是爱护,无情就是有情。及时地审计,可防止铸成大错。海尔的这个高论,我们暂且称之为“用亦疑”的用人理论。在实践中实际上是一种约束机制。正因为有了这个机制,企业组织人事方面的授权失当风险,在海尔的发展中得到了有效的防范。

问题讨论:

1. 你认为海尔采取的“吃休克鱼”与“克隆海尔鱼”的扩张思路,对于扩张风险的防范具有什么作用?

2. 你认为企业兼并扩张过程中最大的风险是什么?怎样才能有效地防范这些风险?

3. 海尔集团认为,企业扩张过程中遇到的主要风险是多元化风险、组织风险和人事风险,并针对这些风险采取了相应的防范措施。你对海尔的这些认识和做法有何评价?

4. 你认为海尔集团兼并扩张成功的最主要原因是什么?这些成功经验对我们所在的企业有什么借鉴价值?

第八讲 市场失灵与政府政策

问题讨论与交流

市场经济条件下,“看不见的手”在资源配置中发挥基础作用,但这只手不是万能的,它有许多缺陷。怎样认识这只“看不见的手”的缺陷?

在市场经济下,为什么还要伸出政府这只“看得见的手”,这只“看得见的手”对企业决策产生什么影响?它与“看不见的手”又有什么联系?

管理经济学主要是利用微观经济学的基本原理和分析方法研究企业管理决策过程中与资源配置有关的决策问题,目的是实现管理决策的科学化,实现资源的合理配置。但是,任何企业的决策都是在市场机制和政府调控的双重作用下作出的,这就要求企业在决策过程中既要考虑“看不见的手”的影响,又要考虑“看得见的手”的作用,只有统筹考虑这两只手的作用和影响,才能实现企业决策的科学合理与切实可行。

一、市场效率

(一)市场效率的概念

所谓市场效率,就是指市场在配置资源方面的效率。那么衡量市场在资源配置上是否最有效率的标准是什么?经济学界的理解各不相同,现在主要有这样几种观点:① 认为当资源使用无浪费现象时,资源配置最有效率。② 认为当经济社会能达到用最低的成本生产人们所需要物品的状态时,市场效率达到最优。③ 认为市场最有效率指的是在既定投入和技术条件下,资源利用能带来最大可能满足水平的状态。

而至今被大多数经济学家接受的衡量市场是否有效率的标准,是意大利经济学家帕累托提出来的,称为帕累托标准,或帕累托最优。

(二)帕累托最优

意大利经济学家帕累托在他的《政治经济学》讲义一书中首先提出生产资源的最适度配置问题。他认为在分配标准既定时,现状的改变如果使每个人的福利都增进了,这种改变就是有利的;如果使每个人的福利都减少了,这种改变就是不利的;如果使一些人福利增进而使另一些人福利减少,对整个社会来说这种改变就不是有利的。简言之,帕累托最优是指:任何的改变都不可能使一个人的境况变好而不使别人的境况变坏的状态。这时整个社会福利达到了最大,资源配置最有效率。也就是说,现状的改变,不管是利人利己,还是利己不利人、利人不利己,都没有使资源配置达到最优,只有现状的改变对每个人的境况都不产生有利或有害影响时,资源配置才是最有效率的。

帕累托最优为衡量经济运行的效率提供了一个标准:如果一种资源的配置还没有达到帕累托最优,那就存在着某种方法来改进资源的配置,至少可以使其中一些人的境遇变得更好,而同时又没有损害其他人的利益。

怎样才能实现帕累托最优呢?西方经济学家认为,帕累托最优的实现需要满足三个条件,而当市场是完全竞争时,可以保证这三个条件的满足。这三个条件是:① 生产的有效性,即不可能再找到另外一种生产方式使得增加一些商品的产量而又不减少其他商品的产量。这意味着在给定生产要素投入的情况下,已经使产出达到了最大;或者说,在给定产出的情况下,已经使要素投入达到了最小。② 各种产品生产比例的有效性,即企业不仅能够用最优的可能性进行生产,而且生产出来的产品充分反映了消费者的偏好,能最好地满足消费者的需要。③ 交换的有效性,即社会生产出来的所有产品都是以最有效的方式进行分配的,进一步互利的交换不可能再发生。

但是,完全竞争的市场只是一种理想状态,现实的市场更多的是不完全竞争市场。当市场不是完全竞争时,帕累托最优就不能实现,市场将不能导致资源的最优配置,从而出现市场失灵。

二、市场失灵

市场的价格机制在经济运行中起着重要的作用,它像一只看不见的手引导着资源得到合理的配置。但是在现实经济生活中,看不见的手也存在许多缺陷和不足,它常常在很多场合不能导致资源的有效配置,这种情况被称为"市场失灵"。

引起市场失灵的原因有很多,美国经济学家科勒将市场失灵概括为三类,即无效率、不公平和经济周期。

(一) 无效率

资源配置无效率,主要是由于垄断、公共物品、外部影响和不完全信息的存在而引起的价格故障。它也被称为狭义的市场失灵。

1. 垄断

市场竞争的一个显著特点就是优胜劣汰。劣者在竞争过程中不断被淘汰,而优者在竞争过程中则不断壮大,这就产生了集中的趋势,有的甚至会导致垄断。有明显规模经济的行业,更容易走向自然垄断。一旦有了垄断,垄断者就能影响价格,并从中得到好处。所以市场竞争的结果导致了垄断,反而破坏了竞争。垄断的存在会大大降低市场配置资源的效率,使整个经济处于低效率之中。

2. 公共物品

在经济学中将物品分为二类,一类为私人物品,另一类为公共物品。私人物品是普通市场上常见的那些物品,如衣服、食品等,它在消费和使用上具有两个特点:第一是竞争性,即如果一个人已消费了这种商品,别人就无法消费了;第二是排他性，即只有对商品付费的人才能消费，不付费则不能消费。市场价格机制主要是在私人物品市场上发挥作用，对社会资源实行优化配置。

与私人物品相对应的是公共物品。所谓公共物品，是指由政府部门提供的供所有人共同消费的产品或服务。如国防、司法、公共卫生、灯塔等都属于典型的公共物品。公共物品具有两个显著的特征：① 非竞争性。同一产品可供所有的人同时消费，任何人对这种物品的消费都不会导致其他人消费的减少。如国防、道路和电视广播等，增加一个消费者，并不需要减少其他消费者对这种产品的消费。新生人口一样享受国防提供的安全服务，而原有人口对国防的“消费”水平不会因此而降低。② 非排他性。这是指不可能把特定个人排除在公共物品的消费之外，也就是说，不管付费与否，每个人都成为公共物品事实上的消费者。例如国防，一个人即使拒绝为国防纳税，也可以享受国防的好处，正因如此，国防虽然必要，但许多人却想避免为了国防而纳税，即想做一名“免费搭车者”。有的公共物品虽然在技术上能够做到“排他”，但成本却很高。比如城市中的街道，技术上可以做到到处设“卡”，以排除不付费用而使用街道的人，但设卡的代价也许会超过收益，再者，处处设卡的街道也失去了本身的意义。

根据非竞争性和非排他性的程度不同，可以对公共物品进行分类：如果某公共物品具有完全的非竞争性和非排他性，则称为纯公共物品，如国防、司法等。如果某公共物品具有竞争性而不具有排他性，或者具有排他性而不具有竞争性，则称为非纯公共物品，如街道、电视、广播等。

公共物品所具有的非竞争性和非排他性特征，往往会使公共物品的产量低于与资源配置最优状态相应的产量水平，从而造成市场失灵。例如，有一个消费者居住在小河边，但在河对岸上班。如果大家集资在河上建筑一座木桥，只需 5 分钟就可到达上班地点；如果购买一辆小汽车绕行上班也只需 5 分钟。假设该消费者个人出资建一座木桥的花费和购买一辆小汽车的价格相同。该消费者是选择建筑木桥还是购买小汽车呢？很显然，建筑木桥的社会效用大于购买小汽车的社会效用，但购买小汽车给消费者带来的直接效用大于建筑木桥的直接效用。在这种情况下，追求个人效用最大化的消费者必然会选择购买小汽车而不是建筑木桥。从社会的角度看，这一决策可能不符合资源配置最优化的要求，汽车所增加的社会福利仅限于购买者使用它时所得到的便利和满足，建筑木桥所产生的社会福利，则包括给建筑者带来的好处和其他许多人由于木桥方便了交通和节省了时间所增进的福利。但该消费者作出决策时并不将其他人可能得到的好处作为一种收益考虑，尽管他在增进其他人福利时，并不必增加自己付出的成本。因此，从社会的角度看，配置于木桥以及其他公共物品的资源可能少于合理的水平。

3. 外部影响

外部影响是指未能在市场中反映出来的经济活动主体之间的相互影响。简单地说,就是一方对另一方的非市场的影响。按照外部影响的性质,可将其分为积极的外部影响和消极的外部影响。经济学中通常将积极的外部影响称为外部经济,将消极的外部影响称为外部不经济。外部影响可能发生于企业与企业之间、个人与企业之间以及个人与个人之间。如有两个企业,一个是养蜂人,另一个是苹果生产者。蜜蜂需要通过吸取苹果花粉生产蜜蜂,从而苹果产量的增加可以增加蜂蜜的产量,即苹果生产者对养蜂人具有积极的外部影响;反过来,蜜蜂在采蜜的同时可以为苹果传授花粉,增加苹果产量,因此,养蜂人对苹果生产者也具有积极的外部影响。又比如,某化肥厂把污水排入附近湖泊使湖水污染,湖中的鱼会减少甚至灭绝,这会使人们无法再享受到钓鱼的乐趣,在这里,化肥厂对钓鱼者具有消极的外部影响。

在外部不经济的情况下,某生产者或消费者的一项经济活动给社会上其他成员带来了危害,但他自己却并不为此而支付抵偿这种危害的成本,此时这个人为其活动所付出的私人成本就小于该活动所造成的社会成本。例如,工厂在生产产品时向厂外排放废气、废水影响居民健康就是外部不经济的典型例子。工厂的废气、废水不经治理便排出厂外,对工厂来说,可以降低成本,然而社会由于承受了这种有害的外部影响而受到损失。在这种情况下,社会成本大于私人成本,但企业在作产量决策时只根据私人成本,不根据社会成本,这样企业就可能生产过多的社会成本较高的产品,使其产量超过社会最优的产量。

在外部经济的情况下,某生产者或消费者的一项经济活动给社会上其他成员带来了好处,但他自己却不能由此而得到补偿,这时,这个人从其活动中得到的私人利益就小于该活动所带来的社会利益。例如,一个企业对其所雇用的工人进行培训,而这些工人可能转到其他单位去工作,而该企业并不能从其他单位索回培训费用或其他形式的补偿。在这种情况下,产品的社会利益要大于私人利益。但在市场经济中,企业的产量决策只根据私人利益,不根据社会利益,这样企业往往就会较少地生产对社会有益的产品,使其产量少于社会最优的产量。

由于外部影响扭曲了价格机制,使价格体系无法传递正确的信息,结果使整个经济的资源配置不可能达到帕累托最优状态,“看不见的手”在外部影响面前失去了作用。

4. 信息的不完全和非对称

市场经济的有效运行,靠的是价格这只“看不见的手”的调节,然而,价格调节是有前提条件的,其中最重要的一个前提就是完全信息,即生产者和消费者拥有作出正确决策所需要的全部信息。消费者知道商品的性能、质量、用途和价格,以及自己对各种商品组合的偏好,从而能作出最合理的选择;而生产者知道各种可供选择的生产技术,知道生产要素的生产能力,知道所用要素的价格和生产出来的产品的价格,因而也能作出优化的选择。

但是,完全信息只是一种理想化的假设,在现实经济中,信息常常是不完全和非对称的。在这里,信息不完全不仅是指那种绝对意义上的不完全,即由于认识能力的限制,人们不可能知道在任何时候、任何地方发生的或将要发生的任何情况,而且是指相对意义上的不完全,即市场经济本身不能够生产出足够的信息并有效地配置它们。

此外,在一般商品市场,买方与卖方所掌握的信息常常是不对称的。一方掌握的信息多一些,另一方所掌握的信息少一些。在多数商品和生产要素市场上,卖者掌握的信息多于买者。如照相机的卖者一般比买者更了解照相机的性能,而劳动力的卖者比买者更了解自己的劳动能力等。但在另一些市场,买者所掌握的信息则可能多于卖者,如保险与信用市场往往就是这种情况。医疗保险的购买者显然比保险公司更了解自己的健康状况,而信用卡的购买者当然比提供信用的金融机构更了解自己的信用状况。在这种信息不完全、非对称的市场上,卖者可能利用信息优势,以假冒伪劣商品侵犯买者的合法权益;买者则可能利用信息优势侵犯卖者的合法权益,出现败德行为。所有这些都会对市场的运行机制造成严重破坏,使市场机制难以发挥作用。

(二)不公平

如果说市场运行机制的故障和经济活动的外部性是属于市场机制上的缺陷的话,那么市场运行机制不能解决贫富悬殊、不能兼顾公平和效率则是市场的痼疾。经济学家认为,收入分配有三种标准:第一种是贡献标准,它是按生产要素的价格,即按社会成员的贡献来分配国民收入,这种分配标准能保证经济的效率,但由于社会成员在能力和机遇上的差别,这种分配标准又会引起收入分配上的不平等。第二种是需求标准,它是按社会各成员对生活必需品的需要来分配国民收入。第三种标准是平等标准,它是按公平的准则来分配国民收入。后两个标准虽然有利于收入分配的平等化,但不利于经济效率的提高。有利于经济效率则会不利于平等,有利于平等则会有损于经济效率,这就是经济学中常说的平等和效率的矛盾。如果我们只强调效率而忽视平等将会影响社会的安定,反之如果只强调平等而忽视效率,就会限制经济的增长,导致普遍的贫穷。可以说在资源的配置与收入分配上,平等与效率是一个两难的选择,难解的矛盾。

总的说来,通过市场竞争,优胜劣汰,市场机制在提高经济效率上还是有所作为的,但在社会公平方面的作为却极其有限。各人的天赋条件不同,机遇各异,竞争的结果必然导致强者在竞争中地位不断加强,变得更加富裕;弱者在竞争中处于劣势,地位不断减弱,变得更加贫穷。市场竞争是天然有利于强者,不利于弱者,其结果必然是两极分化。

为了衡量一个国家的贫富差距,美国统计学家劳伦茨提出了著名的劳伦茨曲线(见图 8-1)。

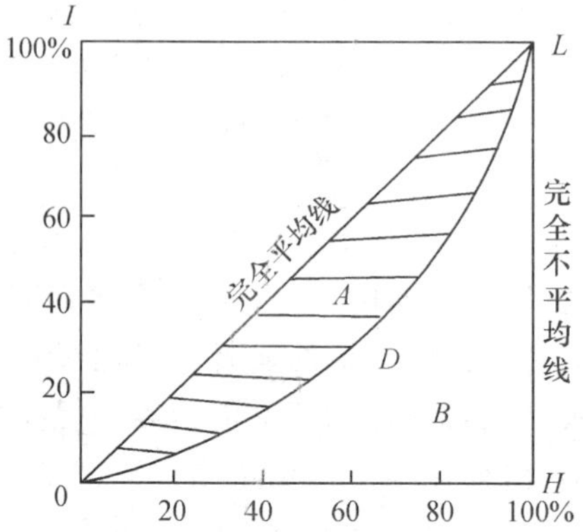

图 8-1　劳伦茨曲线

图中以横轴表示人口累计百分比,纵轴为收入累计百分比。当收入是完全平均分配时,劳伦茨曲线是通过原点的 45°线 *OL*;当收入是完全不平均分配时,即全国所有的收入全部集中于一人之手,劳伦茨曲线就是 *OHL* 折线;实际情况是介于这两者之间。由 *ODL* 和 *OL* 所包围的不平均面积 *A* 和三角形 *OHL* 的面积 *B* 之比,称为基尼系数,它用来衡量一个国家的贫富差距。(设 g 为基尼系数,$g=A/B$。)

我国实行改革开放以来,从总体上讲,城乡居民的生活水平有了显著的提高,但贫富之间的差距也在逐渐扩大,已经超过了国际上中等不平等程度,基尼系数约为 0.43—0.45(中等不平等程度的基尼系数为 0.3—0.4)。这与我国目前个人收入分配坚持以按劳分配为主、多种分配方式并存,体现效率优先、兼顾公平的原则相一致。让一部分人先富起来,使我国的经济有更快的发展,是符合我国人民的根本利益的,但贫富差距不能过大,先富要带动后富。而市场机制是解决不了贫富悬殊的,这是市场竞争的痼疾,它需要政府的干预。

(三) 经济周期

不少经济学家认为,市场失灵的概念要扩大,应包括宏观经济的市场失灵,因为经济周期带来的振荡会给经济造成巨大的损失。

经济周期是指国民收入及经济活动的周期性波动。它分为繁荣、衰退、萧条和复苏四个阶段,其中繁荣与萧条是两个主要阶段,衰退与复苏是两个过渡性阶段。这四个阶段循环一次,即为一个经济周期(见图 8-2)。

繁荣期:是国民收入和经济活动高于正常水平的一个阶段,其特征是生产

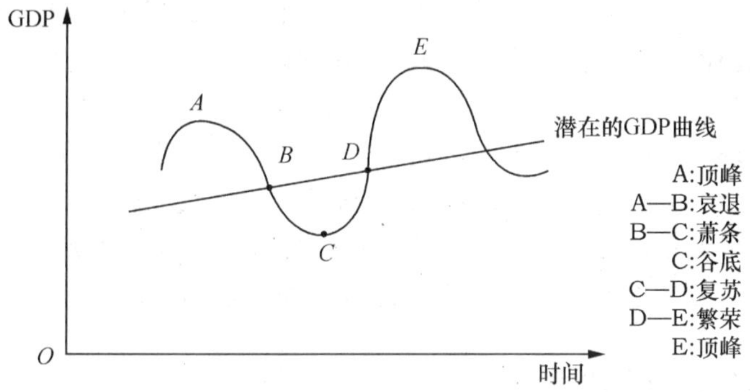

图 8-2　经济周期曲线

迅速增加，投资增加，信用扩张，价格水平上升，就业增加，公众对未来乐观。繁荣的最高点称为顶峰，这时就业与产量水平达到最高，但股票与商品的价格开始下跌，存货水平高，公众的情绪正由乐观转为悲观，这也是由繁荣转向衰退的开始。

萧条期：是国民收入与经济活动低于正常水平的一个阶段，其特征是生产急剧减少，投资下降，信用紧缩，价格水平下跌，失业严重，公众对未来悲观。萧条的最低点称为谷底，这时就业与产量跌至最低，但股票与商品的价格开始回升，存货减少，公众的情绪正由悲观转为乐观，这也是萧条转向复苏的开始。

衰退期：是从繁荣到萧条的过渡时期，这时经济开始从顶峰下降，但仍未低于正常水平。

复苏期：是从萧条到繁荣的过渡时期，这时经济开始从谷底回升，但仍未达到正常水平。

经济学家们力图寻找引起经济周期的原因，自 19 世纪中期以来提出的经济周期理论有几十种之多，影响比较大的主要有乘数—加速数相互作用理论。这种理论认为经济中之所以会发生周期性波动，其根源在于乘数原理和加速原理的相互作用。具体来说，投资增加引起产量的更大增加，产量的更大增加又会引起投资的更大增加，这样经济就会出现繁荣。但是当产量达到一定水平后，由于社会需求与资源的限制，产量无法再增加，这时就会由于加速原理的作用使投资减少，投资的减少又会由于乘数的作用使产量继续减少。这两者的共同作用又使经济进入萧条。萧条持续一定时期后，由于产量回升又使投资增加、产量再增加，从而经济进入另一次繁荣。正是由于乘数与加速原理的共同作用，经济形成了由繁荣到萧条，又由萧条到繁荣的周期性运动。

此外，还有用货币因素来解释经济周期的纯货币理论，用生产资料的投资过多来解释经济周期的投资过度理论，用技术创新来解释经济周期的创新理论，用消费不足来解释生产过剩的消费不足理论，用预期的形成与作用来解释周期的预期理论等。这些理论尽管内容不同,但有一个共同点,它们都认为经济周期是由经济体系内的某些内在因素所引起的,这些理论的差别在于所强调的引起周期的关键因素不同。目前还没有一种公认正确的经济周期理论。

稳定的环境对一国经济的有效运行是非常重要的,稳定的具体表现是:产出增长、物价稳定和充分就业。但纵观各国经济的发展,经济的波动是一种共同的现象。经济的波动增加了经济活动的不确定性,造成了资源的浪费,阻碍了经济的发展。对于经济周期,市场机制是无能为力的,同样需要政府的干预。

三、政府的调控政策

(一)政府在市场经济条件下的作用

尽管市场机制对资源的合理配置具有十分重要的作用,但市场并不是万能的。在解决有些经济问题上,市场并不尽如人意,有时甚至无用。这时就需要政府采取某些措施来纠正市场的缺陷。具体地说,政府在纠正市场失灵方面的作用主要有以下三个方面,即提高效率、促进公平和确保稳定。

1. 提高效率

政府在提高效率方面的作用,主要是针对微观经济领域的市场失灵而言的。政府在这方面的主要行为是制定相应的政策。这些政策主要包括以下几种:一是制止不正当竞争、防止垄断的政策;二是提供或资助公共物品生产的政策;三是与处理外部性有关的政策;四是与处理信息不对称有关的政策。政府为了提高经济效率而采取的各种政策、法规和措施,通常称为微观经济政策,也叫做政府管制。

2. 促进公平

公平和效率是一对矛盾。市场对效率能起到较好的作用,但对公平问题却束手无策。这必须由政府加以干预,以促进社会的公平。在市场经济中,收入分配的基本依据是市场对生产要素供给多少的一种评价和报酬,每个社会成员都是生产要素的供给者,他们相应地从市场取得报酬。市场是根据各个生产要素的稀缺程度和它们提供的经济效率的高低付给报酬的。在稀缺程度不变的前提下,经济效率越高,市场给予的报酬就越多,个人得到的收入也就越高;反之,经济效率越低,市场给予的报酬就越小,个人得到的收入也就越少。由此导致收入分配的严重不均。如果收入分配不均等程度过于严重,有可能引起一系列社会问题,必须设法解决。政府所起的作用是可以通过它的权威对收入进行适当再分配,主要是通过税率调整,对高收入者多收税,对低收入者少收或不收税,然后通过社会福利救济的方式或失业补助方式,把收入再分配给那些自己不能通过竞争的方式而生活的人。

3. 确保稳定

拥有一个稳定的社会环境是发展经济的前提。这里的稳定既包括经济上的,也包括社会的、政治的稳定。政府在这几个方面都能发挥重要的作用。在经济上,政府的主要任务是采用各种手段促进经济健康、持续、稳定的发展,千方百计地降低失业率,逐步提高人民的收入水平。在政治和社会方面,建立和完善各种规章制度,促进依法治国,扩大民主,鼓励民众参与,最终形成社会发展的良性运行机制。

(二) 政府在增进效率方面的政策

1. 反垄断政策

经济学界对垄断问题存在着争议,有的学者赞成垄断,认为大企业的联合比单个企业更能展开有效的竞争,更能从事大规模生产,更能进行研究与开发工作。但更多的人反对垄断,认为垄断有许多弊端,主要表现在垄断企业通过控制产量提高价格的办法获取高额利润,使资源配置和收入分配不合理;垄断造成经济和技术停滞;垄断导致产业和政治的结合只会有利于大企业而不利于社会。因此他们认为必须反对垄断,推动竞争,让"看不见的手"发挥作用。

由于垄断企业存在弊端,许多国家都不同程度地制定并执行了反垄断政策,其中尤以美国最为突出。我国至今还没有制定出系统的反垄断法规。对垄断企业,政府可用税收政策、价格管制、分解垄断企业等政策进行控制。但这些法律实际上往往很难行得通,垄断者往往钻法律的空子,逃避对他们的限制与惩罚。这是因为不容易确立垄断组织行为的判断标准,不容易对垄断组织进行调查,对垄断组织的行为也缺乏足够的控制力。如对于大多数诉讼案来说,政府要想证明企业之间是否存在密谋定价,很难划清界线。从经济的角度上讲,这种暗中价格制定与公开勾结一样会引起消费者的损失,但在法庭上很难证实它的存在。此外,西方国家虽然在形式上存在反垄断法,但对它们的执行并不十分认真,况且西方的企业合并浪潮屡次出现,生产的规模越来越大,越来越集中。

除了反托拉斯法,还有一种反垄断的政策是有效竞争。它主张对不同的产业部门采取不同的反垄断政策。具体来说,主要有中小企业组成的轻工业部门与零售商业部门,自由竞争是有利的,政府应采用禁止性的反垄断政策。对于重工业部门,垄断有助于最优规模经济的实现,则宜于实行有限的反垄断政策,即允许垄断的存在,只是要对它的行为进行适当的管制。对于公用事业和其他具有垄断性的部门,可以实行国家垄断。但为了克服垄断带来的弊端,要对它实行管制,主要表现在两个方面:① 价格管制;② 限制新企业的进入。近年也有不少人对政府管制企业的做法提出异议,认为不管政府是有意还是无意,管制都会削弱企业对改进经营管理的关心。

2. 公共物品的招标

公共物品一般由政府生产和经营,但由于多种原因往往会缺乏效率。第一,政府部门在生产和经营公共物品时,往往处于垄断地位,没有私人部门和它竞争,而垄断会产生低效率。第二,政府部门是非营利机构,生产和经营公共物品是为大众服务,因而缺乏利润动机的刺激。第三,政府部门生产和经营公共物品的支出来自预算,不同的部门为了各自的利益考虑,往往会强调本部门所生产和经营的公共物品的重要性,尽可能地扩大预算的比例,结果势必造成某些部门的过度供给,损害效率。

如何提高政府部门在生产和经营公共物品时的效率呢?有些专家建议分散政府部门生产某种公共物品的权力,因为权力过分集中,易产生腐败和不正之风,而规模过于庞大,运行起来自然不会灵活,工作也就缺乏效率。在分散政府部门权力的同时,让私人部门参与竞争,利用招标方式让私人部门投标承包公共物品的生产,这样,通过私人部门之间的相互竞争,将使政府部门以较少的成本购买同样数量的公共物品,从而提高公共物品生产和经营的效率。

3. 消除外部影响的措施

既然外部影响使市场机制不能达到有效率的帕累托最优状态,国家就必须执行政策来对付这一市场失灵情况。经济学家提出的政策建议主要有:

第一,使用税收和津贴。对造成外部不经济的企业,国家应该征税,其数额应该等于该企业给社会其他成员造成的损失,以便使企业的私人成本和社会成本相等,从而实现最有效率的状态。如可以向造成污染的企业征税,其数额等于治理污染所需的费用,从而使企业的成本提高到和社会成本相一致,这样企业就会减少产量,使资源配置符合帕累托最优状态。反之,在存在外部经济的情况下,国家则可以采取津贴的办法,使得企业的私人利益与社会利益相等,这样可以促使企业增加产量,使资源配置达到最优。总之,政府干预的原则是:使外在成本或外在效益内部化,以便使企业的产量决策能够符合资源合理配置的要求。这里外在成本和外在效益分别是指社会成本与私人成本以及社会利益与私人利益之间的差额。当然,在实践中,要准确估计社会成本和社会利益的大小,不是一件很容易的事情。

第二,使用合并企业的方法。例如,一个企业的生产影响到另一个企业,如果是积极的影响,则第一个企业的生产就会低于社会最优水平;反之若是消极的影响,则第一个企业的生产就会超过社会最优水平。但若将两个企业合并,就可以将外部影响内部化,合并后的单个企业,为了自己的利益将使自己的生产确定在边际成本等于边际收益的水平上,此时不存在外部影响,所以合并企业的成本和收益就等于社会的成本与收益,于是资源配置达到帕累托最优状态。这个办法在理论上似乎很完美，但在实践中要合并企业并不是一件简单的事。

第三，采用明确产权的方法。通过产权的明晰化来解决外部性问题的思想是以科斯为代表的产权学派提出的。著名的科斯定理概括了这一思想。科斯定理表述如下：只要产权是明确的，并且其交易成本为零或者很小，则无论在开始时将产权赋予谁，市场均衡的最终结果都是有效率的。实际上，科斯定理进一步扩大了"看不见的手"的作用，按照这个定理，只要那些假设条件成立，市场力量足够强大，就总能使外部影响以最经济的办法加以解决，从而仍然能够实现帕累托最优状态。原因在于明确的产权及其转让可以使得私人成本（或利益）与社会成本（或利益）趋于一致。例如以化工厂污染所造成的外部性为例，只要给予周围农场不受污染的权利，则化工厂将因污染环境而受罚。在这种情况下，化工厂会同农场商量，将这种权利从它那里买过来，然后再让周围环境受到一定程度的污染。因此，受到损害的周围农场也会使用它出售污染权而得到的收入来治理环境。总之，由于化工厂为其不好的外部影响支付了代价，故其私人成本与社会成本之间不存在差别。

运用科斯定理解决外部影响问题在实际中并不一定有效。这是因为：第一，资产的产权并不总是能够明确加以规定的。有的资源，例如空气，自古以来就是大家均可使用的共同财产，很难将其产权具体分派给谁。第二，已明确的产权也并不总是能够转让的。这涉及信息的充分性以及买卖双方不能达成一致意见等各种原因。如谈判的人数太多，交易成本过高等。

4. 促进市场信息传递

在商品市场上，往往卖方对所卖商品情况了如指掌，而买方却很难了解产品的内在质量。在这种情况下，伪劣产品会堂而皇之进入市场，在局部市场甚至会排挤优质产品而成为市场的主角，使消费者的效用和正当生产者的利润都受到损失，这叫"劣品驱逐优品"现象。作为优质商品的提供者当然不会甘心被伪劣商品逐出市场，为了让消费者发现并相信自己出售的是优质产品，优质产品的提供者可以采取"信号显示"的方法。可以传送的"信号"有多种形式，如最简单的做法可以是向购买者提供一项保证：如果买者买到的产品质量有问题的话，可以在一定时间退货或得到经济补偿。通过发送信号，优质产品的生产者能够在伪劣产品中脱颖而出。作为信号，必须具备这样的特点：伪劣产品的生产者无法提供，或者他们提供信号的成本非常高，在提供信号后，伪劣产品与优质产品相比在成本上已不再具有任何优势。这类信号还有包退、包换、包修等。甚至有名的商品、品牌本身就是一种信号，因为名牌是靠长期稳定过硬的质量建立起来的，在消费者心中名牌代表优质，为此他们愿意支付高价来取得质量保证。这些信息的传递效果，政府的作用十分重要，一方面政府通过建立、完善法律、法规，如《反不正当竞争法》、《消费者权益保护法》、《广告法》、《商标法》、生产许可证制度等,另一方面通过加大对假冒伪劣商品的打击力度,切实维护消费者权益,促进市场信息正确的传递。

(三)政府在维护公平方面的政策

各国政府收入分配政策的目标,都是力图既要有利于经济效率,又要增进平等。一般说来,多数国家是以贡献标准作为收入分配的基本准则,而收入分配的平等化问题则主要是通过以下政策来实现的。

第一,税收政策。个人所得税是税收的一项重要内容,它主要是通过累进所得税制,对高收入者按高税率征税,对低收入者按低税率征税,以调节社会成员收入分配的不平等状况。

第二,社会福利政策。如果说税收政策是要通过对富人征收重税来实现收入分配平等化的话,那么社会福利政策则是要通过给穷人补助来实现收入分配平等化。从当前世界各国的情况看,社会福利政策主要有:各种形式的社会保障与社会保险,向贫困者提供就业机会与培训,颁布最低工资法和最高工时法,对低收入者的救济补助金,等等。

这些福利政策,对改善贫困者的地位和生活条件,提高他们的实际收入水平,确实起到了相当大的作用,对于社会的安定和经济发展也是有利的。但这些政策有两个严重的后果,一是降低了社会生产效率。因为各种各样的社会保障使人们有可能不劳而获,这样,劳动的积极性下降,社会的生产效率下降。二是增加了政府的负担,巨额的福利支出,已成为各国财政赤字的主要原因。

福利政策的必要性与所引起的问题,又一次提出了平等与效率的矛盾,如何解决这一问题,成为经济学的中心之一。

(四)政府在保持稳定方面的政策

市场机制造成经济的大起大落,这种经济波动意味着经济时而停滞时而过热,同时受到大量失业与通货膨胀的交替困扰。因此,为实现既无通货膨胀又无失业的经济的稳定增长,政府必须介入经济生活,通过经济政策对其进行必要的干预和调节。

政府为减轻经济周期带来的经济波动,常用的经济政策主要有财政政策、货币政策和收入政策。

1. 财政政策

财政政策是指国家为达到一定的目标而对财政收入和财政支出所作出的决策。它具体又有税收政策和政府对公共工程的支出、商品和劳务购买及转移支付等方面的政策。其政策的运用主要有两种情况:第一,扩张性财政政策。它的目标在于减轻或消除经济萧条、扩大社会就业。它可以通过扩大政府支出来实行，也可以通过减税的办法来实行，还可以“双管齐下”。通过政策的实施可以扩大社会总需求及私人消费和投资。第二，收缩性财政政策。这种政策的目标在于减轻或消除通货膨胀，它可以通过减少政府支出或增加税收，或“双管齐下”的办法来实行。这种政策的作用是直接或间接地抑制总需求的增加，从而减轻通货膨胀的压力。政府实行财政政策的原则是“逆经济风向行事”，它可以起到弱化经济波动的作用。

2. 货币政策

货币政策是国家为达到一定目标通过中央银行对货币供应量及其利息率所作的决策，它具体包括改变法定准备金率政策、公开市场业务及调整再贴现率的政策等。在经济萧条时期，政府会调低法定准备金率或中央银行贴现率，或是通过公开市场买进政府债券；反之在通货膨胀时期，则采用与以上相反的办法。这三种工具的使用，实质上是通过变动货币供给量从而改变利息率，来刺激或抑制总需求的。除上述三种工具外，在西方国家，还经常选择使用其他一些货币政策手段，其中主要是选择性的货币管理手段和道义性劝告两种。

3. 收入政策

收入政策是指通过控制工资与物价来制止通货膨胀的政策。根据成本推进的通货膨胀理论，通货膨胀是由于成本增加，特别是由于工资成本的增加而引起的。因此要制止通货膨胀就必须有效地控制工资增长率，同时还要控制价格水平。收入政策一般有三种形式：

第一，工资与物价冻结。政府采用法律手段禁止在一定时期内提高工资与物价。这种措施一般是在特殊时期采用。但在某些通货膨胀严重时期，也可以采用这一强制性措施。如 1971 年美国尼克松政府为了控制当时的通货膨胀，就曾宣布工资与物价冻结三个月。这种措施在短期内可以有效地控制通货膨胀，但它破坏了市场机制的正常作用，在长期中不仅不能制止通货膨胀，反而还会引起资源配置失调，给经济带来更多的困难，所以一般不宜采用。

第二，工资与物价指导线。政府为了制止通货膨胀，根据劳动生产率的增长率和其他因素，规定工资与物价上涨的限度。如果企业违反规定，使工资增长率和物价上涨率超过了这一指导线，政府就要以税收或法律形式进行惩罚。这种做法比较灵活。

第三，税收刺激计划。以税收为手段来控制工资的增长。具体做法是：政府规定货币工资增长率，即工资指导线，以税收为手段来付诸实施。如果企业的工资增长率超过这一指导线，就课以重税，如果企业的工资增长率低于这一规定，就给以减税，但这种计划在实施中会遇到企业与工会的反对。

值得一提的是，上述经济政策在具体实施过程中，往往会碰到各种障碍。比如在减税时，企业和居民可能皆大欢喜，但在增税时，很可能会遇到普遍的反对。

又如在通货膨胀时期,当政府有意紧缩银根并调高利率时,企业及商业银行并不一定乐于配合,而在经济萧条时期,尽管政府放松银根,调低利率,以期刺激消费和投资增加,私人部门也不一定会积极响应。此外,经济政策的实施困难还可能来自于政策本身的“时滞效应”,这种时滞既包括政策制定过程中的滞延,也包括政策实施后的滞延。这种时滞效应的存在,很可能导致这样的结果:即在宏观经济政策真正发挥作用时,它所面对的经济形势与制定时的经济形势相比,已经物换星移了,正可谓“计划赶不上变化”。

四、政府失灵及其矫正

(一)政府失灵的原因

市场失灵需要政府的干预,但政府的调节机制也存在着内在的缺陷,即也存在着政府失灵。由于政府具有全局性的特点,决定了政府失灵往往会比市场失灵造成更大的资源浪费。政府失灵的原因主要表现在以下几个方面。

1. 政府决策失误

政府决策作为非市场决策,有不同于市场决策的特点。市场决策是以私人物品为对象,并通过竞争性的经济市场来实现;而政府决策则是以公共物品为对象,并通过政治市场来实现。因此,政府决策是一个十分复杂的过程,存在许多困难和障碍,这样,就使得政府难以制定并实施好的或合理的决策,从而会导致政府决策的失误。具体来说,导致政府决策失误的主要原因有:

第一,信息的有限性。市场信息不足是造成市场失灵的一个因素。然而,由于现实生活是相当复杂而难以预料的,如果私人难以掌握完全的信息,政府也很难做到掌握充分信息,那么政府“犯错误”就在所难免,一再修改自己的决策甚至否定过去的做法也是常事。

第二,公共决策的局限性。即使政府像一个超人一样拥有充分的信息,通过政治过程在不同的方案之间进行选择,但仍会产生困难。政府的决策会影响到许多人,但真正作出决策的只是少数人。不管这少数人是选举产生的还是由其他方式指定的,他们在决策时会自觉或不自觉地倾向于自己所代表的阶层或集团的偏好和利益。即使通过选举产生的决策人也往往服务于特定的利益集团,而一旦既得利益集团形成后,这种格局就很难打破,所以,民选政府的决策是否符合大多数人的经济利益是值得怀疑的。从公共决策的不一致性还可以发现,能控制表决程序的人就能使自己的利益得到满足,所以对选举表决规则和程序的控制权是一种强有力的权力。另外,投票人还可以在开始的投票中伪装自己的偏好以达到最终有利于自己的目的。因此,即使是貌似完全平等的一人一票制，其结果也可能被少数决定规则的人所操纵。

第三，决策实施过程的不确定性。即使政府能够作出正确的决策，但在决策具体实施过程中，也经常会受到各种因素的干扰而无法达到预期的目的，如有法不依、有禁不止、上有政策下有对策等。一般来讲，导致决策实施过程中出现问题的主要因素有：决策方式本身的缺陷；政府庞大的行政机构运转难以有效协调；干预对象复杂多变，使得政府难以采取有针对性的措施；"时滞"的作用以及效果的不确定性；政府官员的利益和监督问题，以及投票者的"短见效应"；等等。

2. 政府的过度膨胀

政府的过度膨胀已经成为一种不可避免的趋势。对于政府过度膨胀的解释比较具有代表性的是"官僚主义论"。"官僚主义论"认为政府过度膨胀是由于以下原因：

第一，政府官员追求政府机构规模的最大化。作为"经济人"，政府官员追求的并不是"利他"，而是名誉、地位、权力、酬金等利己的目标。按照著名的帕金森定律，政府官员的名誉、地位、权力和酬金经常与其所在的政府机构的规模大小成正比。因此，政府官员为了提高其知名度和社会地位，为了拥有更大的权力，为了获得更高的酬金，必然会千方百计地扩大政府机构，争取获得更多职能和预算。

第二，政府官员的行为不受产权的约束。私人企业家和消费者的行为建立在私有产权的基础上，因此他们最终都要受到各自预算线的限制。但对政府官员来说，这样的产权约束几乎不存在。由于政府预算是公共所有的，因此政府预算可出现赤字，其额度也可以通过政府立法追加税收来提高，政府官员的行为不受产权的约束。

第三，政府官员的行为不受利润的支配。私人企业的活动受到利润的支配，他们会想方设法降低成本，用尽可能少的预算费用来获取尽可能高的利润，从而给自身带来好处，如职务的提升、利润的分享等。政府官员则不同，他们的收益不是与其工作效率成正比，而是与政府的预算成正比。以利润为目标，降低成本提高效率，虽然对公众有益，但对政府官员来说却没有任何收益。正是由于政府官员的行为不受利润的支配，导致了政府官员追求预算最大化和政府过度膨胀。

第四，对政府部门的监督乏力。在西方的民主制度中，政府官员必须服从当选者和公民代表的政治监督，无法为所欲为。但在委任制的制度中，监督效力则大大下降，这是因为监督者行使监督职能的信息是由被监督者提供的，这样，被监督者完全可以利用信息优势欺骗或操纵监督者。

第五，政府机构的高度垄断性。国家属于自然垄断的范畴，决定了政府机构的高度垄断性，使政府成为各种公共产品的垄断供给者。政府机构可以利用自身的垄断地位，隐瞒有关公共物品生产的实际成本，这样，不仅不利于公共物品生产费用的降低,而且还有可能导致政府机构的膨胀和预算规模的扩大。

3. 官僚机构的低效率

官僚机构效率低下是众所周知的。其主要原因在于:(1) 官僚机构垄断公共物品的供给,缺乏竞争。竞争的缺乏可能导致政府部门的过度投资,生产超出社会需要的公共物品,不适当地扩大机构,增加工作人员,提高薪水和办公费用,造成大量浪费。(2) 政府官员缺乏追求公共利润的动机。由于政府官员不能把利润据为己有,加之公共物品的成本与收益难以测定,因此与企业管理者追求利润最大化不同,政府官员通常会追求规模最大化,以此增加自己升迁的机会,扩大自己的势力范围,这必然导致机构臃肿、人浮于事、效率低下。(3) 缺乏对政府官员的有效监督。在现代政府管理体制中,作为监督者的公民常常成了被监督者,即政府官员的监督对象,完全可能受到他们的操纵。因为政府官员的地位可以使他们制定某些有利于自身利益而不利于公共利益的政策措施。

4. 分配的不平等

市场机制会导致收入或财富的不平等,而旨在克服市场分配不平等的国家干预,其自身也可能产生权力集中与收入上的分配不公平。这是因为任何一种国家干预,都是一部分人的权力强加到其他人头上,总是有意地将权力交给一些人而不给另一些人。由于权力的分配不公,不可避免地会出现"寻租"现象。寻租活动并不增加任何财富,却导致经济资源转移,造成国家干预失败。如在貌似严格公正的累进税制下,一些富人可能比一些穷人更容易逃避税收。

5. 寻租活动

人类追求自身经济利益的行为大体可分为两类:一类是生产性的、可以增进社会福利的活动,即寻利活动,如生产、研究、开发活动以及在正常市场条件下的公平交易活动等。寻利活动寻求的是社会新增的经济福利,其本身对整个社会有益,因为它能够创造社会财富。另一类是非生产性的、不会增加甚至还会减少社会福利的活动,即寻租活动,如赌博、行贿、游说、偷盗、抢劫等。寻租活动本身不增加社会财富的总量,只能引起社会财富的转移、重新分配以及资源的非生产性耗费。

最常见的、影响广泛的寻租活动是种种涉及权钱交易的问题,即个人或利益集团为了自身经济利益对政府或政府官员施加各种影响的活动,如贿赂、游说等。具体来说,常见的寻租行为的目的包括:争取政府的特许权(如某类商品的特别生产权或特别销售权);争取对自己有利的政府税收政策;争取进出口配额;争取政府开支的更大份额;争取政府制定对自己有利的规章制度;避税、偷税、漏税等。

寻租活动的后果:首先,造成了经济资源配置的扭曲,阻碍了更有效的生产方式的实施。如一个人在开拓一个市场后,通过寻求政府的干预阻止其他企业的进入，以维护其独家垄断的地位。其次，这种活动本身白白耗费了社会的经济资源，使本来可以用于生产性活动的资源浪费了。再次，这些活动还会导致其他层次上的寻租活动。如政府官员在寻租活动中，由于获得某种利而使行为扭曲。这样，由于特殊利益的存在就可能诱发新一轮的追求行政权力干预的浪费性寻租竞争。同时，利益受到威胁的人或利益团体，也会采取行动与之抗衡，从而耗费更多的社会经济资源。

由此可见，寻租之所以会导致政府失灵，主要是因为它导致经济资源配置的扭曲，因而成为资源无效配置的根源之一。

（二）避免政府失灵的对策

当市场机制在一国经济运行中占上风时，由此产生的市场缺陷令人想起政府调控这只“看得见的手”；而当政府调控占据主导地位时，政府的失灵又促使人们重新寻找市场那只“看不见的手”。现实中政府与市场并非水火不相容，它们更多的是相辅相成、共同发挥作用的。这一点可以从研究避免政府失灵的对策中清楚地看到。

1．进行宪制改革

公共选择学派认为，要克服政府干预行为的局限性，避免政府失灵，改善政府机构的工作效率，最关键的是改革国家的宪法制度。其代表人物詹姆斯·布坎南认为，要改进政府的工作，首先必须改革规则。公共选择学派并不直接提出具体的建议供政策制定者选择，而是着重从立宪的角度分析政府政策制定的规则和条件，为立宪改革提供一种指导或规范建议，从而使政策方案更为合理。

2．在公共部门引入市场机制

经济学家们设想通过在公共部门引入市场机制来消除政府的低效率。其具体设想有：设置两个或两个以上的机构来提供相同的公共物品或服务（例如供水、公交服务），使这些机构之间展开竞争而增进效率；借用私营部门的奖惩机制，根据政府高级官员的工作实绩给予特别“奖金”，并允许政府机构的负责人把本机构的“节余资金”用于“预算以外”的“投资活动”，以刺激和发挥政府机构及其负责官员的积极性；将某些公共物品的生产承包给私人生产者，以便更多地依靠市场经济来生产社会所需的公共物品。此外，还可以通过加强和鼓励地方政府之间的竞争来提高地方政府的工作绩效。

3．引入利润动机

这是指在国家机构内建立激励机制，使政府官员树立利润观念，允许政府部门对财政剩余具有某种自由处置权。当然，这种利润动机容易造成虚假的或损害公众利益的节余，如巧立名目乱收费，以一定的资金提供尽量少的公共服务等，为此必须在引入利润动机的同时加强监督。

4. 对国家的税收和支出加以约束

政府活动的支出依赖于赋税,因此,对政府的税收和支出加以约束,可以从根本上限制政府的行为范围,抑制政府规模的过度增长和机构膨胀。兰德公司研究的结果显示:政府支出占国民生产总值比率每增长10%,就会导致国民生产总值年均增长率下降1%。对此,布坎南认为,可用国家的基本税法来对政府规模增长的趋势加以抑制,这种约束可以从政府预算的程序和预算的数量两个方面入手:前者要求在批准程序上注意保持收支平衡;后者要求政府收支增长直接与国民经济的增长相联系,并保持在一定的比例内。

➡阅读资料

"企业型政府"①

"企业型政府",又称"企业家政府"、"企业性政府"和"企业家精神政府",是新公共管理学的核心理论之一。是近几年行政改革和学科研究领域出现频率较高的一个概念,有学者甚至将其作为取代官僚制、建立政府新范式的代名词。然而,人们对其语义的理解和概念的确立很不一致,而且存在一定的误解。

所谓企业型政府,并不是要把政府作为企业来运作,因为二者毕竟存在很大的差别,而是指用企业家在经营中所追求的讲效率、重质量、善待消费者和力求完美服务的精神,以及企业中广泛运用的科学管理方法,改革和创新政府管理方式,使政府更有效率和活力,并成为90年代一些西方国家,特别是美国政府改革的主导理论。这一理论的领军人物、美国学者戴维·奥斯本和特德·盖布勒在他们合著的《改革政府》一书中提出了以企业家精神改革政府的基本原则,并认为新的政府治理模式终将会代替传统的官僚主义模式。

企业型政府理念的产生和发展既是对数十年来行政管理理论和实践的检讨与反思,也是对新时代、新环境的自觉调适。全球化进程的加快、国家核心竞争力的转移、政府权威的日趋下降、工商企业再造经验的传播、信息技术的普及等因素,构成了政府改革和发展的强大动力;而政府职能扩张和规模膨胀所导致的财政、管理和信任危机,则成为推进行政体制改革、建立企业型政府的直接动因。面对这一形势,传统官僚制严格的等级制线性结构、对法律的过度崇拜、过于细致的专业分工显得日益僵化,力不从心,这进一步构成了行政改革的体制原因。作者认为,企业型政府是公共行政改革过程中运用企业家精神和企业理论改造传统运作方式,使其具有顾客至上、成本意识和创新精神的政府,是公共行政从传统官僚制向后官僚制转换的一种理想模式。这一主张,既非将政府同化为企

① 资料来源:"企业型政府",http://wiki.mbalib.com/wiki。

业，亦非政府官员都由企业家来取代，而是用企业理论、企业家精神来影响和引导的政府改革，使未来政府更具有回应性、科学性和前瞻性。

对于企业型政府的核心特征和价值取向，作者从六个方面进行了深入探讨，指出建构服务型政府必须形成企业家“顾客至上”的理念；重视成本收益分析；要侧重于掌舵而不是划桨；引进竞争机制，打破垄断；放松规制，激发创新精神；减少层级数量，贴近民众。在战略与策略制定上，围绕目标和角色定位设计组织流程，分析其有序竞争和绩效管理的行为诱因，回溯“以足投票”的责任机制，构筑控权体系，重塑组织文化。继而在对企业型政府进行模式比较和分析评价的基础上，从组织结构扁平化、行政事务治理化、运作制度化等方面对建立企业型政府的路径选择进行了全面分析，科学地建构了企业型政府模式的理论体系。

一、企业型政府理念的分析

1. 政府在市场经济中的职能和定位：掌舵而非操桨。如果将市场经济比做一艘乘风破浪的大船，政府的角色应是把握船的方向和速度而非亲自去划船。这意味着政府职能应从“无所不为”转变为将核心精力用于宏观调控，由市场来进行资源配置和调节。

2. 授权与授能。政府对社会的治理要强调治理的分享与权利的分享，要充分授权与授能，将政府服务的重心下移，通过对基层的授权达到对基层的授能，提高政府的行政能力与执行能力。

3. 以竞争改善服务。竞争是企业的发展之源，是企业发展的根本动力，政府的管理也应通过引进竞争来提供多样化服务，提高公共产品和服务的质量。

4. 顾客导向。企业产品的核心、营销策略的选择都取决于顾客的需求，政府的管理不能是自愿自理、自我欣赏，而应遵循政府服务的对象——公民的需求。

5. 预防而非治疗。好的管理者是把问题解决在其发生之前，而不仅仅是出了问题如何解决，应提高政府的预警能力和迅速反应能力。

企业型政府的关键词可以总结为资源、竞争、成本、效率和效能。效率是指企业和政府都应遵循效率优先的原则，效能则是指实现目标的程度，政府应强调规划管理、目标管理。

二、企业型政府重塑10原则

根据戴维·奥斯本和特德·盖布勒理论，政府往往表现不佳，给人以高高在上、蹒跚迟缓、过于集中、官僚僵化的感觉。“我们设计政府机构保护公众免受获取许多权力或误用公开金钱的政客和官僚主义者。为了预防政府和官员盗用公共财产，我们设计的制度又使得管理公共财产在事实上变得不可能……为了对政府行为实施有效控制，我们设计流程，控制投入，在方方面面做了规定，然而我们却忽略了结果……”戴维·奥斯本和特德·盖布勒为我们推荐了一种新型的公共机构管理理念——“企业型政府”(Entrepreneurial Government):一种能够与营利性企业、非营利性组织以及其他机构进行博弈的政府组织,事实上企业型政府也是时代发展的必需。

企业型政府重塑10原则如下:

1. 发挥指导性(Catalytic)。少划桨,多指挥。正如球赛中,自己做啦啦队,少下场做球员。

2. 发挥社区自主性(Community-owned)。多授权,少服务。鼓励当地政府机构及民间社团热心参与地方事务。

3. 发挥竞争性(Competitive)。将竞争机制注入服务内容,用各种办法鼓励良性市场竞争、行业竞争以及地区竞争。

4. 发挥任务性(Mission-driven)。变制度导向为使命导向,不要一成不变地做事情,要有制度的弹性和工作的灵活性,能够接受和完成随时指派的工作任务。

5. 发挥结果导向性(Results-oriented)。要注重产出,而不是投入,成效比成本更重要。

6. 发挥客户导向性(Customer-driven)。政府的顾客就是人民,而不是官僚机构本身,人民的权益和需要比政府自身的方便重要得多。

7. 发挥企业家精神(Enterprising)。除了节流,更要注重开源。

8. 发挥预见性(Anticipatory)。与其亡羊补牢,不如防患于未然。

9. 发挥权力分散性(Decentralized)。转变中央集权的做法,在适当监督下,鼓励地方政府或机构的参与性,发挥因地制宜的功能。

10. 发挥市场导向性(Market-oriented)。通过市场力量促进变革,鼓励民间扮演过去由政府扮演的角色。

戴维·奥斯本和特德·盖布勒的企业型政府模型,一经提出就引起了各界广泛关注,并直接导致了1994年由美国副总统戈尔领导的全国政府机构绩效评估运动(NPR)。

➡练习题

1. 外部影响是如何干扰市场对资源的配置的?
2. 什么是公共物品? 公共物品为什么不能靠市场来提供?
3. 你是怎样认识我国经济活动中的公平与效率的?
4. 你是怎样认识政府、市场、企业三者之间关系的?
5. 你认为政府失灵的主要表现有哪些? 怎样才能避免政府失灵?
6. 经济繁荣时期与经济萧条时期政府的调控手段有哪些? 如何调整?

案例分析

公共物品私人提供的例证①

对于公共物品是否必须由政府提供这个问题一直存在着争议，美国乔治·梅森大学教授、布坎南中学研究员泰勒·柯文认为，市场可以各种方式解决公共物品问题，并列举了许多例证：

1. 灯塔是经济学家认为不可能由私人提供的公共物品最著名的例子。经济学家论证说，如果私人灯塔主想对享受灯塔服务的船主收费，就会出现“搭便车”问题。然而，19 世纪英国海岸线的灯塔却是由私人拥有的。灯塔主知道，他们不可能直接向船主收费，于是他们将自己的服务出售给附近港口的所有者和商人，而那些不为灯塔主所提供灯塔掏钱的港口商人，就难以吸引轮船进他们的港口。结果证明，经济学家教师津津乐道的最普遍的公共物品案例，并不是一个十分可信的案例。

2. 其他一些公共物品问题可以通过明晰个人对相应经济资源产权的办法来解决。比如清淤一个被污染的湖泊，如果没有人拥有这个湖泊，就会遇到“搭便车”问题，很多人都可以从清洁的湖水中受益，没有人能够对这些收益收费。不过，如果湖泊有一个所有者，这个人就可以对钓鱼者、船夫、游客等从中获得收益的人收取较高的费用。在英伦诸岛，私人拥有水体相对普遍。在那里，湖泊拥有者相当注意保持水质，这是毫不为奇的。

3. 在其他环保问题上，比如土地使用、动物保护等领域，界定明晰的产权都可以解决公共物品问题。野生水牛濒临灭绝了，而家养母牛却没有灭绝，因为母牛由私人拥有，可以带来利润。今天，界定大象、鲸鱼等动物的私人产权，也可以解决其灭绝问题。比如在非洲赞比亚、马拉雅、纳米比亚、博茨瓦纳等国家，大象数量在增长，因为这些国家都允许商业性捕猎大象，博茨瓦纳从 2 万头增加到 6.8 万头。而在禁止捕猎大象的国家，如肯尼亚、坦桑尼亚、乌干达，则没有繁育大象的激励，从而导致人们进行偷猎。在这些国家，大象正在消失，肯尼亚的大象数量从政府发布禁令时的 14 万头下降到今天的 1.6 万头，自 1970 年以来，坦桑尼亚的大象数量从 12 万头锐减到 6.1 万头，乌干达从 2 万头减少到 1 600 头。

4. 有时，我们可以用合同制来解决其他公共物品和外部性问题。如果一家企业的研究开发活动能够给同行业其他企业带来好处，这些企业就可以把资金集中起来开展一项合资项目（在不触犯反托拉斯规章的情况下），每家企业承担

---

① 陈共：《财政学学习指导书》，北京：中国人民大学出版社 2007 年第五版，第 22—23 页。

一部分成本,而所有掏钱的企业可以共享收益。对这种安排,经济学家认为是将外部性"内在化"了。但有时合同安排不能解决公共物品和外部性问题。谈判和达成协议的成本可能非常高,当合同某一方可能要享受更大好处时,协议就会崩溃。有时,仅仅因为成本高昂,即可能导致无法与某个协议潜在的受益者进行沟通、谈判。比如,工厂根本不可能就降低污染与每个受影响的居民进行协商。

问题讨论:

1. 讨论纯公共物品和公共物品的区别与联系。
2. 讨论公共物品的提供方式及其选择。

主要参考文献

1. 王建民:《管理经济学(第二版)》,北京:北京大学出版社 2008 年版。

2. 〔美〕托马斯·莫瑞著:《管理经济学》,葛凤玲译,北京:机械工业出版社 2009 年版。

3. 毛军权:《管理经济学》,上海:复旦大学出版社 2007 年版。

4. 方博亮、武常岐、孟昭莉:《管理经济学(第 3 版)》。北京:北京大学出版社 2008 年版。

5. 李宝山:《管理经济学》,大连:东北财经大学出版社 2002 年版。

6. 崔小文:《新编实用管理经济学》,北京:清华大学出版社 2007 年版。

7. 〔美〕斯蒂芬·罗宾斯:《管理学(第九版)》,北京:中国人民大学出版社 2010 年版。

8. 于卫东:《管理经济学》,北京:化学工业出版社 2006 年版。

9. 〔美〕埃德温·曼斯菲尔德:《管理经济学(第 3 版)》,王志伟等译,北京:经济科学出版社 2002 年版。

10. 于春晖:《管理经济学》,上海:立信会计出版社 2006 年版。

11. 吴易风:《当代西方经济学》,北京:中国财政经济出版社 2004 年版。

12. 〔美〕路易斯·戈麦斯-梅西亚等:《管理学》,北京:人民邮电出版社 2009 年版。

13. 〔美〕克雷格·彼得森、克里斯·刘易斯:《管理经济学(第 4 版)》,吴德庆译校,北京:中国人民大学出版社 2003 年版。

教师反馈及教辅申请表

北京大学出版社以“教材优先、学术为本、创建一流”为目标，主要为广大高等院校师生服务。为更有针对性地为广大教师服务，提升教学质量，在您确认将本书作为指定教材后，请您填好以下表格并经系主任签字盖章后寄回，我们将免费向您提供相应教辅资料。

<table>
<tr><td>书号/书名/作者</td><td colspan="4"></td></tr>
<tr><td>您的姓名</td><td colspan="4"></td></tr>
<tr><td>校/院/系</td><td colspan="4"></td></tr>
<tr><td>您所讲授的课程名称</td><td colspan="4"></td></tr>
<tr><td>每学期学生人数</td><td colspan="2">______ 人　　　　_____年级</td><td>学时</td><td></td></tr>
<tr><td>您准备何时用此书授课</td><td colspan="4"></td></tr>
<tr><td>您的联系地址</td><td colspan="4"></td></tr>
<tr><td>邮政编码</td><td></td><td>联系电话
（必填）</td><td colspan="2"></td></tr>
<tr><td>E-mail（必填）</td><td colspan="4"></td></tr>
<tr><td colspan="3">您对本书的建议：</td><td colspan="2">系主任签字

盖章</td></tr>
</table>

我们的联系方式：

北京大学出版社经济与管理图书事业部

北京市海淀区成府路 205 号，100871

联 系 人： 徐 冰

电　　话： 010-62767312 / 62757146

传　　真： 010-62556201

电子邮件： xubingjn@yahoo.com.cn　em@pup.cn

网　　址： http://www.pup.cn